YINGKE® 盈科

盈科全国业务指导委员会系列丛书

商业秘密保护实务及案例精解

盈科律师事务所／编
王俊林／著

法律出版社 LAW PRESS · CHINA
北京

图书在版编目(CIP)数据

商业秘密保护实务及案例精解 / 盈科律师事务所编 ;
王俊林著. -- 北京 : 法律出版社, 2022
ISBN 978-7-5197-6734-1

Ⅰ. ①商… Ⅱ. ①盈… ②王… Ⅲ. ①商业秘密-保密法-研究-中国 Ⅳ. ①D923.404

中国版本图书馆 CIP 数据核字(2022)第 081644 号

商业秘密保护实务及案例精解
SHANGYE MIMI BAOHU SHIWU JI ANLI JINGJIE

盈科律师事务所 编
王俊林 著

策划编辑 朱海波
责任编辑 朱海波
装帧设计 汪奇峰

出版发行 法律出版社
编辑统筹 法律应用出版分社
责任校对 蒋 橙
责任印制 刘晓伟
经 销 新华书店

开本 710 毫米×1000 毫米 1/16
印张 19.75 **字数** 350 千
版本 2022 年 8 月第 1 版
印次 2022 年 8 月第 1 次印刷
印刷 天津嘉恒印务有限公司

地址:北京市丰台区莲花池西里 7 号(100073)
网址:www.lawpress.com.cn
投稿邮箱:info@lawpress.com.cn
举报盗版邮箱:jbwq@lawpress.com.cn

销售电话:010-83938349
客服电话:010-83938350
咨询电话:010-63939796

书号:ISBN 978-7-5197-6734-1 **定价**:68.00 元

凡购买本社图书,如有印装错误,我社负责退换。电话:010-83938349

本书编著者

王俊林

每一个人,在他不违反正义的法律时,都应任其完全自由地采用自己的方法追求自己的利益,以其劳动及资本和任何其他人或其他阶层相竞争。

——亚当·斯密《国富论》

序　一

当前,随着经济全球化和知识产权制度国际化趋势不断增强,知识产权制度在一个国家和地区经济社会发展和技术进步与创新中的地位不断提升。在我国,随着创新驱动发展战略和国家知识产权战略的深入实施,全面推动知识产权强国建设,使我国由知识产权大国跃变为知识产权强国,充分发挥知识产权制度在我国社会主义现代化建设中的重要作用,变得日益重要。正是基于此,我国实行知识产权的“严保护”政策,不断提高知识产权保护水平。2019 年底,中共中央办公厅和国务院办公厅即联合发布了《关于强化知识产权保护的意见》。

在我国知识产权保护体系中,商业秘密具有独特地位和重要作用。2021 年 1 月 1 日施行的《中华人民共和国民法典》第 123 条明确将商业秘密纳入知识产权客体类型之一,奠定了商业秘密在我国民事基本法律中的地位。商业秘密和专利保护具有不同特点,其以具备秘密性、商业价值性和保密性作为受法律保护的法定条件。在当代激烈的市场竞争中,商业秘密具有巨大的商业价值并能够为企业等市场经济主体获取市场竞争优势。也正是基于此,在实践中,一些不法行为人违背诚信原则和商业道德,采取各种不正当竞争手段非法窃取、披露、使用或者允许他人使用非法窃取的商业秘密,牟取巨额非法利益。近些年来,我国商业秘密纠纷案件特别是侵权纠纷案件不断增长。由于商业秘密具有秘密性特点,在商业秘密司法实践中,商业秘密权利人往往因为不能提供充分的证据,导致商业秘密民事侵权诉讼胜诉率不高。加之商业秘密权利人支出的调查、鉴定等成本较高而获得的赔偿额却偏低,商业秘密权利人维权的积极性不高,在很大程度上影响了商业秘密的有效保护。

为此,近些年来,为提高我国商业秘密保护水平、有效遏制商业秘密侵权现象,我国分别在 2017 年和 2019 年对《反不正当竞争法》进行了修订。同时,最高人民法院、最高人民检察院先后发布司法解释，强化对商业秘密侵权、犯罪行为的打击力度，降低商业秘密权利人的维权成本，优化举证责任分配制度以降低商业秘密权利人举证难度。例如，2020 年 8 月 24 日，最高人民法院审判委员会第 1810 次会议通过《最高人民法院关于审理侵犯商业秘密民事案件适用法律若干问题的规定》，自 2020 年 9 月 12 日起施行；2022 年 1 月 29 日，最高人民法院审判委员会第 1862 次会议通过《最高人民法院关于适用〈中华人民共和国反不正当竞争法〉若干问题的解释》，自 2022 年 3 月 20 日起施行。又如，2020 年 8 月 31 日最高人民法院审判委员会第 1811 次会议、2020 年 8 月 21 日最高人民检察院第十三届检察委员会第四十八次会议通过《最高人民法院、最高人民检察院关于办理侵犯知识产权刑事案件具体应用法律若干问题的解释（三）》，自 2020 年 9 月 14 日起施行。该刑事司法解释重点就商业秘密犯罪的刑法适用问题做了规定，体现了国家最高司法机关加强商业秘密刑事保护的意旨。

除上述法律和司法解释完善商业秘密保护制度以外，基于商业秘密保护的重要性，近年来我国国家层面的相关重大政策和规划也高度重视完善商业秘密保护制度。例如，2021 年 9 月，中共中央、国务院发布《知识产权强国建设纲要（2021—2035 年）》在第三部分“建设面向社会主义现代化的知识产权制度”，提出要“制定修改强化商业秘密保护方面的法律法规”。2021 年 10 月，国务院发布《“十四五”国家知识产权保护和运用规划》中，针对知识产权法律政策体系的完善，提出要加强商业秘密等领域立法，出台商业秘密保护规定。

还值得指出的是，鉴于商业秘密保护在促进国际竞争、提高国际市场竞争力方面的重要作用，近些年来有关知识产权保护的国际公约或者涉及知识产权双边保护、多边保护的国际协定、协议中，也高度重视对商业秘密保护的规范。如近年来中美达成的经贸协议（第一阶段）在开篇知识产权保护规定中就涉及商业秘密保护条款。由此可见，商业秘密保护不仅是一个国内法的问题，而且涉及双边与多边保护、国际保护问题，涉及市场经济主体通过商业秘密保护获取国际竞争优势问题。

以上分析和讨论表明，在当前我国知识产权实施严保护政策和知识产权国际保护趋势不断加强的形势下，作为知识产权范畴的商业秘密如何有效地加强保护，是一个值得深入研究和探讨的问题。

本人有幸在第一时间获悉北京盈科律师事务所王俊林律师撰著的《商业秘密保护实务及案例精解》一书,深感该书是我国关于商业秘密保护实务方面的一部力作,值得向广大读者推荐。

俊林律师的这本著作,主要从实务的角度为读者剖析商业秘密保护的要点。本书分上篇和下篇两部分。其中,上篇从商业秘密的基础理论出发,阐述和探讨我国商业秘密保护体系的相关内容,重点研究商业秘密侵权案件的认定规则、举证责任等司法规则,并梳理了其他国家对商业秘密保护的规定;下篇分专题以点评的形式对近年来的商业秘密保护案件进行分析,以使读者更好地理解和保护商业秘密。

通读该书,可以发现其具有以下特点:其一,理论与实践高度结合。该书立足于商业秘密保护实务,但很多问题的分析结合法条规定和商业秘密保护原理与理论,从而能够做到融会贯通,使读者在品读活生生的商业秘密实务问题时,潜移默化,获得理论上的收获。其二,富有创新见解。该书无论是对商业秘密保护实务问题的梳理和揭示,还是对典型案例的评述,都体现了作者对于商业秘密保护理论与实务的深刻见解和深邃的洞察力,反映了作为资深律师在包括商业秘密保护实务在内的法律实务的经验和理论素养。基于此,阅读该书,也能够在商业秘密保护研究方面获得一些新的启示与思考。

相信本书的出版,可以为我国企业加强商业秘密保护提供重要的帮助,也可以为法律实务人士处理相关案件提供思路,同时还可供政法院系师生作为知识产权保护实务方面的专业读物参考。

是为序。

冯晓青
中国政法大学教授、博士生导师
中国法学会知识产权法学研究会副会长
最高人民法院知识产权司法保护研究中心研究员
于2022年5月12日

序　二

俊林律师是盈科律师事务所这个平台上的优秀律师代表之一。他长期专注竞争法(反垄断与反不正当竞争)、知识产权法及其交叉领域的诉讼实务及研究,擅于处理上述法律领域涉及的商事争议解决及合规风险控制等,在该领域办理了多件非常具有影响力的案件,并结合自身代理经验,先后与他人合编出版《反垄断法案例评析》《竞争法:规则与案例(第一辑)》《竞争法:规则与案例(第二辑)》等专业书籍。俊林律师现任北京市盈科律师事务所高级合伙人、盈科北京管理委员会副主任、盈科全国知识产权法律专业委员会副主任、盈科北京知识产权法律事务部(一部)主任,同时还担任北京市律师协会竞争与反垄断法律专业委员会副主任、北京市朝阳律师协会教育培训委员会副主任等社会职务。

当前,随着我国在全球经济中的参与程度越来越高,国家也越来越重视对商业秘密的保护,与商业秘密相关的法律法规、司法解释等正密集地修订完善,以契合日益复杂的国际竞争环境,为企业提供更加全面的保护。

在此背景下,俊林律师的这本《商业秘密保护实务及案例精解》恰逢其时。这本书不以深奥的理论分析为主要内容,而是紧扣"实务"这个关键点,重点分析企业商业秘密管理和保护的方法,以及商业秘密侵权的认定规则。同时,本书以专题的形式对近年来我国典型的商业秘密案件进行解析,从中提炼出商业秘密案件的审判要点,从实践的角度给企业保护商业秘密提供思路。

学习、思考、实践是相辅相成的,正所谓"学而不思则罔,思而不学则殆"。把实践中的要点归纳总结出来,再去指导我们的理论认识,这正是人们认识事物本质的辩证运动过程。对法律知识的学习认识亦是如此。相信俊林律师的这本

《商业秘密保护实务及案例精解》对广大律师同仁在商业秘密相关案件的办案思维与策略上会提供很大帮助。

感谢俊林律师及其团队的辛苦付出。相信本书的出版对盈科律师事务所的专业化建设会有所裨益。也期待俊林律师和他的团队能贡献出更多的好作品。

盈科律师事务所全球董事会主任　梅向荣

2022 年 6 月 8 日

前　言

当前,我国越来越重视对商业秘密的保护。2019年4月,修正后的《反不正当竞争法》开始施行,对商业秘密相关内容的修订是此次立法的主要内容;2020年1月,中国与美国签订《中华人民共和国政府和美利坚合众国政府经济贸易协议》(以下简称《中美经贸协议》),把保护商业秘密作为优化营商环境的核心要素之一;2021年1月开始施行的《民法典》,将商业秘密作为知识产权的客体加以保护。

修正后的《反不正当竞争法》进一步完善了商业秘密的定义,适当扩大了商业秘密的保护范围;进一步明确了侵犯商业秘密的情形,实质扩大了侵权行为的范围,增加了以电子侵入手段获取权利人商业秘密,以及教唆、引诱、帮助他人违反保密义务或者权利人有关保密的要求,获取、披露、使用或者允许他人使用权利人的商业秘密的情形;明确了侵犯商业秘密责任主体的范围,将经营者以外的其他自然人、法人和非法人组织实施前款所列违法行为的,视为侵犯商业秘密;强化了侵犯商业秘密行为的法律责任,进一步加大保护力度,规定商业秘密侵权案件适用惩罚性赔偿制度、提高法定赔偿额、加大侵犯商业秘密行为的行政处罚力度;适当减轻了权利人的举证负担等。

2020年1月16日,财政部、国家发展改革委、农业农村部、商务部和中国人民银行联合发布了《中美经贸协议》的中英文签字文本。其中,第一章为有关知识产权的约定,第二节便是商业秘密保护条款的内容。

《中美经贸协议》中有关商业秘密保护的内容共有7条(第1.3条至第1.9条),对侵犯商业秘密的主体、侵权行为、举证责任分配、临时禁令保护措施、刑事途径保护门槛、刑事程序和处罚,以及保护商业秘密和保密商务信息免遭政府机构未经授权的披露等方面均作出了约定。其中,侵犯商业秘密的主体、侵权行为、举证责任分配等约定均与修正后的《反不正当竞争法》一致。例如,第1.3

条规定对侵犯商业秘密负有法律责任的行为者的范围包括自然人和法人;第1.4条规定侵犯商业秘密的行为范围全面涵盖盗窃商业秘密的方式,同样将《反不正当竞争法》增设的"电子入侵"视为侵犯商业秘密的行为;第1.5条规定在权利人提供初步证据合理指向被告方侵犯商业秘密的情况下,举证责任转移至被告方。

此外,《中美贸易协议》还特别增设了临时禁令保护措施、刑事途径保护门槛、保护商业秘密和保密商务信息免遭政府机构未经授权的披露等条款约定。如商业秘密的刑事保护方面,第1.7条要求"显著降低启动刑事执法的所有门槛",取消任何将商业秘密权利人确定发生实际损失作为启动侵犯商业秘密刑事调查前提的要求。作为过渡措施,我国应澄清在相关法律的商业秘密条款中,作为刑事执法门槛的"重大损失"可以由补救成本充分证明,例如,为减轻对商业运营或计划的损害或重新保障计算机或其他系统安全所产生的成本;作为后续措施,应在可适用的所有措施中取消将商业秘密权利人确定发生实际损失作为启动侵犯商业秘密刑事调查前提的要求。

由此可见,加强对商业秘密的保护,其重要意义不仅体现在国内的经济活动中,同时也体现在国际的经济贸易中。基于此,本书从商业秘密的基础理论出发,重点介绍和分析商业秘密保护的司法实践,以使读者更好地理解和保护商业秘密。

本书分为两篇,上篇介绍我国商业秘密保护的相关内容,并梳理其他国家对商业秘密保护的规定,下篇以专题案例的形式分析商业秘密保护的司法实践。

本书在撰写过程中参考了许多专家学者的研究成果,在此表示诚挚的谢意。同时,也非常感谢户盼盼律师和石陇辉实习律师在本书编写工作中付出的辛勤工作。

因作者水平有限,书中难免有遗漏或错误之处,恳请各位读者不吝赐教,以便改进。

目 录
CONTENTS

上 篇

商业秘密保护实务精解

第一章　商业秘密的基础理论

第一节　商业秘密概念的法律界定

一、我国对商业秘密概念的规定

根据2019年4月23日最新修正的《中华人民共和国反不正当竞争法》(以下简称《反不正当竞争法》)第9条第4款的规定:“本法所称的商业秘密,是指不为公众所知悉、具有商业价值并经权利人采取相应保密措施的技术信息、经营信息等商业信息。”

与2017年《反不正当竞争法》相比,新修正的《反不正当竞争法》扩大了商业秘密的保护范围,从技术信息、经营信息扩大至符合秘密性、价值性、保密性的所有商业信息。与1993年《反不正当竞争法》相比,新修正的《反不正当竞争法》的变化幅度则更大。其一,将“能为权利人带来经济利益、具有实用性”修改为“具有商业价值”。此种改变主要是因为旧法中关于具有实用性的规定,在司法实践中产生了很多争议,何为实用性以及如何证明具有实用性给权利人的法律维权增加了不必要的负担,比如,经营信息中的客户名单是否具有实用性、技术研发过程中的实验数据是否具有实用性等,容易引发歧义和争议。[①] 其二,新法对于“保密措施”也做了一定的调整,将其修改为权利人为保护其拥有的商业秘密采取“相应”保密措施即可,放宽了对“保密措施”的要求。

2020年1月16日,财政部、国家发展改革委、农业农村部、商务部和中国人民银行联合发布了《中华人民共和国政府和美利坚合众国政府经济贸易协议》(以下简称《中美经贸协议》)的中英文签字文本。其中第一章“知识产权”第二节“商业

---

① 徐学义:《新〈反不正当竞争法〉关于商业秘密的修订亮点》,载 https://www.sohu.com/a/204297136_99947706,最后访问日期:2019年7月5日。

秘密和保密商务信息”(Trade Secrets and Confidential Business Information)指出,“保密商务信息”是涉及或与如下情况相关的信息:任何自然人或法人的商业秘密、流程、经营、作品风格或设备,或生产、商业交易,或物流、客户信息、库存,或收入、利润、损失或费用的金额或来源,或其他具备商业价值的信息,且披露上述信息可能对持有该信息的自然人或法人的竞争地位造成极大损害。

从上述法律修改的趋势来看,我国立法者加大了对商业秘密的保护力度,对商业秘密认定的门槛在逐渐降低,且与国际保护形势趋于一致,也进一步凸显出商业秘密在现代企业发展中的重要作用。

我国台湾地区则将“商业秘密”称为“营业秘密”。1996 年颁布的相关规定指出,营业秘密系指方法、技术、制程、配方、程式、设计或其他可用于生产、销售或经营之信息,且符合下列要件者:(1)非一般涉及该类信息之人所知者;(2)因其秘密性而具有实际或潜在之经济价值者;(3)所有人已采取合理之保密措施者。

二、域外法对商业秘密概念的规定

(一)英美法系

1. 英国

商业秘密术语最早是由英国率先提出的,[①]但英国法对商业秘密没有作出明确的定义,而是将商业秘密作为一种秘密信息加以保护。在 Salt man Engineering v. Campbell Co. 一案中,Greene 法官指出,秘密信息是一种非公共财产也非公有知识的东西。这是一个极为模糊的界定,也是一个否定式的定义,仅为商业秘密设定了一个非常低的标准。[②]

英国国会法律委员会于 1981 年提出的《信任违反法草案》认为,只有未处于公共领域的信息才能产生保密义务,处于公共领域的信息包括公众知识或公众可以获得的知识,但可从公众领域中分离的信息,并当这种分离是建立在付出了劳动、技术或资金的基础上时,就不再属于公共信息,也应受到信任关系法的

① 张耕等:《商业秘密法》(第 2 版),厦门大学出版社 2019 年版,第 2 页。
② 孔祥俊:《商业秘密保护法原理》,中国法制出版社 1999 年版,第 109 页。

保护。[①] 因此,在英国,对于商业秘密的理解,主要是通过一系列司法实践中的典型判例来认定的。其认为商业秘密主要是与制造、产品的技术、经营信息明确相关,对商业秘密的认定比较倾向于主观和客观相结合的判断标准,对商业秘密的秘密性的要求是相对而不是绝对的。

2. 美国

在美国,对商业秘密的定义首先出现在 1939 年美国法律协会编纂的《侵权行为法第一次重述》,其第 757 条将商业秘密定义为:商业秘密可以包括任何配方、图纸、装置、信息的辑成,其被用于某人的经营,因此给该人以机会,相对于不知或未使用的竞争者,获得优势。其可以是一种化学物质的配方,一种制造、加工或储存材料的工艺,一种机器或其他装置的图纸,或一份客户名单。[②] 1985 年美国统一州法全国委员会修正的《统一商业秘密法》,第 1 条第 4 款将商业秘密定义为:商业秘密是指包括配方、模型、编辑、计划、设计、方法、技术、程序在内的信息,该信息:(1)能独立创造出实际的或潜在的经济价值,不为公众所知悉,没有被他人以正当方法所确知,该信息若被泄露或使用,他人可从中获取利益;(2)该信息被采取了合理措施以维持其秘密性。

与上述两种列举式的定义不同,1995 年美国法律协会制定的《反不正当竞争法第三次重述》对商业秘密进行了概括式的定义:商业秘密是任何可用于工商经营的信息,其有足够的价值和秘密性,使相对于他人产生现实的或潜在的经济优势。1996 年 10 月美国国会制定的《反经济间谍法》,将商业秘密定义为:商业秘密是指所有形式和类型的财务、经营、科学、技术、经济或工程信息,包括样式、计划、编辑产品、程序装置、公式、设计、原型、方法、技术、工艺、流程或编码,无论是有形还是无形,无论是否或怎样得到物理、电子、绘制、照相或书写方式的存放、组织、存储,如果所有者对该信息采取了合理的措施,并且该信息由于未能被公众所知悉,且未能用正当手段已经可以确定,因而具有实际或潜在的独立经济价值。目前在美国一般认为商业秘密的认定需要满足以下几个方面的要求:其一,具有秘密性;其二,能为持有者带来竞争上的优势;其三,持有人需采取了合理的保守秘密、防止泄露的措施。

---

① 张耕等:《商业秘密法》(第 2 版),厦门大学出版社 2019 年版,第 84 页。

② 张玉瑞:《商业秘密法学》,中国法制出版社 1999 年版,第 677 页。

（二）大陆法系

1. 德国

德国虽修正了本国的《反不正当竞争法》，但均未对商业秘密进行明确定义。对商业秘密进行界定主要依据联邦法院及学说的见解。德意志帝国法院和联邦最高法院的判例认为，商业秘密是指任何一项与企业经营相关的，不为公众所知悉的，依企业所有人之表达出来的或可资识别的意思应予以保密的，并且企业所有人对保守秘密具有正当利益的事实。① 据此，在德国，只要与营业有关的信息符合以下三个要件均可归属于商业秘密：一是信息所有人具有保密的意思；二是信息具有正当价值；三是信息尚未公开。

2. 日本

日本也将“商业秘密”称为“营业秘密”，1993 年《不正当竞争防止法》第 2 条第 6 款将营业秘密定义为：作为秘密管理的生产方法、销售方法以及其他对经营活动有用的技术上或者经营上未被公知的情报。根据法律的规定和学者的论述，商业秘密的要件是：(1)不为一般公众所知悉；(2)权利人采取保密措施；(3)有实用价值。②

三、国际组织对商业秘密概念的规定

（一）《与贸易有关的知识产权协定》

《与贸易有关的知识产权协定》即 TRIPs 协定并没有使用“商业秘密”这个名词，而是使用了“未披露的信息”的概念，事实上这两个术语之间并无差别。

TRIPs 协定第 7 节“未披露过的信息的保护”第 39 条规定：“1. 在保证按照巴黎公约 1967 年文本第 10 条之 2 的规定为反不正当竞争提供有效保护的过程中，成员应依照本条第 2 款，保护未披露过的信息；应依照本条第 3 款，保护向政府或政府的代理机构提交的数据。2. 只要有关信息符合下列三个条件：(1)在一定意义上，其属于秘密，也就是说，该信息作为整体或作为其中内容的确切组合，并非通常从事有关该信息工作之领域的人们所普遍了解或容易获得的；(2)因其属于秘密而具有商业价值；(3)合法控制该信息之人，为保密已经根据

① 樊彦敏、许美：《论中德商业秘密刑法保护之差异》，载《科技管理研究》2006 年第 1 期。

② 黄武双：《商业秘密保护的合理边界研究》，法律出版社 2018 年版，第 2 页。

有关情况采取了合理措施;则自然人及法人均应有可能防止他人未经许可而以违背诚实商业行为的方式披露、获得或使用合法处于其控制下的该信息。在本节中,'以违背诚实商业行为的方式',应至少包括诸如违约、泄密及诱使他人泄密的行为,还应包括通过第三方以获得未披露过的信息(无论该第三方已知或因严重过失而不知该信息的获得将构成违背诚实商业行为)。3. 当成员要求以提交未披露过的实验数据或其他数据,作为批准采用新化学成分的医药用或农用化工产品上市的条件时,如果该数据的原创活动包含了相当的努力,则该成员应保护该数据,以防不正当的商业使用。同时,除非出于保护公众的需要,或除非已采取措施保证对该数据的保护、防止不正当的商业使用,成员均应保护该数据以防其被泄露。"[①]

(二)《北美自由贸易协定》

美国、墨西哥、加拿大 1992 年所缔结的《北美自由贸易协定》第 1711 条第 1 款规定:"缔约国应当为合法控制信息的任何人提供法律手段,防止其商业秘密未经许可,被以违反诚实商业惯例的方式披露给他人,或被他人获取或使用,而不在其控制内依法进行正当的商业实践,但该信息:(1)必须具有秘密性。即作为商业秘密的信息,必须不是经常处理该类信息的人所共知或者可轻易得知的。(2)必须因其秘密性而具有确实或潜在的商业价值。(3)合法控制该信息之人,为保持其秘密性,根据有关情况采取了合理的措施。"[②]

(三)《反不正当竞争保护示范规定》

在 TRIPs 协定后,1996 年世界知识产权组织公布的《反不正当竞争保护示范规定》第 6 条对商业秘密的具体内容基本继承了 TRIPs 协定的规定。对于商业秘密,TRIPs 协定第 39 条使用了"未披露的信息"一词,而《反不正当竞争保护示范规定》则使用了"秘密的信息"一词。对此,世界知识产权组织解释说,后者并没有实质内容的变化,使用"秘密的信息"一词的本意不过是指明信息的权利人采取某种措施或以某种方式实施行为,以按照 TRIPs 协定的要求不让第三人知悉。[③]《反不正当竞争保护示范规定》第 6 条第 3 款对商业秘密的含义作出了

---

① Agreement on Trade-Related Aspects of Intellectual Property Rights (1994) Section 7.
② 戴永盛:《商业秘密法比较研究》,华东师范大学出版社 2005 年版,第 59 页。
③ 孔祥俊:《商业秘密保护法原理》,中国法制出版社 1999 年版,第 130 页。

如下界定："就本条而言，具备下列条件的信息才被认定为'秘密信息'：(1)作为一个整体或作为其组成部分的确切构造或组成，它未被通常从事该类信息工作的领域内的人们普遍知悉或者容易获得；(2)由于是秘密而具有商业价值；(3)权利人根据情况采取了合理措施以保持其秘密。"可以看出，该含义与TRIPs协定第39条的规定基本一致，但有关表述略有不同，如使用了"权利人"而不是"合法控制该信息的人"。①

第二节　商业秘密构成要件

根据我国《反不正当竞争法》对商业秘密内涵的界定，可将商业秘密的构成要件理解为秘密性、价值性、保密性三个要件。

一、秘密性

作为商业秘密的核心构成要件，秘密性体现了商业秘密的本质特性，也是商业秘密能够获得法律保护的重要前提。正因如此，有学者认为，法律对商业秘密唯一的、最重要的要求，就是该商业秘密在事实上是保密的，除去这一先决条件，其他的条件也就毫无意义了。②

所谓秘密性，是指商业秘密不为公众所知悉。对于"不为公众所知悉"的理解，最高人民法院、原国家工商行政管理总局及地方高级人民法院对此均有规定。

《最高人民法院关于审理侵犯商业秘密民事案件适用法律若干问题的规定》中，对"秘密性"又有新的界定。其第3条规定："权利人请求保护的信息在被诉侵权行为发生时不为所属领域的相关人员普遍知悉和容易获得的，人民法院应当认定为反不正当竞争法第九条第四款所称的不为公众所知悉。"由此可见，秘密性的判断时间点为"被诉侵权行为发生时"，对于这个时间点可以这样理解：即使涉案商业信息在被诉侵权行为发生后因种种原因成为公知信息，只要在被诉侵权行为发生时该信息不为公众所知悉，则可以认定其具有秘密性；即使

① 刘秀：《商业秘密的刑事保护》，知识产权出版社2014年版，第13～14页。

② 杨力：《商业秘密侵权认定研究》，法律出版社2016年版，第57页。

涉案商业信息在被诉侵权行为发生前一直不为公众所知悉，只要在被诉侵权行为发生时成为公知信息，该信息则不具有秘密性。

另外，《最高人民法院关于审理侵犯商业秘密民事案件适用法律若干问题的规定》第 4 条第 2 款规定："将为公众所知悉的信息进行整理、改进、加工后形成的新信息，符合本规定第三条规定的，应当认定该新信息不为公众所知悉。"明确"基于公开信息形成的新信息"可以具有秘密性。只要对公开信息进行整理、改进、加工后形成的新信息符合"在被诉侵权行为发生时不为所属领域的相关人员普遍知悉和容易获得的"这一条件，同样可以作为商业秘密受到保护。

《最高人民法院关于印发全国法院知识产权审判工作会议关于审理技术合同纠纷案件若干问题的纪要的通知》指出："不为公众所知悉"，是指该项技术信息的整体或者精确的排列组合或者要素，并非为通常涉及该信息有关范围的人所普遍知道或者容易获得。

《国家工商行政管理局关于禁止侵犯商业秘密行为的若干规定》第 2 条第 2 款规定："本规定所称不为公众所知悉，是指该信息是不能从公开渠道直接获取的"。

《江苏省高级人民法院关于审理商业秘密案件有关问题的意见》第 6 条通过规定"公众所知悉"的几种情形反向界定何种信息属于"不为公众所知悉"：已由国内外公开媒体公开；已为国内公开使用；已为相关领域技术人员普遍掌握。通过对公开产品进行直观或简单的测绘、拆卸等方法即可获得的技术信息，视为公众所知悉。

《河南省高级人民法院商业秘密侵权纠纷案件审理的若干指导意见（试行）》认为，审查商业秘密的秘密性应考虑以下几点：(1)审查确定技术、经营信息的公开程度。对于完全未公开过的信息，应认定其具有秘密性，一项完整的信息，如仅被部分公开，则未公开的部分仍应为处于秘密状态的信息。(2)审查确定技术、经营信息的公开范围。信息仅在特定范围内公开，不特定其他人没有得知，可根据具体情况确定该信息未丧失秘密性。单位职工因业务需要掌握了该信息，不能认定为已向社会公开，仍认定其具有秘密性。(3)他人窃取权利人的技术、经营信息，但尚未向外扩散的，仍认定该信息具有秘密性，侵权人公开披露该信息后，其秘密性丧失。(4)权利人使用其技术、经营信息制造的产品公开出售，不能因此认为该信息已被公开，信息的秘密性仍然存在。

从上述相关法律法规等规范性文件来看,商业秘密的秘密性其实就是指,商业秘密只能由特定行业内少数人知道和使用的信息。由此,可以将商业秘密的秘密性理解为,商业秘密所体现出的秘密属性是相对的,即在一定范围内为特定人所知悉并加以利用的。之所以将商业秘密的秘密性理解为相对秘密,主要是因为商业秘密要体现出其具有商业价值就必须通过他人的使用才能体现出来,即商业秘密只有付诸实际实施才能使其内含的价值得以实现,而此种实施通常情况下不可能由商业秘密拥有人个人独立完成,往往需要其雇员或其他有能力实施的人来完成。另外,商业秘密侵权行为禁止的只是违反诚实信用、以不正当手段获取他人商业秘密的行为,而对他人通过反向工程、独立开发等正当手段所获得和使用的相同或类似商业秘密信息是不构成商业秘密侵权行为的。所以,在通常情况下,除了商业秘密的拥有人知悉其商业秘密外,商业秘密拥有人的雇员以及按照合同等负有合同保密义务的当事人知悉商业秘密并不影响商业秘密的秘密性。如果法律要求商业秘密是绝对地不为公众所知悉,则不现实,也不具有可操作性。

二、价值性

依据我国《反不正当竞争法》第 9 条第 4 款的规定,商业秘密要具有商业价值。商业价值是构建商业秘密法律保护制度的根本性的经济动因,也是商业秘密区别于国家秘密、个人隐私等信息的主要标志。①

《最高人民法院关于审理侵犯商业秘密民事案件适用法律若干问题的规定》规定了"价值性"与"秘密性"的内在关系。其第 7 条规定:"因不为公众所知悉而具有现实的或者潜在的商业价值的"信息具有价值性,突出了"价值性"与"秘密性"的关联。

另外,《最高人民法院关于审理侵犯商业秘密民事案件适用法律若干问题的规定》对商业秘密价值性的限定有所缩减,一方面不再强调是否可以为权利人带来"竞争优势",另一方面肯定了"生产经营活动中形成的阶段性成果"的商业价值,在减轻权利人的举证责任的同时,也扩大了权利人可以主张的权利范围。

---

① 杨力:《商业秘密侵权认定研究》,法律出版社 2016 年版,第 60 页。

《国家工商行政管理局关于禁止侵犯商业秘密行为的若干规定》第2条第3款的解释，其具体含义为："能为权利人带来现实的或者潜在的经济利益或者竞争优势。"

在《河南省高级人民法院商业秘密侵权纠纷案件审理的若干指导意见(试行)》关于商业秘密的认定中，认为商业秘密应是具有价值性和实用性的技术信息和经营信息。价值性是指商业秘密通过现在或将来的使用，能够为权利人带来现实的或潜在的经济利益。实用性是指通过商业秘密的实际运用可以为权利人创造出经济上的价值。在判断技术、经营信息的价值性和实用性时，应注意考虑信息能否应用于生产实践及经营管理，以及是否能为权利人带来现实的或潜在的经济利益或市场竞争的优势。(1)商业秘密的经济价值和实用性，可以结合技术、经营信息与经营者经济利益的内在联系，考察信息是否有利用价值，丧失其秘密性对经营者有无影响，该信息能否为权利人的生产经营活动提供直接的、间接的帮助等诸因素进行认定。(2)权利人的技术、经营信息有无经济价值、实用性，各方当事人对此没有争议的，人民法院一般不就该问题主动进行审查。

商业秘密的商业价值属性，不仅对于认定是否构成商业秘密具有重大意义，而且是法官行使自由裁量权最终裁定赔偿金额的重要考量因素。如《最高人民法院关于审理不正当竞争民事案件应用法律若干问题的解释》第17条第2款规定："因侵权行为导致商业秘密已为公众所知悉的，应当根据该项商业秘密的商业价值确定损害赔偿额。商业秘密的商业价值，根据其研究开发成本、实施该项商业秘密的收益、可得利益、可保持竞争优势的时间等因素确定。"根据《反不正当竞争法》第17条第3款、第4款的规定，因不正当竞争行为受到损害的经营者的赔偿数额，按照其因被侵权所受到的实际损失确定；实际损失难以计算的，按照侵权人因侵权所获得的利益确定。经营者恶意实施侵犯商业秘密行为，情节严重的，可以在按照上述方法确定数额的1倍以上5倍以下确定赔偿数额。赔偿数额还应当包括经营者为制止侵权行为所支付的合理开支。经营者违反本法第6条、第9条规定的，权利人因被侵权所受到的实际损失、侵权人因侵权所获得的利益难以确定的，由人民法院根据侵权行为的情节判决给予权利人500万元以下的赔偿。

三、保密性

保密性是指商业秘密权利人对其所拥有的商业秘密要采取必要的、合适的保密措施,以维持其秘密性。权利人采取相应的保密措施,是人民法院认定相关商业信息构成商业秘密的重要因素。因此,权利人对其拥有的商业秘密应积极采取相关的保密措施,而不能将商业秘密保护的责任转嫁于法律法规。

《最高人民法院关于审理侵犯商业秘密民事案件适用法律若干问题的规定》明确保密性的判断时间点为"被诉侵权行为发生以前"。其第5条规定:"权利人为防止商业秘密泄露,在被诉侵权行为发生以前所采取的合理保密措施,人民法院应当认定为反不正当竞争法第九条第四款所称的相应保密措施。"

在保密措施方面,《最高人民法院关于审理侵犯商业秘密民事案件适用法律若干问题的规定》列举了更多具体形式。其第6条规定:"具有下列情形之一,在正常情况下足以防止商业秘密泄露的,人民法院应当认定权利人采取了相应保密措施:(一)签订保密协议或者在合同中约定保密义务的;(二)通过章程、培训、规章制度、书面告知等方式,对能够接触、获取商业秘密的员工、前员工、供应商、客户、来访者等提出保密要求的;(三)对涉密的厂房、车间等生产经营场所限制来访者或者进行区分管理的;(四)以标记、分类、隔离、加密、封存、限制能够接触或者获取的人员范围等方式,对商业秘密及其载体进行区分和管理的;(五)对能够接触、获取商业秘密的计算机设备、电子设备、网络设备、存储设备、软件等,采取禁止或者限制使用、访问、存储、复制等措施的;(六)要求离职员工登记、返还、清除、销毁其接触或者获取的商业秘密及其载体,继续承担保密义务的;(七)采取其他合理保密措施的。"上述规定一方面是对以往实践中常见保密措施的归纳总结,如除保密协议之外在合同中设置保密条款,或者通过企业内部规章制度等提出保密要求;另一方面纳入伴随技术不断发展而产生的新的保密措施,如与计算机、互联网有关的限制访问措施等。此外,权利人对离职员工的保密义务要求也明确列入保密措施的具体情形。对于权利人而言,如果前期保密制度不完善、其他保密措施不到位,还有"要求离职员工登记、返还、清除、销毁其接触或者获取的商业秘密及其载体,继续承担保密义务"这一项亡羊补牢的措施。

《国家工商行政管理局关于禁止侵犯商业秘密行为的若干规定》第2条第4

款规定:“本规定所称权利人采取保密措施,包括订立保密协议,建立保密制度及采取其他合理的保密措施。”此外,《国家工商行政管理局关于商业秘密构成要件问题的答复》中将“合理的保密措施”解释为“只要权利人提出了保密要求,商业秘密权利人的职工或与商业秘密权利人有业务关系的他人知道或应该知道存在商业秘密,即为权利人采取了合理的保密措施,职工或他人就对权利人承担保密义务”。

《江苏省高级人民法院关于审理商业秘密案件有关问题的意见》第7条认为,权利人采取的保密措施应当合理。在合理性判定时应考虑以下因素:(1)权利人应明确作为商业秘密保护信息的范围;(2)制定相应的保密制度或以其他方式使他人知晓其掌握或接触的信息系应当保密的信息;(3)采取一定的物理防范措施,除非通过不正当手段,否则他人轻易不能获得该信息。

《北京市高级人民法院关于审理反不正当竞争案件若干问题的解答(试行)》认为,采取保密措施是信息构成商业秘密的要件之一。这个要件要求,权利人必须对其主张权利的信息对内、对外均采取了保密措施;所采取的保密措施明确、具体地规定了信息的范围;措施是适当的、合理的,不要求必须万无一失。

在《江苏省高级人民法院侵犯商业秘密纠纷案件审理指南》中,对商业秘密的认定原则作了规定,保密措施的合理性审查可参考以下因素:(1)有效性:原告所采取的保密措施要与被保密的客体相适应,以他人不采取不正当手段或不违反约定就难以获得为标准;(2)可识别性:原告采取的保密措施,足以使全体承担保密义务的相对人能够意识到该信息是需要保密的信息;(3)适当性:保密措施应与该信息自身需要采取何种程度的保密措施即可达到保密要求相适应。这需要根据案件具体情况进行具体判别,一般情况下,适当性原则并非要求保密措施做到万无一失。对于原告在信息形成一段时间后才采取保密措施的,应结合具体案情从严掌握审查标准,如果确无证据证明该信息已经泄露且对此也不存在合理怀疑的,可以认定保密措施成立。

以上规定为在司法实践中判断商业秘密权利人是否采取了合理的保密措施提供了法律依据。同时,从上述的规定来看,我国对商业秘密保护措施的认定包含两个方面:主观上的保密意愿和客观上采取的保密措施。权利人对其合法拥有的商业秘密信息首先要有进行保护的主观意识,并在此基础上进一步采取了一定的保护措施。基于商业秘密的相对性，商业秘密权利人采取的保护措施具有合理性即可；换言之，保密性并不要求权利人采取的保密措施"万无一失"，只要求权利人采取的保密措施"在正常情况下足以防止商业秘密泄露"即可。

第三节 商业秘密的范围

我国法律对商业秘密的范围作了明确规定，依据《反不正当竞争法》第 9 条第 4 款的规定，商业秘密范围包含技术信息和经营信息在内的商业信息，这一规定扩大了商业秘密的范围。我国地方法规和有关行政主管部门发布的文件对商业秘密的范围进行了不完全列举。

《国家工商行政管理局关于禁止侵犯商业秘密行为的若干规定》第 2 条第 5 款规定："本规定所称技术信息和经营信息，包括设计、程序、产品配方、制作工艺、制作方法、管理诀窍、客户名单、货源情报、产销策略、招投标中的标底及标书内容等信息。"

《北京市高级人民法院关于审理反不正当竞争案件若干问题的解答（试行）》认为，技术信息，包括完整的技术方案、开发过程中的阶段性技术成果以及取得的有价值的技术数据，也包括针对技术问题的技术诀窍。经营信息，是指经营策略、管理诀窍、客户名单、货源情报、投标标底等信息。

《河南省高级人民法院商业秘密侵权纠纷案件审理的若干指导意见》认为，构成商业秘密的技术信息是指利用科学技术知识、信息和经验做出的产品、工艺、材料及其他改进等技术方案，包括以物理的、化学的、生物的或其他形式的载体所表现的设计、工艺、数据、配方、诀窍等形式的技术和技术信息。构成商业秘密的经营信息是指技术信息以外的能够为权利人带来竞争优势的用于经营活动的各类信息，包括管理诀窍、客户名单、货源情报、产销策略、招标投标的标底及标书内容等信息。

一、技术信息

技术信息是指生产经营过程中具有实用价值的技术诀窍、技术方案等应用性的方法或知识和经验、包括物理的、化学的、生物的或其他形式的载体所表现的设计、工艺、数据、信息、配方、诀窍等形式,包含但不限于制造技术、生产工艺、设计图纸、产品配方、样品、数据、模型、计算机程序、设备配置、材料选购、技术水平、新技术和替代技术的预测、专利动向等。

《国家科委关于加强科技人员流动中技术秘密管理的若干意见》将技术信息界定为技术秘密,其规定技术秘密是指由单位研制开发或者以其他合法方式掌握的、未公开的、能给单位带来经济利益或竞争优势,具有实用性且本单位采取了保密措施的技术信息,包括但不限于设计图纸(含草图)、试验结果和试验记录、工艺、配方、样品、数据、计算机程序等。技术信息可以是有特定的完整的技术内容,构成一项产品、工艺、材料及其改进的技术方案,也可以是某一产品、工艺、材料等技术或产品中的部分技术要素。

二、经营信息

经营信息是指技术信息之外,用于经营、管理和贸易等能够为权利人带来竞争优势的信息,主要是指管理诀窍、客户名单、有秘密性的经营情报和信息、企业的营销策略、产品营销计划、广告计划、原材料价格、供应链、流通渠道、企业的资信情况等。

三、其他信息

技术信息和经营信息是商业秘密的主要内容,但是除了技术秘密、经营秘密外,还可以有其他信息依法受到法律保护,在"Restraint of Trade and Business Secrets"一书附录的"商业秘密诉讼提要"中,作者列举了英国商业秘密侵权诉讼的部分案例,商业秘密主题中包括电视剧情节构思。①加拿大学术界有人对商业秘密保护持相当自由的观点,认为商业秘密可以是一种工业秘密,例如,保密的机器、工艺、配方,或对发明创造的实施起辅助作用的工业 know-how,或者作业的对象、时间进度、经费开支、成功或失败的消息;也可以是任何类型的信息,如科学信息、文学艺术性质的信息(如故事情节或电视剧的主题),广告宣传上的精彩语句或创意。② 另外,体育方面的训练方法理念、比赛战略战术,也可能

① See Simon Mehigan and David Grifiths, *Restrain of Trade and Business Secrets*, Law and Praet Longman, p. 43.

② Terrence F. Maclaren (editor). Wordwide Trade Secrets Law, CBC, A2 -5.

构成商业秘密。[①]

四、客户名单的认定

客户名单,又称客户信息,是指经营者将其作为交易对象的客户名录、地址以及交易习惯等其他资料。[②] 客户名单是商业秘密保护范围中的经营信息的一种,也是司法实践中产生纠纷最多的一种。

需要注意的是,《最高人民法院关于审理侵犯商业秘密民事案件适用法律若干问题的规定》第2条规定,当事人仅以与特定客户保持长期稳定交易关系为由主张该特定客户属于商业秘密的,人民法院不予支持。

《北京市高级人民法院关于审理知识产权纠纷案件若干问题的解答》在答复"如何确定客户名单构成商业秘密的标准"时认为:"客户名单构成商业秘密,应符合商业秘密构成的一般要件,应特别注意审查客户名单是否是特有的或者是否具有特殊性;客户名单是否由权利人通过劳动、金钱等投入获得的。"

另外,《河南省高级人民法院商业秘密侵权纠纷案件审理的若干指导意见(试行)》指出,"判定客户名单是否构成商业秘密,应从以下几个方面考虑:1. 客户名单具有特定性。受法律保护的客户名单应是具体明确的、区别于可以从公开渠道获得的普通客户的名单。2. 单独的客户名称的列举不构成商业秘密。客户名单的内容应包括客户名称、客户联系方法、客户需求类型和需求习惯、客户的经营规律、客户对商品价格的承受能力等综合性客户信息。3. 客户名单具有稳定性。受法律保护的客户名单中的客户群应是权利人经过一定的努力和付出,包括人、财、物和时间的投入,在一定时间段内相对固定的、有独特交易习惯内容的客户。4. 客户名单具有秘密性。受法律保护的客户名单应是权利人采取了合理的保护措施予以保护的客户信息,他人无法通过公开途径或不经过一定的努力和付出而获得。5. 审查客户名单是否构成商业秘密,还应注意考虑权利人开发客户名单所耗费的人力、财力以及他人正当获取客户名单的难易程度"。所以,美国很多州法院的裁决中都认为保护秘密的经营信息,尤其是客户名单,

---

① 李仪、苟正金主编:《商业秘密保护法》,北京大学出版社2017年版,第69~70页。

② 李明德:《美国知识产权法》,法律出版社2003年版,第114页。

只有雇主经多年高昂投入而形成并被锁好保存的客户名单才能构成商业秘密。[①] 这些指导意见对我们认定商业秘密中的客户名单具有重要的借鉴作用。

受到法律保护的客户名单所体现的客户信息，不仅是通常的客户名称、联系方式，还应包括客户需求、交易习惯、经营规律、价格承受能力等深度的客户信息，体现出权利人在人力、物力、财力等方面的付出和努力。

与此同时，客户名单还要符合商业秘密的秘密性、价值性、保密性的构成要件。《江苏省高级人民法院侵犯商业秘密纠纷案件审理指南》对客户名单秘密性的认定方法作出了规定：客户名单秘密性的基本标准可归纳为客户的特有性以及获取客户名单的难易程度。一般应注意审查以下几个方面：(1)原告应当提供其与客户发生交易的相关证据，如合同、款项往来凭证等。同时，原告所主张的客户一般应是与其具备相对稳定的交易关系，而不能是一次性、偶然性交易的客户。例外的情形是：原告通过市场调查等手段建立起的潜在客户信息，由于该信息可能给原告带来一定的竞争优势，因此不宜仅以未存在交易而否定其商业秘密属性，而应根据客户名单认定的总体规则综合认定。(2)原告应当证明其为客户信息形成所付出的劳动、金钱和努力。(3)原告应当证明客户信息的特有性，即与公共领域信息的区别。对于那些尽管不熟悉情况的人可能不会快捷地获得，但仍然可以通过正常渠道获得的信息，一般不能被认定为商业秘密。与此对应，产品的出厂价格、年订购的数量底线、利润空间则很有可能被认定为商业秘密。如在中国青年旅行社诉中国旅行总社侵犯商业秘密纠纷一案中，最高人民法院的观点是，“原告拥有的客户档案并不仅仅是国外旅行社的地址、电话等一般资料的记载，同时还包括双方对旅游团的来华时间、旅游景点、住宿标准、价格等具体事项的协商和确认，为其独占和正在进行的旅游业务，符合不为公众所知悉要件”。(4)侵权手段越特殊，客户信息具备秘密性的可能则越大。如采用窃听电话、入室盗窃等手段获得客户信息的，该信息被认定为商业秘密的概率则会大大增加。

---

① 吴汉东等：《知识产权基本问题研究(分论)》(第2版)，中国人民大学出版社2009年版，第584页。

第四节 商业秘密与相关概念辨析

一、商业秘密与国家秘密

《保守国家秘密法》第 2 条规定："国家秘密是关系国家安全和利益，依照法定程序确定，在一定时间内只限定一定范围的人员知悉的事项。"从国家秘密和商业秘密的内涵来看，二者都属于秘密，都限定特定范围内的人知悉，都能为权利人带来利益，并且都需要采取相应的保密措施，二者存在一定的交叉和重合。比如，企业掌握的技术信息或经营信息，既可能满足国家秘密的构成要件，也可能符合商业秘密的构成要件。但二者毕竟属于不同范畴的秘密，存在明显的差异。

（一）权利性质不同

国家秘密是关系国家安全和利益的信息和事项，具有强烈的公权色彩，与其相关的法律法规多为强制性规范，权利的行使与处分受到较多的限制。商业秘密是关乎平等市场主体之间在商业活动中的利益和事项，是一种私权，除侵犯商业秘密的行为要受到强制性规范外，与其权利相关的法律多为任意性规范。

（二）权利范围不同

依据《保守国家秘密法》第 9 条的规定，国家秘密包括政治、经济、国防、外交等领域涉及国家安全和利益的事项，具体来说有以下几个方面：(1)国家事务重大决策中的秘密事项；(2)国防建设和武装力量活动中的秘密事项；(3)外交和外事活动中的秘密事项以及对外承担保密义务的秘密事项；(4)国民经济和社会发展中的秘密事项；(5)科学技术中的秘密事项；(6)维护国家安全活动和追查刑事犯罪中的秘密事项；(7)经国家保密行政管理部门确定的其他秘密事项。第 11 条又规定，国家秘密及其密级的具体范围，由国家保密行政管理部门分别会同外交、公安、国家安全和其他中央有关机关规定。军事方面的国家秘密及其密级的具体范围，由中央军事委员会规定。商业秘密的范围则非常广泛，不仅包括科研开发、生产经营等商业活动领域中的技术信息和经营信息，还包括符合秘密性、价值性、保密性的其他商业信息，并且其权利范围会因权利人保护的力度以及当时公知信息的发展而具有不确定性。

(三)保密期限不同

《保守国家秘密法》第15条规定:"国家秘密的保密期限,应当根据事项的性质和特点,按照维护国家安全和利益的需要,限定在必要的期限内;不能确定期限的,应当确定解密的条件。国家秘密的保密期限,除另有规定外,绝密级不超过三十年,机密级不超过二十年,秘密级不超过十年。机关、单位应当根据工作需要,确定具体的保密期限、解密时间或者解密条件。机关、单位对在决定和处理有关事项工作过程中确定需要保密的事项,根据工作需要决定公开的,正式公布时即视为解密。"商业秘密一般没有固定的保护期限,只要技术信息或经营信息符合商业秘密的构成要件,就可以一直受法律的保护。

(四)法律责任不同

我国现行法律对侵犯国家秘密的行为主要规定了行政责任和刑事责任,行政责任包括国家机关、单位按隶属关系对所属的保密违法行为人给予的行政处分,以及国家保密行政机关对保密违法行为人(含法人和自然人)给予的行政处分和行政处罚;刑事责任主要依据《刑法》第二编第一章"危害国家安全罪"的有关规定予以追究。现行法律对侵犯商业秘密的行为设定了民事、行政、刑事三种法律责任,民事责任主要是依据《反不正当竞争法》的规定,侵权人对其侵犯商业秘密的行为承担赔偿损失的责任;行政责任主要是工商行政管理机关对违法行为人的行政处罚;刑事责任主要依据《刑法》第219条侵犯商业秘密罪的规定予以处罚。

二、商业秘密与专利

专利(patent),专指受法律保护的发明创造,包括发明、实用新型与外观设计等。根据2021年1月1日起开始施行的《民法典》第123条的规定,专利与商业秘密同属知识产权的客体。对于一项技术信息而言,因其法律规定不同,很难同时获得商业秘密和专利的法律保护。虽然,从本质上来讲,商业秘密和专利都是通过赋予企业某种技术垄断来保护其对特定智力创作成果所享有的利益,①

① 唐青林、黄民欣主编:《商业秘密保护实务精解与百案评析》(第2版),中国法制出版社2017年版,第53页。

二者存在密切的联系,但也存在明显的差异。

(一)保护目的及客体范围不同

专利法旨在鼓励发明创造,推动发明创造的应用,提高创新能力,促进科学技术进步和经济社会发展;法律对商业秘密的保护旨在鼓励和维护公平竞争,制止不正当的竞争行为,保护商业秘密权利人的合法利益。商业秘密权的客体包括技术信息和经营信息;专利权的客体是发明、实用新型和外观设计,而这些仅属于技术信息的范畴。专利权的客体只能是完整的技术方案,而商业秘密权的客体除了完整的技术方案以外,未完成的技术方案如果符合商业秘密的构成要件也可以成为商业秘密权的客体。与此相对应,一个商业秘密权中可以包含多项技术,它们构成一个整体。而专利的申请则实行一发明一申请原则,要求一件专利申请仅限于一项发明创造,如我国《专利法》第 31 条规定:一件发明或者实用新型专利申请应当限于一项发明或者实用新型;一件外观设计专利申请应当限于一项外观设计。此项规定也有例外,同条规定:属于一个总的发明构思的两项以上的发明或者实用新型,可以作为一件申请提出;同一产品两项以上的相似外观设计,或者用于同一类别并且成套出售或者使用的产品的两项以上的外观设计,可以作为一件申请提出。

(二)保护期限不同

我国《专利法》第 42 条第 1 款规定:“发明专利权的期限为二十年,实用新型专利权的期限为十年,外观设计专利权的期限为十五年,均自申请日起计算。”因为专利权是以向公众公开为代价换取法律保护的一定期间的独占权,权利人在法定期间内享有专有的排他性权利。法定期限届满,专利权人就丧失垄断地位,专利便成为公有技术,可不经许可而为任何人加以利用。[①] 而我国关于保护商业秘密的相关法律则没有规定商业秘密的保护期限,只要商业秘密处于尚未公开状态,满足商业秘密构成要件,就可一直受法律的保护。

(三)权利取得条件不同

依据我国《专利法》第 22 条第 1 ~ 4 款的规定:“授予专利权的发明和实用新型,应当具备新颖性、创造性和实用性。新颖性,是指该发明或者实用新型不

---

① 李仪、苟正金主编:《商业秘密保护法》,北京大学出版社 2017 年版,第 48 页。

属于现有技术；也没有任何单位或者个人就同样的发明或者实用新型在申请日以前向国务院专利行政部门提出过申请，并记载在申请日以后公布的专利申请文件或者公告的专利文件中。创造性，是指与现有技术相比，该发明具有突出的实质性特点和显著的进步，该实用新型具有实质性特点和进步。实用性，是指该发明或者实用新型能够制造或者使用，并且能够产生积极效果。"而商业秘密要求商业信息不为公众所知悉、具有商业价值并经权利人采取相应保密措施。

（四）权利取得方式不同

商业秘密权利的取得前提是权利人对其拥有的商业信息满足商业秘密的构成要件，对信息采取的保密措施符合法律规定的最低限度，权利人对其信息即享有商业秘密权，无须进行申请、审查和授予；而专利权的取得要经过严格和复杂的行政程序，首先要依法提出申请，再由国务院专利行政部门进行形式审查和实质审查，对于符合法律条件的作出授予相关专利权的决定，并颁发相应证书。同时，对相关专利还予以登记和公告，权利人的专利权自公告之日起方能生效。

（五）内容是否可以公开不同

一般而言，专利权是以把技术信息向公众公开为代价而换取在法定期间内的独占权，其付出的"对价"就是将先进的技术信息进行公开为公众所知悉，以促进科学技术的传播。根据《专利法》及相关规定，专利权的申请应当提交说明书、附图及其摘要等文件。其中，说明书应当对发明或者实用新型作出清楚、完整的说明，以所属技术领域的技术人员能够实现为准，必要时，应当有附图；摘要应当简要说明发明或者实用新型的技术要点。由此权利人欲申请专利权，就必须将专利的技术要点等关键信息完全暴露于公众的视野之下，信息一旦公开就丧失了其秘密性。而商业秘密之所以受法律保护，就在于权利人所掌握的信息具有经济价值而值得秘密保有。也就是说，法律保护的就是相关技术信息和经营信息的秘密性，或内容的不公开性。如果说专利权以公开为代价而取得，那么，商业秘密则是以秘密性的维持为基础而受到法律保护的。

（六）权利专有的程度不同

对于专利权人而言，其享有对该技术的垄断性权利，具有排除他人以任何方式获取该技术的效力。在法定的保护期内，未经专利权人许可，任何人都不得保有和实施该专利。对于商业秘密权利人而言，其专有权有赖于保持相关技术和经营信息不为公众知悉,但其却不具有排除他人合法获取该类信息的效力。"商业秘密的权利人只要维持商业秘密的秘密性,就能永久保持独占,但权利人不得禁止他人以合法手段独立开发同一类商业秘密或以还原工程获取商业秘密。因此,如若有数人合法拥有同类商业秘密,且各自均维持其秘密性,则该数人均有权使用该商业秘密。"①

(七)主张权利的举证责任不同

我国《专利法》第64条第1款规定:"发明或者实用新型专利权的保护范围以其权利要求的内容为准,说明书及附图可以用于解释权利要求的内容。"同条第2款规定:"外观设计专利权的保护范围以表示在图片或者照片中的该产品的外观设计为准,简要说明可以用于解释图片或者照片所表示的该产品的外观设计。"由此可见,专利权的保护范围是确定的,只要专利权人能够举出他人的行为侵犯了其专利权的证据即可要求有关部门制止、处罚该侵权行为。在特殊情况下,法律还规定了举证责任的倒置,《专利法》第66条第1款规定:"专利侵权纠纷涉及新产品制造方法的发明专利的,制造同样产品的单位或者个人应当提供其产品制造方法不同于专利方法的证明。"而商业秘密权的原始取得方式是自动取得,单凭持有人的行为无须有关机关的事先认定,所以,就其保护范围而言事先是无法确定的。据此,商业秘密权人在请求有关部门救济过程中首先要举出证据证明行为人侵犯的客体是否属于商业秘密,也即请求人所主张的信息是否符合具有价值性、秘密性和保密性,并在此基础上再证明侵权行为的存在。

有关部门通过对请求人提出的该客体的价值性、秘密性和保密性进行先行判断后,来确认请求人所主张的信息是否构成商业秘密,是否应对之予以保护,再对行为人的行为进行判断才能作出行为人是否侵权的认定。侵犯商业秘密案件一般应当适用"谁主张,谁举证"的举证责任分配原则。原告主张他人侵犯其商业秘密的,应当对自己持有一项合乎法定条件的商业秘密、被告采取了违法手段以及被告获得、使用、披露或者允许他人使用的信息与自己所持有的商业秘密相同或者实质相同承担举证责任。原告在举证证明其持有一项合乎法定条件的商业秘密时,应当提供记载有该商业秘密的载体、商业秘密的具体内容、该项商业秘密的来源、商业价值、对于该项商业秘密所采取的保密措施即可以认为原告

---

① 戴永盛:《商业秘密法比较研究》,华东师范大学出版社2005年版,第186页。

初步完成了其持有一项合乎法定条件的商业秘密的举证责任。在原告完成了上述举证责任之后，被告仍否认原告商业秘密的具体构成要件的，由被告负相应的举证责任。原告举证证明被告接触了原告所掌握的商业秘密以及被告使用的商业秘密又与原告的商业秘密相同或者实质相同，根据案件的具体情况或者经验法则，能够判断被告具有违法获取商业秘密的较大可能性，即可以推定被告以违法手段获取了商业秘密，但被告对其商业秘密的合法来源举证属实的除外。

（八）权利内容不同

商业秘密权人有权禁止行为人采用盗窃、贿赂、欺诈、胁迫、电子侵入或其他不正当手段获取其商业秘密；有权禁止披露、使用或者允许他人使用以前项手段获得的商业秘密；有权禁止违反保密义务或者违反权利人有关保守商业秘密的要求，披露、使用或者允许他人使用其所掌握的商业秘密。而除了《专利法》另有规定之外，发明和实用新型专利权人有权禁止任何人未经其许可为生产经营目的制造、使用、许诺销售、销售、进口其专利产品或者使用其专利方法以及使用、许诺销售、销售、进口依照该专利方法直接获得的产品；外观设计专利权人有权禁止任何人未经其许可为生产经营目的制造、许诺销售、销售、进口其外观设计专利产品。

三、商业秘密与作品

我国《著作权法》所保护的对象为作品，是指文学、艺术和科学领域内具有独创性并能以一定形式表现的智力成果。

作为知识产权法的客体，作品与商业秘密均具有智力成果的一般属性。二者的相同点体现在：其一，在权利取得的方式上，著作权与商业秘密权都是采用自动取得制度，只要符合法律规定的条件即为已足，不需要再履行其他手续，不需要经过任何机构的审批。其二，权利取得的时间相同。当作品创作完成时，作者即可取得著作权，作品的全部完成，当然属于“创作完成”，即使是完成的部分还仅仅是作者全部构思的一个组成部分，甚至是非主要组成部分，只要这一部分构思已经以某种形式完整地表达出来，即属于该部分作品的完成，对这一部分作者也享有著作权。根据上文可知，全部完成的技术方案和部分完成的技术方案只要符合商业秘密的构成条件，都可获得商业秘密权的保护。在这点上，著作权与商业秘密权显然有相同之处。其三，权利的专有程度相同，即皆不具有强烈的排他性。作为著作权客体的作品必须具备独创性条件，只要是作者独立创作即可，并不具有排他性特征；也就是说，如果多位作者同时或先后完成一件相同或类似的作品，只要它们都具有创造性，便都会受到保护，[①]各位作者均能获得著作权。商业秘密权同样也是如此，对一项商业秘密权可能存在多个权利主体，各权利人的权利是平行的，谁也不侵犯谁的权利。[②]

但商业秘密与著作权毕竟属于不同的权利，它们之间还具有一定的差异性。

（一）保护对象不同

商业秘密保护的是商业信息，强调的是对信息内容的保护，禁止任何人以非法手段侵犯他人的商业秘密。换言之，对侵犯商业秘密的认定，只需考虑信息内容本身是否被他人以非法手段知悉、披露等，而对于信息是通过何种载体、形式被侵犯的则在所不问；而著作权的客体为作品，它是以一定物质形式表现出来的，由作者创作而产生的文学、艺术和科学领域内具有独创性并能以一定形式表现的智力成果。著作权保护的只是思想的表达形式，而不是思想本身。

（二）内容是否可以公开不同

依据我国《著作权法》及相关规定，著作权自创作完成之日即受到保护，不以公开发表为前提，且公开发表后著作权并不受影响；而商业秘密则不同，商业秘密必须持续保有其秘密性，而不能公开。因为内容一旦公开，权利人所拥有的商业信息就不再属于商业秘密。

（三）保护期限不同

如前文所述，商业秘密的保护期限随着其信息秘密性的保持而持续存在，不存在法定期限。著作权有保护期限，我国《著作权法》第 23 条规定，自然人的作品，其发表权和财产权利的保护期为作者终生及其死亡后 50 年，截止于作者死亡后第 50 年的 12 月 31 日；如果是合作作品，截止于最后死亡的作者死亡后第 50 年的 12 月 31 日。法人或者非法人组织的作品、著作权（署名权除外）由法人或者非法人组织享有的职务作品，其发表权的保护期为 50 年，截止于作品创作完成后第 50 年的 12 月 31 日；其财产权利的保护期为 50 年，截止于作品首次发表后第 50 年的 12 月 31 日，但作品自创作完成后 50 年内未发表的，本法不再保

---

① 韦之:《著作权法原理》，北京大学出版社 1998 年版，第 18 页。
② 张玉瑞:《商业秘密法学》，中国法制出版社 1999 年版，第 77 页。

护。视听作品,其发表权的保护期为50年,截止于作品创作完成后第50年的12月31日;其财产权利的保护期为50年,截止于作品首次发表后第50年的12月31日,但作品自创作完成后50年内未发表的,本法不再保护。

(四)构成要件不同

商业秘密权的客体需要具备秘密性、价值性、保密性,而这些都不是作品所需要具备的条件。

(五)原始取得途径不同

商业秘密权的原始取得除了创造之外,还可通过反向工程取得,即对他人已制造出来的产品进行分析,从而获取其商业秘密。而著作权的原始取得仅是通过创作,利用他人的作品而得出的与原作品基本相同或相似的作品属于抄袭或剽窃,不能取得著作权,这是由作品的独创性特征决定的。

(六)权利内容不同

从本质上讲,商业秘密权属于财产权,其具体权利内容皆体现了财产性特点。而著作权包括人身权利和财产权利,也就是说,著作权属于综合性权利,而且人身权与财产权的重要性不分伯仲,财产权的实现甚至要以人身权为基础。

当作品没有被公之于众时,即作品没有被发表时,在特定情况下,商业秘密的属性与作品的属性可能有共通之处,主要体现为商业秘密以作品的形式出现,这时该信息既可成为商业秘密权的客体又可成为著作权的客体,如果发生了侵权,权利人可以选择有利于自己的保护途径主张自己的权利。因为商业秘密权与著作权针对的对象不同,即商业秘密权保护的是信息的思想内容,而著作权保护的是信息的表达,所以对二者的救济在大多数情况下并不相同,这时权利人可以同时要求对商业秘密权和著作权的法律救济。[①]

四、商业秘密与个人信息

个人信息是以电子或者其他方式记录的与已识别或者可识别的自然人有关的各种信息,不包括匿名化处理后的信息。个人信息和商业秘密都具有秘密性,都必须由权利人采取合理的保密措施予以保护,二者存在某些交叉和重合。如

---

① 张耕等:《商业秘密法》(第2版),厦门大学出版社2019年版,第110~113页。

个人信息与商业秘密都属于信息的范畴,从而都具有信息的永续性与流动性等基本特征;此外,个人信息具有商业秘密的构成要件时也可成为商业秘密。但二者存在以下区别。

(一)权利的性质不同

商业秘密属于知识产权,具有财产权属性。而个人信息属于人格权,是人格利益的一种。

(二)权利的客体不同

商业秘密仅保护商业信息。隐私权所保护的个人隐私包括个人信息、个人生活等。

(三)权利的主体不同

商业秘密的主体主要是法人及其他组织,且个体工商户仅占少数。个人信息的主体只能是自然人,法人和其他组织不能成为隐私权的主体。

(四)构成要件不同

商业秘密要求信息必须具有秘密性、价值性。而个人信息则不要求这些内容。

(五)侵权的行为形式不同

侵犯商业秘密和个人隐私的行为都涉及刺探、调查、披露、公开或者传播等形式,但侵害个人隐私的行为还包括干扰个人生活(或妨碍个人私事的决定)。

五、商业秘密与一般知识、经验、技能

商业秘密不能是某个职业或者商业经济中的众所周知的知识或信息。因为人的知识、经验、技能一般都是在学习、工作和其他经历中了解和掌握的,职工在雇主企业中也必然会积累与工作有关的知识、经验、技能,并且要胜任其工作,也必须学习和掌握与自己工作相关的知识、经验、技能。所以,职工在工作中所掌握的一般知识、经验、技能,是其人格的组成部分,构成其劳动能力和生存能力,不属于商业秘密。[1]

在司法实践中,在一些职工"跳槽"的纠纷案件中尤其应注意区分商业秘密

---

① 孔祥俊:《反不正当竞争法原理》,知识产权出版社2005年版,第416页。

与职工的一般知识、经验、技能。因为职工的一般知识、经验、技能有时与企业的商业秘密是很难区分的，企业常常以职工的知识、经验、技能是来自企业，是在企业工作、学习中掌握的，就理所当然地认为是属于企业的商业秘密，这种看法实际上是错误的。[①] 另外，对于雇员根据自己所记忆而获得的商业秘密是否就一定构成雇员自己的“一般知识、经验和技能”，是否就可以自由地为自己或其他雇主的利益使用。按照《美国代理法第二次重述》的规定，这种情形下，所记忆的商业秘密就构成了被告的“一般知识、技术和经验”，是可以为自己或其他雇主的利益使用的。但在 1995 年斯坦皮德公司诉梅的商业秘密侵权诉讼案中，美国伊利诺伊州上诉法院却驳回了被告的记忆抗辩，认为“通过记忆重建一个商业秘密并未使原秘密信息变成非秘密信息，记忆也是侵占商业秘密的一种形式”。[②] 雇员通过记忆所获得的商业秘密和雇主所拥有的商业秘密在本质上是相同的，因此，笔者认同记忆也是复制的一种形式。

① 孔祥俊：《反不正当竞争法新论》，人民法院出版社 2001 年版，第 760 ~ 761 页。

② 彭学龙：《从美国最新判例看客户名单商业秘密属性的认定》，载《知识产权》2003 年第 1 期。

第二章　商业秘密保护立法的演变

第一节　商业秘密保护立法的产生和发展

商业秘密并非现代社会的产物,生产资料的私有制和商品交换的出现是商业秘密诞生的必要前提。① 在欧洲中世纪时期,地中海沿岸的手工业十分发达,当时的手工作坊主向学徒、帮工传授的特别手工技巧被称为"Know-How",后来逐渐成了商业秘密中技术秘密的代名词并沿用至今。② 商业秘密在我国最早的表现形式应当是所谓的"家传绝技""祖传秘方"等。随着社会生产力的不断发展,科学技术水平的提升,各种各样的生产技术、诀窍、特殊的工艺与经验广泛存在,在事实上已具备了现代社会中商业秘密的一系列特点:其一,这些生产技术、诀窍、特殊工艺与经验等都被持有人采取了保密措施而不为大众所知悉;其二,这种技能和诀窍能为持有人带来生产和销售上的优势,如降低生产成本,提高商品的产量等。但商业秘密一词被正式作为法律用语出现,或者这些用于生产经营的秘密信息被最终定名为商业秘密则要晚得多,甚至要晚于许多已在事实上将商业秘密进行法律保护的案例出现之后,据史料记载,在 1883 年 7 月 14 日美国的《纽约》杂志上才第一次出现了商业秘密的说法。③

对于商业秘密的法律保护,最早可追溯至古罗马时期,当时为了防止奴隶主使用的奴隶对外泄露主人的秘密,法律便明文规定禁止诱使奴隶泄露主人有关商业上的秘密,凡对奴隶行使该诱使行为的第三人将支付受害者遭受损失的双倍赔偿。在欧洲中世纪时期,手工业作坊主为了防止学徒盗用商业秘密,在签订

① 张耕等:《商业秘密法》(第 2 版),厦门大学出版社 2019 年版,第 68 页。

② 刘秀:《商业秘密的刑事保护》,知识产权出版社 2014 年版,第 7 页。

③ 商业秘密法制丛书编辑委员会:《商业秘密法制现状分析及案例》,中国法制出版社 1995 年版,第 1 页。

雇佣合同时,有意识地加入了保密条款。这种带有身份性质的保密措施一直沿用至今,成为当今各国保护商业秘密的最佳手段。①

现代意义上的商业秘密的法律保护起源于英美的判例法。1851 年的 Morison v. Mot 一案是英国对商业秘密进行法律保护的开创性判例。该案中原告之父发明了一种药品,并把该项发明告诉了其合伙人(被告),并约定不得向任何第三人透露该项发明,但在合伙关系结束后被告擅自将此发明告知了自己的儿子并由其进行运用。最终法院判决被告之子永远不得运用该配方制造药品。在美国,一般将 1868 年的 Peabody v. Norfolk 一案视为商业秘密法律保护在美国真正确立的标志。该案中被告 Norfolk 受原告 Peabody 的雇用,利用原告发明的生产麻布的机器和工艺为原告工作,并签订不会将此工艺和机器的秘密泄露给他人,也不会自行使用该工艺和机器与原告进行竞争的书面保证,后被告违反了该保证,原告遂向法院申请禁令,要求阻止被告的侵权行为,在经过庭审后获得了法院的支持。随着商业秘密的案件不断出现,对商业秘密的法律保护在美国的认可度不断提高,对成文法的需求也就愈加强烈。一方面,法官积累的越来越多的判例为商业秘密法律保护的成文化提供了充分的案件基础;另一方面,联邦各个州,各个法院,不同的法官对商业秘密保护的认识各有不同,在一定程度上也为商业秘密的保护造成了混乱。从 1939 年《侵权行为法第一次重述》对商业秘密的保护进行成文立法开始,此后在 1975 年的《统一商业秘密法》(1985 年修正)、1995 年的《反不正当竞争法第三次重述》、1996 年的《反经济间谍法》中均对商业秘密保护的若干问题进行了成文法规定。

随着经济生活水平的进一步发展,商业秘密在经济活动中的重要作用与日俱增,越来越多的国家和地区开始重视商业秘密的保护问题。除英、美之外,德国 1896 年制定的《反不正当竞争法》,日本 1934 年制定的《不正当竞争防止法》(2016 年修正),瑞士 1986 年颁布的《反不正当竞争法》,我国台湾地区 1991 年制定的“公平交易相关规定”、1996 年制定的“营业秘密相关规定”(2013 年修正)以及我国 1993 年颁布的《反不正当竞争法》(2019 年修正)均对商业秘密的保护进行了明确规定。当下,世界经济一体化程度不断加深,对于商业秘密的保护甚至还超越了各个主权国家单独立法的局限,正逐步进入国际立法的领域。

① 乔新生:《商业秘密法律保护的历史嬗变》,载《财经政法资讯》2006 年第 1 期。

在 1991 年 TRIPs 协定中，就设立专节对商业秘密保护进行了规定。此外，《北美自由贸易协定》《反不正当竞争保护示范规定》《商业秘密指令》等均对商业秘密的保护作出了相应规定。由此，对商业秘密的保护已成为一个世界性的法律议题。

目前，从世界各国对商业秘密法律保护制度的发展进程来看，商业秘密的法律保护呈现出以下特点：首先，从商业秘密的内容来看，法律对其的保护范围在不断扩大，从技术秘密逐渐扩展到经营秘密、管理信息等一系列具有商业价值的秘密信息的范畴；其次，对于商业秘密的法律保护方式，呈现出从判例法向成文法发展的轨迹；最后，从地域上来看，商业秘密进行法律保护经历了一个从英美法系国家向大陆法系国家的过渡，并最终扩展至世界范围的进程。①

第二节　我国商业秘密保护立法的演变

一、大陆地区商业秘密法律保护概况

（一）对商业秘密法律保护的历程大致可依据《反不正当竞争法》的颁布和实施分为两个阶段

第一阶段：《反不正当竞争法》出台前。

1985 年国务院颁布《技术引进合同管理条例》，率先作出了对技术秘密的保护规定，该条例第 7 条规定："受方应当按照双方商定的范围和期限，对供方提供的技术中尚未公开的秘密部分，承担保密义务。"

1987 年公布的《技术合同法》则是我国第一部直接涉及商业秘密保护的法律，其中第 15 条就把对技术情报和资料的保密内容规定为技术合同的必备条款。在 1989 年国务院发布施行的《技术合同法实施条例》中进一步对侵害技术秘密应进行赔偿的问题进行了规定。其中第 23 条规定："当事人一方侵害另一方……非专利技术使用权和转让权，或者违反保密义务的，除按本条例第二十二条的规定承担违反合同的责任外，应当停止侵害，采取补救措施并赔偿损失。赔偿额应当相当于侵权人侵权期间的非法所得或者被侵权人被侵权期间的实际损失。"第 33 条第 2 款规定："技术合同终止时，当事人可以约定，一方或者双方在

---

① 张耕等：《商业秘密法》（第 2 版），厦门大学出版社 2019 年版，第 68 ~ 76 页。

一定期限内对有关技术情报和资料负有保密义务。违反保密义务的,应当赔偿另一方因此所受到的损失。”第76条第4款规定:“转让方违反合同约定的保密义务,泄露技术秘密,使受让方遭受损失的,应当支付违约金或者赔偿损失。”

在《反不正当竞争法》出台前,对商业秘密的保护更多体现的是对技术秘密的保护。因此,除了在原《民法通则》和与合同相关的法律法规中有对技术秘密的保护规定外,我国还出台过一些针对科技人员流动中应保守技术秘密的规定。1986年由国务院发布的《关于促进科技人员合理流动的通知》第8条第1款规定:“科技人员调离原单位不得私自带走原单位的科技成果、技术资料和设备器材等,不得泄露国家机密或侵犯原单位技术权益,如有违反,必须严肃处理。”1988年,由原科委制定、国务院批准的《关于科技人员业余兼职若干问题的意见》还作出了防止因科技人员兼职导致的技术秘密泄露的规定。

商业秘密第一次作为正式法律用语出现在1991年4月9日施行的《民事诉讼法》(2017年修正)中,该法第66条规定:“证据应当在法庭上出示,并由当事人互相质证。对涉及国家机密、商业秘密和个人隐私的证据应当保密,需要在法庭出示的,不得在公开开庭时出示。”第120条第2款规定:“……涉及商业秘密的案件,当事人申请不公开审理的,可以不公开审理。”

第二阶段:《反不正当竞争法》出台后。

1993年我国《反不正当竞争法》的出台,标志着商业秘密保护制度在我国的正式确立。

1994年的《劳动法》(2009年最新修正)则对劳动关系中的商业秘密保护问题进行了原则规定,其第22条规定:“劳动合同当事人可以在劳动合同中约定保守用人单位商业秘密的有关事项。”

1995年11月国家工商行政管理局发布了《关于禁止侵犯商业秘密行为的若干规定》,同时大部分省、自治区、直辖市都以地方性条例、实施办法的方式对《反不正当竞争法》中的商业秘密保护问题进行了细化规定。

原国家经贸委办公厅于1997年发布了《关于加强国有企业商业秘密保护工作的通知》,对商业秘密的定义、范围进行了界定,并强调国有企业保护商业秘密的重要性和应采取的措施与手段。

1997年《刑法》修订时第一次规定了侵犯商业秘密罪。其第219条规定,侵犯商业秘密给商业秘密的权利人造成重大损失的,处3年以下有期徒刑或者拘役,并处或者单处罚金;造成特别严重后果的,处3年以上7年以下有期徒刑,并处罚金。

1999年出台的《合同法》(已废止)吸收了对商业秘密保护的相关规定。如其第60条和第92条规定的附随义务以及第十八章技术合同都规定了合同当事人的保密义务。并且在第43条中明确规定:“当事人在订立合同过程中知悉的商业秘密,无论合同是否成立,不得泄露或者不正当地使用。泄露或者不正当地使用该商业秘密给对方造成损失的,应当承担损害赔偿责任。”

2000年1月1日开始施行的《个人独资企业法》规定,禁止投资人委托或者聘用的管理个人独资企业事务的人员泄露本企业的商业秘密。

2000年之后,为明确相关国家工作人员和中介机构人员保守商业秘密的义务,在相继出台的《海关法》《进出口商品检验法》《证券投资基金法》《商业银行法》《人民银行法》《银行业监督管理法》《对外贸易法》《可再生能源法》《治安管理处罚法》《证券法》《反洗钱法》《反垄断法》《邮政法》《统计法》《会计法》《审计法》《律师法》《公证法》等一系列法律中,均对依职权之便或依业务之便知悉他人商业秘密的行为主体设定了保守商业秘密的义务。除此之外,还作出“用人单位与劳动者可以在劳动合同中约定保守用人单位的商业秘密”的规定,进一步明确以竞业限制条款方式保护用人单位商业秘密的合法性,并细化了相关操作要求。

为了指导商业秘密纠纷案件的审判实践,2007年2月1日最高人民法院出台了《最高人民法院关于审理不正当竞争民事案件应用法律若干问题的解释》,对于《反不正当竞争法》中“保密措施”等概念设定了具体的司法判断标准。另外,第12条规定,通过自行开发研制或者反向工程等方式获得的商业秘密,不认定为是侵犯商业秘密的行为。这是首次以司法解释的方式明确了通过自行开发研制或者反向工程等方式获得的商业秘密的行为,不构成对商业秘密权利人商业秘密权的侵犯。

2008年施行的《劳动合同法》第23条明确规定:“用人单位与劳动者可以在劳动合同中约定保守用人单位的商业秘密和与知识产权相关的保密事项。对负有保密义务的劳动者,用人单位可以在劳动合同或者保密协议中与劳动者约定竞业限制条款,并约定在解除或者终止劳动合同后,在竞业限制期限内按月给予劳动者经济补偿。劳动者违反竞业限制约定的,应当按照约定向用人单位支付违约金。"该法第 24 条还规定了竞业限制的范围和期限，即"竞业限制的人员限于用人单位的高级管理人员、高级技术人员和其他负有保密义务的人员。竞业限制的范围、地域、期限由用人单位与劳动者约定，竞业限制的约定不得违反法律、法规的规定。在解除或者终止劳动合同后，前款规定的人员到与本单位生产或者经营同类产品、从事同类业务的有竞争关系的其他用人单位，或者自己开业生产或者经营同类产品、从事同类业务的意业限制期限，不得超过二年"。

2021 年 1 月 1 日开始施行的《民法典》将商业秘密纳入知识产权保护范围，该法第 123 条第 2 款规定："知识产权是权利人依法就下列客体享有的专有的权利：……(五)商业秘密；……"

(二)《反不正当竞争法》修订的主要内容

到目前为止，我国对商业秘密的国内立法保护已逐步建立。为了适应市场经济的发展，更好地保护商业秘密，在 2019 年 4 月 23 日第十三届全国人民代表大会常务委员会第十次会议对《反不正当竞争法》进行了第三次修正。从修正后的《反不正当竞争法》来看，我国对商业秘密的保护主要有以下几个特点。

1. 重新界定商业秘密，新增侵犯商业秘密的不正当手段

所谓商业秘密，是指"不为公众所知悉，具有商业价值并经权利人采取相应保密措施的技术信息、经营信息等商业信息"。修正后的《反不正当竞争法》扩大了商业秘密的保护范围，从技术信息和经营信息扩展至符合要件的商业信息，降低了商业秘密的认定标准，加强了保护力度。

修正后的《反不正当竞争法》第 9 条第 1 款将"电子侵入"增加为侵犯商业秘密的不正当手段。现代社会科技发展迅速，互联网的发展造成网络侵权的现象日益严重，侵权手段层出不穷，为了更好地规制侵害商业秘密的行为，新法将"电子侵入"纳入侵犯商业秘密不正当手段范围，尽可能地明确侵犯商业秘密的不正当行为。同时，第 9 条新增一项，将"教唆、引诱、帮助他人违反保密义务或者违反权利人有关保守商业秘密的要求，获取、披露、使用或者允许他人使用权利人的商业秘密"也规定为侵犯他人商业秘密的不正当手段。

2. 侵犯商业秘密的主体范围扩大

修正后的《反不正当竞争法》第 9 条第 2 款规定："经营者以外的其他自然人、法人和非法人组织实施前款所列违法行为的，视为侵犯商业秘密。"增加了"经营者以外的其他自然人、法人和非法人组织"的内容。第 3 款规定："第三人

明知或者应知商业秘密权利人的员工、前员工或者其他单位、个人实施本条第一款所列违法行为,仍获取、披露、使用或者允许他人使用该商业秘密的,视为侵犯商业秘密。”增加了“商业秘密权利人的员工、前员工或者其他单位、个人”的内容,将商业秘密权利人的员工、前员工规定为侵权人范围内的重要因素之一,是因为在目前侵犯商业秘密的案件中,侵权行为大多是由内部员工或内外勾结实施完成的。在笔者查阅的司法判决中,大量商业秘密侵权纠纷的产生源于商业秘密权利人的员工、前员工的不正当竞争行为。而修正后的《反不正当竞争法》则进一步扩大了侵犯商业秘密责任主体的范围。

3. 提高侵权民事赔偿数额

修正后的《反不正当竞争法》第 17 条规定:“经营者违反本法规定,给他人造成损害的,应当依法承担民事责任。经营者的合法权益受到不正当竞争行为损害的,可以向人民法院提起诉讼。因不正当竞争行为受到损害的经营者的赔偿数额,按照其因被侵权所受到的实际损失确定;实际损失难以计算的,按照侵权人因侵权所获得的利益确定。经营者恶意实施侵犯商业秘密行为,情节严重的,可以在按照上述方法确定数额的一倍以上五倍以下确定赔偿数额。赔偿数额还应当包括经营者为制止侵权行为所支付的合理开支。经营者违反本法第六条、第九条规定,权利人因被侵权所受到的实际损失、侵权人因侵权所获得的利益难以确定的,由人民法院根据侵权行为的情节判决给予权利人五百万元以下的赔偿。”

与旧法相比,新法第 17 条第 3 款增加了经营者恶意侵犯商业秘密行为的民事赔偿标准,实行惩罚性赔偿,采用与《商标法》相同的赔偿标准,加重了恶意侵犯商业秘密的经营者的民事责任。此外,该条第 4 款对权利人因被侵权所受到的实际损失、侵权人因侵权所获得的利益难以确定的,将人民法院判决的最高赔偿限额由 300 万元提高到 500 万元,强化了侵犯商业秘密行为的法律责任。

4. 加重对商业秘密侵权者行政处罚力度

修正后的《反不正当竞争法》第 21 条规定:“经营者以及其他自然人、法人和非法人组织违反本法第九条规定侵犯商业秘密的,由监督检查部门责令停止违法行为,没收违法所得,处十万元以上一百万元以下的罚款;情节严重的,处五十万元以上五百万元以下的罚款。”与旧法相比,新法将罚款金额由“十万元以上五十万元以下”提升为“十万元以上一百万元以下”和“五十万元以上五百万元以下”两档，突出了行政机关保护权利人商业秘密的决心。

5.降低了权利人的证明负担

证明责任是指当事人对其诉讼主张负有提出证据的义务，一旦举证不能，其应承担不利的诉讼结果。证明责任由法律明确规定，在具体案件中不能由法官自由裁量。

修正前的《反不正当竞争法》将商业秘密侵权案件的证明责任分配给权利人，权利人不仅需要证明其主张的技术信息和经营信息构成商业秘密，还需要证明涉嫌侵权人的侵权行为事实存在。但在实践中，权利人通常很难掌握直接证据来证明涉嫌侵权人的侵权行为，只能依赖一些间接证据，这也是商业秘密侵权案件权利人维权困难的一个重要原因。

在中美贸易纠纷的大背景下，2019 年修正的《反不正当竞争法》对此作出了重大调整。《反不正当竞争法》增加第 32 条："在侵犯商业秘密的民事审判程序中，商业秘密权利人提供初步证据，证明其已经对所主张的商业秘密采取保密措施，且合理表明商业秘密被侵犯，涉嫌侵权人应当证明权利人所主张的商业秘密不属于本法规定的商业秘密。商业秘密权利人提供初步证据合理表明商业秘密被侵犯，且提供以下证据之一的，涉嫌侵权人应当证明其不存在侵犯商业秘密的行为：（一）有证据表明涉嫌侵权人有渠道或者机会获取商业秘密，且其使用的信息与该商业秘密实质上相同；（二）有证据表明商业秘密已经被涉嫌侵权人披露、使用或者有被披露、使用的风险；（三）有其他证据表明商业秘密被涉嫌侵权人侵犯。"

从上述规定可以看出，对于商业秘密侵权案件，新修正的《反不正当竞争法》是在权利人提供了涉案商业信息符合商业秘密构成要件和商业秘密被侵犯的初步证据后，推定权利人的主张成立，再将证明责任转移到涉嫌侵权人，由涉嫌侵权人提供反驳证据。这与将证明责任倒置于涉嫌侵权人一方具有明显的区别。举证责任倒置是指在某些特殊情况下，法律直接规定由涉嫌侵权人承担证明责任，证明其与损害结果之间不存在因果关系、受害人或第三人存在过错，或者涉嫌侵权人有法定免责事由，若其不能证明，则推定涉嫌侵权人存在侵权行为，应承担相应的民事责任。而新修正的《反不正当竞争法》依然要求权利人提交初步证据来证明相关事实，然后才能由法律推定其主张成立。

相较于修正之前的规定，权利人在证明侵权行为时，法律使用的术语是“有证据表明”而不是“证明”,这就意味着修正后的《反不正当竞争法》不要求权利人提供的关于侵权行为的初步证据达到“高度盖然性”的证明程度即可推定侵权行为存在,而涉嫌侵权人需要就此承担不存在侵权行为的证明责任。这种举证方式显著降低了权利人的证明负担,提高了权利人维权的积极性。

具体而言,修正后的《反不正当竞争法》规定了权利人初步证明存在侵权行为的两种情形。

一是有证据表明涉嫌侵权人有渠道或者机会获取商业秘密,且其使用的商业信息与该商业秘密实质上相同,此即司法实践中已经较为成熟的“接触+实质性相同”的推定规则,即在涉嫌侵权人所使用的商业信息与权利人的商业秘密构成实质性相同且具有接触可能性的前提下,推定涉嫌侵权人的侵权行为成立。

二是有证据表明商业秘密已经被涉嫌侵权人披露、使用,或者有被披露、使用的风险。这是本次修正中的重大调整之一。“风险”只是一种可能性,并不一定实际发生。这意味着权利人提供的证据能表明涉嫌侵权人有可能侵犯其商业秘密,法律即推定侵权事实成立。这大幅降低了权利人的举证负担,有力地促进了商业秘密的保护。

(三)商业秘密的国际保护

除此之外,我国在加强对商业秘密保护的国内立法的同时,还与一些国家就商业秘密的保护问题缔结了一系列双边协议,并签署了一些国际协定。

1991年4月我国与美国政府就《关于延长和修改两国政府科学技术合作协定》达成协议,其附件一第三章规定:“在本协定下提供或者产生的信息被及时确认为商业秘密的情况下,各方及其参加者应当根据所适用的法律、法规和行政惯例对其进行保护。符合以下条件的信息应当确认为商业秘密:拥有该信息的人可以从中获得经济利益或者据此取得对非拥有者的竞争优势;该信息是非公知的或者不能从其他公开渠道获得;该信息的拥有者未曾在没有保密义务安排的情况下将其提供给他人。”

此后,中、美两国还在1992年1月签署的《关于保护知识产权的谅解备忘录》中规定了对商业秘密保护的问题。其第4条规定:“①为确保根据保护工业产权《巴黎公约》第十条之二的规定有效地防止不正当竞争,中国政府将制止他人未经商业秘密所有人同意以违反诚实商业惯例的方式披露、获得或使用其商业秘密，包括第三方知道或理应知道其获得这种信息的过程中有此种行为的情况下获得、使用或披露商业秘密；②只要符合保护条件，商业秘密的保护应持续下去；③中国政府的主管部门将于1993年7月1日前向立法机关提交提供本规定保护水平的议案，并将尽最大努力于1994年1月1日前使该方案通过并实施。”

2001年12月11日中国正式加入世界贸易组织，开始履行其所承诺的条约义务，其中包括TRIPs协定中所规定的保护未泄露的信息义务。

2020年1月15日，中美双方正式签署《中美经贸协议》。《中美经贸协议》在第一章详细规定了知识产权的保护和执法问题，并将“保护商业秘密和保密商务信息”作为重中之重。《中美经贸协议》的主要内容如下。

1. 商业秘密保护的客体范围。《中美经贸协议》“商业秘密和保密商务信息”一节同时强调对“商业秘密”和“保密商务信息”的保护，其中“保密商务信息”是指包括商业秘密、客户信息在内的具备商业价值、披露后可能对信息持有人的竞争地位造成损害的信息。

2. 商业秘密侵权责任的主体范围。《中美经贸协议》第1.3条明确要求，我国应确保所有自然人和法人均可承担侵犯商业秘密的法律责任。我国应将侵犯商业秘密的“经营者”定义为包括所有自然人、组织和法人。

3. 侵犯商业秘密的行为类型。《中美经贸协议》第1.4条要求我国立法能够涵盖包括电子入侵在内的所有禁止行为。

4. 商业秘密民事侵权案件的举证责任转移。《中美经贸协议》第1.5条规定了在权利人提供了初步证据证明被告侵犯了商业秘密的情况下，被告应当自证其未侵犯商业秘密。

5. 商业秘密侵权临时禁令。《中美经贸协议》第1.6条强调了针对商业秘密侵权的临时保护措施。

6. 商业秘密的刑事保护。《中美经贸协议》第1.7条要求“降低启动刑事执法门槛”，作为过渡措施，我国应澄清在相关法律的商业秘密条款中，作为刑事执法门槛的“重大损失”可以由补救成本充分证明，例如，为减轻对商业运营或计划的损害或重新保障计算机或其他系统安全所产生的成本，并显著降低启动刑事执法的所有门槛；以及作为后续措施，应在可适用的所有措施中取消将商业秘密权利人确定发生实际损失作为启动侵犯商业秘密刑事调查前提的要求。第

1.8 条要求我国将以电子入侵等形式故意实施侵犯商业秘密的行为、未经授权或不当使用计算机系统的行为均纳入刑法规制。

7. 政府机构保密义务。《中美经贸协议》第 1.9 条要求政府机构加强对商业秘密的管理、严格审查要求企业提交材料的必要性；尤其要求政府机构确保与信息提交方有竞争关系，或与调查或监管结果可能有经济利益关系的第三方不会接触到保密信息，并建立相应的泄密惩罚机制。

从我国最新修正的《反不正当竞争法》来看：第一，对于商业秘密的保护范围，已将商业秘密的定义从“技术信息和经营信息”修改为“技术信息、经营信息等商业信息”。第二，对于侵害商业秘密的主体，我国坚持“经营者”的概念，但专门针对商业秘密侵权增加了“经营者以外的其他自然人、法人和非法人组织实施前款所列违法行为的，视为侵犯商业秘密”的规定。第三，对于侵害商业秘密的表现形式，修订增加了电子侵入、违反保密义务、诱导违反保密义务等规定。第四，对于举证责任的分配问题，新增的第 32 条对应于该条款。第五，对于申请诉前行为保全的“紧急情况”，我国 2019 年 1 月 1 日实施的《最高人民法院关于审查知识产权纠纷行为保全案件适用法律若干问题的规定》第 6 条规定，“商业秘密即将被非法披露”属于《民事诉讼法》第 100 条（诉讼保全）、第 101 条（诉前保全）[①]规定的“情况紧急”。第六，对于侵犯商业秘密的刑事责任，《刑法修正案（十一）》根据《反不正当竞争法》和《中美经贸协议》对第 219 条的侵犯商业秘密罪进行相应修改，并新增第 219 条之一“为境外的机构、组织、人员窃取、刺探、收买、非法提供商业秘密罪”。第七，针对政府机构保密义务，我国《反不正当竞争法》第 15 条和第 30 条分别规定了“监督检查部门及其工作人员对调查过程中知悉的商业秘密负有保密义务”“监督检查部门的工作人员滥用职权、玩忽职守、徇私舞弊或者泄露调查过程中知悉的商业秘密的，依法给予处分”。

总体来说，随着我国经济在全球化进程中的不断发展，商业秘密作为一项重要的知识产权将越来越得到权利人的重视。目前我国对商业秘密相关法律法规的修订，扩大了商业秘密的保护范围，细化了商业秘密的认定方式，减轻了权利人的证明责任，增加了侵权人的侵权成本，进一步改善了商业秘密保护的司法环境，较好地解决了长期以来商业秘密侵权案件中的权利人面临的诉讼困境。可

---

① 2021 年 12 月 24 日《民事诉讼法》修订后为第 103 条、第 104 条。

以预见,在今后一段时间内商业秘密权利人将拥有更有力的武器来保护其合法权益。

二、我国台湾地区对商业秘密的法律保护

在我国台湾地区,商业秘密通常被称作营业秘密,对商业秘密的立法保护最早体现在1991年制定并公布的“公平交易相关规定”中,“有下列各款行为之一,而有妨害公平竞争之虞者,事业不得为之……”其中就包括了“以胁迫、利诱或其他不正当方法,获取他事业之产销机密,交易相对人资料或其他有关技术秘密之行为”。

1996年1月17日我国台湾地区正式公布了“营业秘密相关规定”(2013年1月30日修正),其主要内容如下。

1. 规定制定宗旨是保障营业秘密,维护产业伦理与竞争秩序及调和社会公共利益。

2. 对营业秘密进行定义,营业秘密系指方法、技术、制程、配方、程式、设计或其他可用于生产、销售或经营之信息,且符合下列要件者:(1)非一般涉及该类信息之人所知者;(2)因其秘密性而具有实际或潜在之经济价值者;(3)所有人已采取合理之保密措施者。

3. 规定了营业秘密的权属,许可营业秘密转让、共有、授权使用但不得作为质权标的,同时还规定了保密义务。其具体规定有:(1)受雇人及雇佣人之间基于职务上研究开发之营业秘密归雇佣人,非职务上研究或开发之营业秘密则归受雇人。(2)出资聘请非受聘人研究或开发营业秘密以契约约定其归属,契约未约定者,归受聘人所有。但出资人得于业务上使用其营业秘密。(3)数人共同研究或开发之营业秘密其各人应有部分依契约约定,无契约推定为均等。(4)营业秘密得全部或部分让与他人或共有,营业秘密为共有时,对营业秘密之使用或处分,如契约未有约定者,应得共有人之全体同意。但各共有人无正当理由,不得拒绝同意。各共有人非经其他共有人之同意,不得将其应有部分让与他人。但契约另有约定者,从其约定。(5)营业秘密所有人得授权他人使用营业秘密,授权事项依当事人约定,非经所有权人(共有权人)同意不得再转授权。(6)营业秘密不得为质权及强制执行的标的。(7)公务员、当事人、代理人、辩护人、鉴定人、证人及仲裁人等相关人员因承办公务或侦审或处理仲裁事务而知悉

或持有他人之营业秘密者不得使用或无故泄露。

4. 规定了侵害营业秘密的行为种类,包括:(1)以不正当方法取得者;(2)知悉或重大过失不知而取得、使用或泄露者;(3)取得营业秘密后因知悉或重大过失不知而使用或泄露者;(4)因法律行为取得而以不正当方法使用或泄露者;(5)依法令有保密义务而使用或泄露者。其中不正当的方法又包括盗窃、欺诈、胁迫、贿赂、擅自重制、违反保密义务、引诱他人违反保密义务或类似的方法。

5. 对遭受侵害的营业秘密的救济及侵权人的法律责任。营业秘密被侵害或面临侵害之虞时,被害人得请求排除侵害或请求防止侵害。因故意或过失不法侵害他人营业秘密者,负损害赔偿责任,损害赔偿范围或由受害人根据我国台湾地区民事相关规定请求侵害人因侵害行为所得利益,且对故意的侵害行为得酌定3倍以下损害作为赔偿。

6. 规定法院在审理营业秘密案件时采取不公开的原则,同时对外国人营业秘密的保护采取对等原则。

此外,我国台湾地区还规定了对侵害营业秘密的刑事处罚。主要涉及的罪名有:妨害秘密罪、图利为妨害秘密罪、泄露业务上知悉的他人秘密罪、泄露业务上知悉工商秘密罪、泄露职务上的工商秘密罪。如果侵权人利用电脑及其他相关先进设备侵犯他人秘密的,将会受到加重处罚。

第三节 外国商业秘密保护立法的演变

一、英国

英国是世界上最早对商业秘密给予法律保护的国家。为了防止商业秘密外流,英国于1720年制定了禁止工匠移居国外的规定。英国早期的商业秘密判例大多数与秘密的药品配方有关。[①]

在英国判例中最早涉及技术秘密问题保护的是1817年的Newbery v. James案,该案被告未经许可擅自使用了原告的治疗痛风的秘密配方,最终由法院判定为侵权行为,法院责令被告对原告进行赔偿,但是未禁止被告继续生产。1969

① 李仪、苟正金主编:《商业秘密保护法》,北京大学出版社2017年版,第10页。

年的 Coco v. A. N. Clark 案确定了侵犯保密关系的三个构成要件。根据法官 Megarry 的意见,要想主张被告违反了信任关系,原告必须证明:第一,该信息必须值得保密;第二,该信息应当是因信任义务的存在而确立并具有想要获得保护的要求(三要件):(1)该信息必须具有秘密的性质;(2)该信息必须是在施加保密义务的情况下给予的;(3)必须存在未经授权的使用该信息损害了传授该信息的人的利益。英国对商业秘密的保护主要体现在以下方面。

(一)在商业秘密的界定方面

只有未处于公共领域的信息才能产生保密义务,处于公共领域的信息包括公众知识或公众可以获得的知识,但可从公众领域中分离的信息,当这种分离是建立在付出了劳动、技术或资金的基础上时,就不再属于公共信息,而是应当受到信任关系法的保护。

(二)在保密义务的产生方面

按照判例,保密义务既可由明示合同加以规定,也可存在于由法官认定的,当事人间存在默示合同的场合。在 1963 年的 Saltman Engincring v. Campbell Co. 案中,Grene 法官指出,保密义务不限于当事人间存在合同关系的情形,凡是收到秘密信息的人均不得滥用其地位。得到秘密信息的人不得在超出提供信息的人预期的范围内加以使用。负有保密义务的人的地位与受托人相当,不过他的义务是消极的,承担不作为的义务。在 1967 年的 Duchess of Argy 案中,Thomas 法官也指出,保密合同或保密义务不必是明示的,也可以是默示的,对违反保密关系的案件可以独立于一切财产权或合同关系外进行审判。产生保密义务的情况一般有:(1)行为人作出了对他人信息保密的承诺;(2)在诉讼程序中获得的信息;(3)以不正当方式获取信息的人应履行的保密义务;(4)第三人获得信息的保密义务。除了上述 4 种保密义务外,如果信息是在工作中获得,且这种获得是为了增长个人知识、技能、经验以便从事其职业时,信息的获得人不负有保密义务。

(三)在违反保密义务的救济方面

对违反保密义务的救济主要有以下几种形式:(1)下达禁令。禁止被告作出任何违反义务的行为。(2)经济赔偿。赔偿的内容不仅包括因被告违反义务使原告遭受的经济损失,还包括原告因被告违反义务所受到的精神和身体方面的损害;同时赔偿的标准还可以是被告违反义务得到的利润。(3)责令被告返还或销毁包含违反义务信息的任何物品。(4)法庭认为适当,还可对被告就违反义务所涉及信息的未来使用作出限制,防止被告以超过一般公众的能力取得开发或进入公共领域信息的优势,或者只有在该信息进入公共领域后,被告才能享有超过公众能力的开发优势。

二、美国

美国是世界上对商业秘密保护理论研究最为深入,立法规定最为完备的国家之一。作为判例法国家,美国对商业秘密的法律保护,既体现在众多的商业秘密判例中,同时也形成了一系列示范法规定。

(一)美国判例法中对商业秘密之保护

美国判例史上第一起涉及技术秘密的案例是 1837 年的 Vickey v. Welch 案。本案是一起涉及巧克力技术转让协议纠纷,原、被告双方曾约定由被告向原告转让制作巧克力的工厂及生产技术和秘密方法,但被告事后反悔,只同意转让工厂与生产的一般技术,拒绝转让秘密方法。被告的理由是若将生产的秘密方法转让给原告会构成对被告生产的不合理限制。法院最终依据合同双方应信守协议的原则判决原告胜诉,要求被告将秘密方法一同转让给原告。

1868 年的 Peabody v. Norfolk 案一般被视作商业秘密法律保护在美国真正确立的标志。该案的深远意义在于法院确立了对商业秘密保护的第一个重要理论:财产权理论。法官分析了商业秘密保护与专利保护的关系,明确指出对商业秘密的保护不构成对专利法的破坏,相反还是弥补专利法不足的重要的补充手段,该案在美国商业秘密保护的判例史上意义重大。

(二)美国成文法对商业秘密之保护

1939 年美国在制定《侵权行为法第一次重述》时设立专节对商业秘密的保护进行规定,对商业秘密进行了统一的定义,规定了披露或使用他人商业秘密法律责任的一般原则,对获取商业秘密的不正当手段进行了概括的定义,同时包含了善意取得商业秘密的例外情形,为法院的判决提供了一个统一的认识标准。

随着具体情况的变化,1979 年美国又制定了专门的《统一商业秘密法》重新对商业秘密的定义进行了界定,删除了《侵权行为法第一次重述》中对商业秘密必须持续地用于经营的限制，扩大了商业秘密的范围。同时还对禁令救济、赔偿、时效等一系列问题作出规定，成为一部内容全面、科学的保护商业秘密的专门法律，成为世界各国普遍效仿的典范。

此外，美国还以《反不正当竞争法》《反经济间谍法》的形式，从不同的角度出发，对商业秘密的保护问题进行了成文性的规定。时至今日，美国已形成了一整套颇为完整的商业秘密保护的成文法体系。

上述《侵权行为法第一次重述》《统一商业秘密法》《反不正当竞争法》虽也是成文法，但不是由联邦或州政府制定的，而是由学者或学术团体在对判例进行归纳基础上进行的总结，只具有示范法的性质，只有在被各州采纳，予以批准的情况下才具有法律的强制力。《反经济间谍法》的出现开创了美国历史上以联邦制定法保护商业秘密的先河。①

2016 年 5 月 11 日，美国联邦正式通过《2016 保护商业秘密法案》(Defend Trade Secrets Act of 2016, DTSA)。该法案赋予联邦法院对侵犯商业秘密案件的管辖权，通过联邦审案为起诉侵害商业秘密案件和获取民事救济提供统一的法律依据，有助于美国商业秘密保护法律的统一，提高商业秘密保护的稳定性和可预见性。除此之外，针对现阶段日益严重的商业秘密侵权行为，DTSA 与以往的美国商业秘密立法相比提供了更加丰富的救济途径。DTSA 主要内容如下。

第一，单方申请扣押财产制度。本次 DTSA 设立了财产扣押制度，规定在商业秘密侵权案件中，当事人只要能够证明自己的商业秘密正在或将要被他人以不正当手段侵犯，法院就有权作出扣押财产的决定，②并可以在不通知被执行人的情况下执行。由于该项程序基于单方申请即可在不通知对方的情况下扣押其财产，也有观点认为，该项程序的引入将会带来极大的权利滥用的风险。③ 司法实践中窃取商业秘密类案件事实复杂、举证困难，在认定争议信息能否成立商业秘密并获得保护的问题上判断标准比较模糊。市场竞争主体可能会利用这一程序，将普通信息包装为商业秘密，恶意申请扣押竞争对手的财产以谋取竞争优

---

① 张耕等:《商业秘密法》(第 2 版)，厦门大学出版社 2019 年版，第 76 ~ 83 页。

② DTSA 规定财产扣押需要对阻止涉案商业秘密的传播确有必要。扣押财产应当包括对方涉案商业秘密的储存媒介及其他材料，申请人需对拟被扣押的财产进行合理描述，法院在实现阻止目的的最低限度内决定扣押财产并以对被扣押人的商业活动产生最低干扰的方式进行。

③ 郑淑凤:《美国商业秘密保护最新立法阐释及其对中国的启示》，载《电子知识产权》2016 年第 10 期。

势。为此,DTSA 对于扣押程序进行了严格限制,包括将扣押范围控制在最低限度内,保护扣押财产相关信息不被泄露以及执行后尽快安排听证程序等,意图从多方面限制申请人的权利,规范法院发布扣押财产命令的程序,达到受害人及时获得救济的权利与被告人及第三人合法财产权之间的平衡。即使出现了恶意申请,DTSA 也要求法院判决给予被执行人合理的律师费,给予相应救济。

第二,禁令救济之完善。禁令救济是指在商业秘密被侵犯后,权利人可以向法院申请签发立即停止损害的相关禁令,禁止侵权行为人披露或使用权利人的商业秘密,从而有效保护商业秘密权利人利益的制度。① 美国对于商业秘密侵权案件的救济有损害赔偿与颁布禁令两种。损害赔偿是要求侵权者对已经造成的、能够以金钱计算的损失对原告赔偿;而颁布禁令则是在损害尚未发生或虽已发生但尚未结束的情况下,通过禁止或强制被告的行为阻止其未来将会给原告带来的损失。在商业秘密案件中,原告的最大利益是秘密性和对受侵害信息的排他使用,禁令救济通过阻止侵害人进一步使用信息,防止损害扩大,具有损害赔偿所没有的功能。

DTSA 对于禁令制度也给予了合理的限制,要求发布禁令不得阻碍雇佣关系的建立,不得违反禁止限制合法行业、交易或者经营的州法律。同时,DTSA 还进一步要求被告在支付合理使用费的基础上方可使用该商业秘密。

第三,损害赔偿标准细化,规定惩罚性赔偿制度。DTSA 细化了侵犯商业秘密案件损害赔偿的计算方式并规定了惩罚性赔偿。依照其规定,赔偿数额按照实际损失、不当得利以及许可付费损失的先后顺序确定,在无法通过前一计算方法得到赔偿数额的情况下采用后面的方法。若存在故意或恶意侵害商业秘密的情形,法院可判决被告支付不超过损害赔偿金 2 倍的惩罚性赔偿。

第四,披露商业秘密免责制度。根据 DTSA 第七节的规定,在下述情况中,任一主体披露商业秘密的行为在联邦或州商业秘密法的规定下都不需要承担刑事或者民事责任:披露商业秘密是以保密的方式直接或间接地向联邦、州或地方政府官员、律师作出,并且仅出于举报或调查涉嫌违反法律的行为的目;或者在诉讼或其他司法程序中,以保密形式在起诉状或其他法律文书中披露商业秘密。

另外,雇员在针对雇主涉嫌违法报复而提起的诉讼中,可以向其律师披露商

① 彭学龙:《美国商业秘密法中的禁令救济》,载《知识产权》2004 年第 4 期。

业秘密,并且在庭审过程中使用商业秘密。雇员要以保密方式提交含有商业秘密的文件,除非依法庭的命令,否则不得对外披露商业秘密。在雇用管理或使用商业秘密或其他保密信息的雇员时,雇主应当在与雇员签订的合同或协议中,将免责条款告之雇员。

三、德国

德国是典型的以刑事特别法对商业秘密进行保护的国家,对商业秘密的保护主要体现在《反不正当竞争法》和《刑法》中。运用反不正当竞争理论对商业秘密进行保护是德国的首创。[①] 德国 1896 年的《反不正当竞争法》就将侵犯商业秘密作为一种不正当竞争行为予以禁止。该法第 9 条和第 10 条中规定企业内部职工不得泄露企业的商业秘密,否则应承担刑事责任。1909 年的《反不正当竞争法》基本沿用了这两条规定。[②] 1986 年,德国制定了第二部《反经济犯罪法》,对《反不正当竞争法》作了彻底修改,将工业间谍行为等第三人非法获取商业秘密的行为规定为犯罪,并规定行为未遂也必须承担刑事责任。在德国被认定为侵犯商业秘密的行为主要有以下几类。

1. 雇员泄密。在《反不正当竞争法》中雇员包括一切从事商事活动的职员、工人或学徒泄密,第 17 条第 1 款规定:"企业的职员、工人或者学徒,以竞争为目的,或出于私利,或为第三人谋利,或故意加害于企业主,在雇佣关系期内擅自将因雇佣关系而知悉的商务或者生产经营上的秘密无正当理由披露给他人,应对此行为人科以最高为三年的徒刑并处罚金。"对于在雇佣关系结束后,雇员泄露商业秘密的情形应当如何处理,在《反不正当竞争法》中未作规定,但雇主可以根据德国《民法典》第 836 条和德国《商法典》的规定以雇员违反公序良俗的原则和违反信任关系的原则要求雇员赔偿损失和停止侵害。

2. 第三人的泄密。对于雇员外的第三人泄露商业秘密的,在《反不正当竞争法》第 17 条第 2 款中规定:"以竞争为目的,或出于私利,或为第三人谋利,或故意对商事企业主实施下列行为之一者同样受罚。(1)以如下方式之一取得或保证得到商业秘密或经营秘密的:①使用技术手段;②制造再现秘密的物件;

---

① 张耕等:《商业秘密法》(第 2 版),厦门大学出版社 2019 年版,第 87 页。
② 邵建东:《德国反不正当竞争法研究》,中国人民大学出版社 2001 年版,第 296 页。

③取走体现秘密的物件。(2)行为人通过第1款所称告知,或通过自己或他人所为的本款第1项所述行为取得或擅自取得或保证取得商业秘密或经营秘密,从而擅自加以利用或告知他人。(3)行为未遂也应加以处罚。(4)如果行为人在告知中明知秘密会在国外利用,或其本人就在国外利用,视为情节严重,可处以5年以下的徒刑或罚金。"

3.交易过程中的泄密。鉴于商业秘密不仅由持有人自行使用,同时也可由持有人将其许可他人使用,由此便产生了在商业交易过程中泄密商业秘密的可能。如果商业秘密的使用许可协议能够达成,交易双方便可通过订立保密合同,规定受让方在许可使用期间和使用期届满后的合理期间不将该商业秘密向第三人泄露。但如果使用许可协议不能达成,而商业秘密持有人又向对方提供了一定的技术信息,如何保护对方不将该信息对外泄露或擅自使用呢?《反不正当竞争法》第18条对此作出了专门规定:"以竞争为目的,或出于私利,擅自将商业交易中向其透露的具有技术性能的资料或规程,尤其是图样、模型、模板、截面图、配方加以利用或告知他人,应对此行为的实施人科以最高为2年的徒刑或罚金。"

4.引诱泄密问题。除了行为人出于自己的私利,或者为了自己竞争的需要,进行的主动的泄密情况外,还存在第三人为获取权利人的商业秘密,引诱知悉商业秘密的人进行的泄密情况。对此《反不正当竞争法》第20条第1款规定:"行为人以竞争为目的,或出于私利,引诱他人违背第17条或第18条的规定或使他人自愿违背这些规定,对行为人处以最高为两年的徒刑或罚金。"

在德国对遭到侵犯的商业秘密通常以民事和刑事的方式加以救济。民事救济主要包括:(1)停止侵害。如果在权利人提起诉讼时,侵犯商业秘密的情况依然存在,权利人可请求法院阻止侵权人的侵害行为。但考虑到商业秘密的特殊性,如果商业秘密已被侵权人加以公开,则要求停止侵害就无法适用。(2)赔偿损失。赔偿的损失可以是直接损失也可以是间接损失。计算的标准,可以按照权利人因侵权遭到的损失或预期可获利益的减少进行考虑,也可参照侵权人正当获得商业秘密应支付的使用许可费的额度或侵权人因侵权获得的利益金额的多少进行计算。(3)请求除去。权利人在申请对侵权人的侵权行为加以禁止后,往往还会出现由于某种事实或物体的存在,侵权人有可能再次实施侵权行为,为此权利人可请求法院对该事实或物体予以除去。在民事救济外,给予遭到侵害的商业秘密以刑事救济是德国法的一大特色。如此全面、严厉的刑事制裁措施在各国的反不正当竞争法中都是不多见的，由此表现出了德国对保护商业秘密问题的重视。①

四、日本

日本对商业秘密的保护，最早可追溯至1911年，在农商部草拟的不正当竞争防止法草案中就提出了对商业秘密保护的问题，但日本一直没有制定对商业秘密进行保护的专门法。直到20世纪中后期，随着日本科学技术的突飞猛进、经济发展方式转型、知识型劳动力的流动日益频繁，商业秘密肆意侵犯已成为日本国内严重的社会问题；另外，日本作为关贸总协定的成员国，其对商业秘密的保护已经远远落后于其他成员国。为提高商业秘密的保护水平，日本通过积极吸收借鉴美国的《统一商业秘密法》、TRIPs 协定、德国的《反不正当竞争法》的立法模式，如今已经形成了以《反不正当防止法》为中心，以《民法典》《刑法典》《劳动法》为补充的综合保护体系。

1990年日本通过修正《不正当竞争防止法》正式确立了商业秘密法律保护制度。1993年日本再次修正的《不正当竞争防止法》对商业秘密的保护问题规定得更为科学，在体例编排上也更为合理。其主要内容如下。

（一）明确侵犯商业秘密的行为

《不正当竞争防止法》第2条第1款归纳了6种侵犯商业秘密的行为：(1)以盗窃、欺诈、胁迫和其他不正当手段获取商业秘密的行为，以及对获取的商业秘密的使用行为、披露行为。(2)知道或者因重大过失未能知道有关商业秘密已经存在不正当的获取行为，但是仍然获取该商业秘密的行为，以及对该商业秘密的使用或者披露行为。(3)在取得有关商业秘密之后，知道或者因重大过失未能知道该商业秘密已经存在不正当获取行为，而使用或者披露该商业秘密的行为。(4)对保有商业秘密的经营者所示的商业秘密，出于谋求不正当竞业或谋求其他不正当利益的目的，或者出于对保有者加以损害的目的，予以使用的行为或者披露的行为。(5)知道或者因重大过失未能知道对方是不正当地披露商业秘密（包括前项规定的披露行为，以及违反法律上的保密义务而披露商

① 张耕等：《商业秘密法》（第2版），厦门大学出版社2019年版，第86～89页。

业秘密的行为),或者其商业秘密已经存在不正当的披露,而获取该商业秘密的行为,以及对该商业秘密的使用或者披露行为。(6)在获取商业秘密之后,知道或者因重大过失未能知道对方是不正当地披露商业秘密,或者其商业秘密已经存在不正当的披露,而使用该商业秘密的行为或者披露该商业秘密的行为。

(二)规范了侵权救济方式

在《不正当竞争防止法》中规定了禁止请求权、废弃除去请求权、损害赔偿请求权、恢复信用请求权四大类对遭受侵害的商业秘密的救济方法。在1990年对《不正当竞争防止法》进行修正前,权利人对侵犯商业秘密的行为只能依据侵权法的规定要求赔偿损失,甚至没有停止侵害行为的请求权。《不正当竞争防止法》修正后增加了其他三项救济方法。其中,废弃除去请求权是效仿日本《专利法》第100条第2项、《著作权法》第112条第2项对无体财产权的保护而采取的救济手段。恢复信用请求权在于对权利人因行为人的侵权行为遭受的信誉、商誉损失进行弥补。这两项新规定增加了对商业秘密进行法律救济的手段,更有力地维护了权利人的利益。

在日本《不正当竞争防止法》中除了民事救济手段外并没有规定刑事救济方法,在日本的刑法中原本也没有专门针对商业秘密犯罪的条款,但长久以来由于侵犯商业秘密的行为层出不穷,在司法实践中已经出现了依据刑法的其他条款对侵犯商业秘密的行为进行制裁的案例。近年来,日本对《刑法典》进行了修正,增加了对侵犯商业秘密行为进行制裁的内容。新修正的《刑法典》第三十五章专门规定了侵犯秘密罪,其第317条规定:"从事医疗业务、法律业务、会计业务或者其他基于与委托人的依赖关系而知悉他人秘密的业务的人或者其辅助者,或者曾经处于这种地位的人,无正当理由,泄露就其业务所知悉的他人的秘密的,处一年以下惩役、禁锢或者二十万元以下罚金。从事宗教职业的人或者曾经从事宗教职业的人,无正当理由,泄露就其业务所知悉的他人秘密的,与前项同。"第318条规定:"企事业的职员或者其从业人员,无正当理由,向第三者泄露有关其企业的生产方法或者其他技术的秘密的,处三年以下惩役或者五十万元以下罚金。曾经处于这种地位的人,违反应当保守有关其企业的生产方法或者其他技术的秘密的法律上的义务,向第三者泄露该秘密的,亦同。"从上述规定可以看出,侵犯秘密罪的对象可以是个人秘密也可以是企业秘密,该罪的主体通常是与秘密持有人建立了依赖关系或保密合同关系的人。同时根据该法第

319 条的规定，对侵犯商业秘密罪只有受害人告诉的，才予以处理。[①]

第四节　国际组织商业秘密保护立法的演变

在商业秘密保护的国际立法中，最具权威性和影响力、为众多国家所接纳的是 TRIPs 协定，以及以其为蓝本由世界知识产权组织于 1996 年制定的《反不正当竞争保护示范规定》。

TRIPs 协定中对商业秘密的保护规定在第七节中，其采用的表述是“未披露的信息”，并没有使用“商业秘密”这个表述，事实上这两个术语之间并无差别。该节规定的内容主要如下。

1. 在确保《巴黎公约》1967 年文本第 10 条第 2 款的规定为反不正当竞争提供有效保护的前提下，各缔约国应根据下述第 2 款的规定保护未披露的信息，根据下述第 3 款的规定保护向政府或政府性机构提供的数据。

2. 自然人或法人应有可能对处于其控制之下的，符合下述条件的信息禁止他人未经允许以违背诚实商业行为的方式披露、获取或者使用：(1) 在如下的意义上是保密的，即其作为一个整体或其组成部分的确切构造或组合，未被通常从事该类信息工作的领域内的人们普遍知悉或者容易获得。(2) 由于是保密的，因而具有商业价值。(3) 合法控制该信息的人根据具体情况采取了合理的保密措施。

3. 如果缔约国要求以提交未公开的实验数据或其他数据作为批准使用一种采用新化学成分的药品或农业化学产品上市的条件时，如果该数据的原创活动包含了相当的努力，则该缔约国应禁止这种不正当的商业性使用。此外，除非有保护公众的必要，或者已经采取措施保证防止对该信息的不正当商业性使用，否则缔约国应禁止公开这样的数据。

在 TRIPs 协定后，1996 年国际知识产权组织制定了《反不正当竞争保护示范规定》，将侵犯商业秘密的行为纳入了 5 种不正当竞争行为之列。在对商业秘密的保护问题上既继承了 TRIPs 协定的规定，又作了一些完善。第 6 条第 1 款

① 张耕等：《商业秘密法》(第 2 版)，厦门大学出版社 2019 年版，第 89 ~ 92 页。

规定:“凡在工商业活动中他人未经合法控制秘密信息人员许可并以违背诚实商业做法的方式泄露、获得或使用该信息的行为或做法,应构成不正当竞争的行为。”在这里商业秘密又被称作秘密信息。根据世界知识产权组织的解释,第6条中使用了“秘密信息”的说法,而未用TRIPs协定“未披露的信息”的说法并不是暗示任何实质性的改变,两者在意义和范围上都是一样的。该规定与TRIPs协定相比最大的不同表现在详细列举了侵犯商业秘密的多种情况。

除此之外,欧盟于2016年6月8日通过了《商业秘密指令》。为了在欧洲建立统一的健康市场,欧盟自20世纪八九十年代以来,采取了一系列措施协调、统一各国的知识产权法律。但在欧盟内部,并未对商业秘密保护规则作出统一规定,欧盟保护商业秘密的法律框架呈现多样化和碎片化的态势。对于商业秘密的保护主要依据成员国的国内法,各成员国存在不同程度的差异。例如,只有少数成员国的立法对商业秘密作出定义或明确规定何时应受到保护;对侵权人的禁止令并不是在所有情况下都适用;对盗窃商业秘密的刑事保护并非在所有成员国都适用等。除此之外,许多成员国缺乏在诉讼阶段保护商业秘密的规则,使得商业秘密受非法侵害的受害人不愿诉诸法院。

在此背景下,欧洲议会和欧盟委员会通过《欧盟商业秘密指令》。该指令的主要内容如下。

1. 明确了商业秘密定义和特征。该指令第2条第1款对商业秘密作出如下定义:(1)具有秘密性且并不为该领域工作人员普遍知悉或容易获得的信息;(2)因秘密性而具有商业价值的信息;(3)信息权利人为保护其秘密性而采取了合理措施的信息。商业秘密可包括技术信息(如制作方法、配方或化学成分)或者商业信息(如顾客名单、产品发布日期或者市场调研的结果)。

与其他类型的知识产权不同,商业秘密保护不受时间限制。尽管如此,根据该指令第2条第1款第1项,某些类型信息的价值可能会随着时间的推移而减少,此类信息也可能一直是保密的。与版权相似,获得商业秘密保护没有固定的官方程序或者费用(如申请费或注册费),维持这种保护也不涉及任何费用(如续展费)。

2. 规定了商业秘密的合法和非法获取。第3条概括了合法获取商业秘密的情形,即通过以下方法获得的商业秘密是合法的:(1)独立研发或创作;(2)对已向公众公开的或者被信息获取者合法拥有(该占有人没有权力限制商业秘密的获取)的产品的观察、研究、拆卸或测试;(3)工人或工人代表根据欧盟法律和各成员法律和实践行使通知和咨询的权利;(4)与诚实的商业惯例相一致的任何其他行为。第4条概括了被视为非法获取商业秘密的情形:(1)未经商业秘密权利人同意而获得、擅自使用或者复制其合法控制的(包括商业秘密内容以及可以推演出商业秘密内容的)文件、物体、材料以及电子文档;或(2)任何被认定为有悖诚实商业惯例的行为。第4条还概述了商业秘密的使用或披露为非法的情形,即使用或披露商业秘密的人:(1)未经商业秘密所有人同意,以非法手段获得商业秘密;(2)违反保密协议中的保密义务;或者(3)违反合同约定或者未履行限制商业秘密使用的其他义务。第5条规定了在某些情况下允许获取、使用和披露商业秘密的例外情形:(1)《欧盟宪章》规定的自由表达权;(2)披露不正当的行为或者不法行为等;(3)工人就合法行为依法向其代表进行披露;或者(4)为了保护欧盟或其成员国法律所承认的合法利益。

3. 要求成员国为保护商业秘密制定相应的措施、程序以及救济措施。第6条要求欧盟各成员国为非法获取、使用和披露商业秘密制定相关措施、程序和救济措施,这些措施、程序和救济措施必须符合以下原则:(1)公平、公正;(2)不能过于复杂或成本过高,也不得设置不合理的时间限制或不合理的延迟;以及(3)有效且具有劝诫力。第7条规定了实施上述措施的方式,特别是这些措施需以合理的方式实施,并且应避免产生贸易壁垒,同时为防止其滥用提供保障措施。第8条规定诉讼必须在6年内(最长的诉讼时效)提起。第9条规定,为保护法律诉讼程序中商业秘密的保密性,法官有权限制对商业秘密文件及与听证会有关材料的查阅。这对于那些以前因为担心有关商业秘密在诉讼过程中会被公众所知晓而被非法使用或泄露机密商业信息的企业,应该是一种慰藉。第10条和第12条规定了法院在涉及商业秘密诉讼的法律程序中可能采取的一些改正措施,并允许法院:(1)责令停止或禁止使用或者披露商业秘密;(2)禁止生产、提供、使用侵权产品或将其投放市场;以及(3)命令销毁所有或者部分包含商业秘密的文件、物品、材料以及电子文件。法院也可以下令从市场上召回侵权产品、销毁或者从市场上撤回侵权产品。根据第14条,法院还可以根据主管司法机关的请求要求侵权方支付损害赔偿金。

第三章　商业秘密权

第一节　商业秘密权的概述

一、定义和特征

商业秘密权是指商业秘密权利人对其商业秘密依所法享有的支配性的权利，它必须依附于商业秘密而存在。具体来讲，它是指商业秘密持有人依法享有的控制、使用、收益、处分商业秘密并排除他人非法侵犯的权利。

作为知识产权的组成部分，商业秘密权具有知识产权的一般特征，但也有不同于其他知识产权的特征。

（一）权利主体的复杂性

商业秘密权的主体是享有商业秘密权益的自然人、法人和其他非法人组织。

首先，商业秘密权的主体具有多样性。享有商业秘密权的主体包括但不限于以下几种情形：(1)基于自己的脑力劳动成为商业秘密的开发，从而享有开发者所具有的权利；(2)受让者通过支付相应的合理对价，通过继受方式获得商业秘密的权益；(3)商业秘密权利人以外的自然人、法人和其他非法人组织基于独立开发或反向工程，构思出与既存的商业秘密相同或相类似的信息，进而享有商业秘密权益；(4)由于上述商业秘密权主体对其享有的商业秘密权益保护的疏忽，而善意取得商业秘密的其他人。

其次，在一项商业秘密上可能存在多个权利主体。通常而言，传统的知识产权一项权利只能有一个主体。以专利权为例，专利权作为一项垄断性的权利。经有关专利机关审批后，一项专利就只能授予一个主体。虽然人数可以是多个，但主体仍是一个。除法律另有规定外，非经专利权人许可或经转让，其他任何人不得享有专利权。但商业秘密则不同，由于允许任何人可基于自己的独立开发或反向工程，构思出与既存的商业秘密相同或相类似的信息，在同一或相类似的商业秘密上就可能有多个并立的合法权利人存在，各个权利人之间的权利是平行的。

最后，商业秘密权的主体具有隐蔽性。由于商业秘密具有秘密性，商业秘密权的主体一般是在其权利被侵犯时才显现出来。

（二）客体的非物质性

客体的非物质性是商业秘密权的基本特征。商业秘密只是某种信息，而不是载体本身，因此只能将某种信息认定为商业秘密，而不能将承载该信息的载体认定为商业秘密。如化合物是公知的，其本身只可能是商业秘密的载体，而不可能成为商业秘密的保护对象，可以作为商业秘密保护对象的只能是该物质的配方、制造、加工或者储藏的工艺或技术等。

首先，商业秘密权的客体是商业信息，是人类通过智力创造或者投入一定的物化劳动而产生的成果。虽然这些信息往往通过设计图纸、操作指南、实验报告、经营策略、配方、公式、方案、计划书等形式表现，即它们往往通过有形载体将其表达出来并为人们所感知。商业秘密本身不具有物质形态，不能发生有形的控制占有，针对商业秘密表现形式的物化载体，权利人享有的权利并不属于商业秘密权，物化载体所体现出来的内容本身才是商业秘密权的客体。

其次，基于商业秘密权客体的非物质性，商业秘密的使用也不会发生有形的损耗。如果无权使用人利用了他人的商业秘密，也无法适用关于恢复原状的民事责任。

最后，由于商业秘密不具有有形性，商业秘密权的消灭也与一些有体物权的消灭不同。对于有体物权，物的灭失会使权利人丧失其权利，而商业秘密权针对的是信息，信息一般不会灭失，商业秘密权会由于商业秘密的公开而消灭。

（三）权利的相对独占性

在上文论及商业秘密秘密性的构成要件时就已分析过，商业秘密的秘密性具有相对性，他人可根据其独立的智力创造劳动取得，也可基于反向工程等合法行为拥有，因而商业秘密权的独占性也具有相对性。商业秘密本身的非物质性决定了人们可以同时掌握、利用它，对商业秘密权的保护就体现在国家法律赋予商业秘密权人以某种程度的独占性，否则，权利人就无法实现其权利。

与传统的知识产权相比,商业秘密权的相对独占性就更突出了。具体来说,商业秘密权人的独占性权利会受到以下几种情形的影响:(1)他人通过自身努力自行构思出与原商业秘密权利人相同或相类似的信息;(2)他人通过反向工程所获得的信息;(3)他人因为商业秘密权人的疏忽大意而善意取得信息;(4)他人从上述除商业秘密权人之外的其他合法权利人处合法获得信息。商业秘密权人对上述几种情况下其他权利人的权利不具有排他性,原商业秘密权利人不得以侵权为由寻求法律保护。所以说,商业秘密权的专有性与其他知识产权的专有性也有所不同,专有性相对较弱。

(四)地域性

传统的知识产权理论认为,知识产权与有形财产权相比具有地域性,即"只能依一定的国家的法律产生,又只在其依法产生的地域内有效"。[①] 对于商业秘密权,有观点认为其没有地域性,理由是,其一,世界各主要国家都对商业秘密权进行了保护,尤其是 TRIPs 协定签订以后,对商业秘密权的保护成为各国加入世界贸易组织的必要条件;其二,在商业秘密权的保护机制中,商业秘密权是自动取得的,不需要像专利那样,必须以经过有关行政机关的审定为前提;其三,在对商业秘密权的保护上,大多数国家采取了国民待遇原则和对等原则,掩盖了商业秘密权的地域性。有学者认为这种观点有失偏颇,在商业秘密权的保护中是否采用国民待遇原则和对等原则是一国主权范围内的事,由各国自主决定,一般体现在国内法的规定中。[②]

知识产权的地域性是指按照一个国家或地区法律得到保护的知识产权,只在该法律发生效力的地域内有效,在该国家或地区以外不发生法律效力,一个国家或地区是否保护知识产权,由其本国法决定。笔者认为,作为知识产权的组成部分,商业秘密权与传统知识产权一样都具有地域性的特点。一国对外国智力成果是否给予保护要根据本国法来确定,而不是依据智力成果所有权人的所属国的法律。[③]

正是因为知识产权的地域性特征,才产生了国际保护的国民待遇原则和互

---

① 郑成思:《知识产权论》,法律出版社 1998 年版,第 85 页。

② 付慧姝:《商业秘密权及其法律保护》,载《商业研究》2009 年第 6 期。

③ 张耕等:《商业秘密法》(第 2 版),厦门大学出版社 2019 年版,第 104～106 页。

惠原则,把它们作为地域性特点的重要补充。根据我国参加的国际公约及与有关国家签订的双边或多边条约,在我国有经常居所或营业所的外国人、外国企业或其他组织同我国公民、法人和其他非法人组织一样享有商业秘密权;在我国没有经常居所或营业所的外国人、外国企业或其他组织是否能享有商业秘密权依其所属国同我国签订的协议或共同参加的国际公约办理;在我国没有经常居所或营业所,其所属国既非我国参加的涉及保护商业秘密的国际公约成员国,又未与我国签订有关商业秘密保护的协议的外国人、外国企业或其他组织是否能在我国享有商业秘密权,依互惠原则处理。由于我国参加或签订的国际条约是我国法律的渊源,在我国境内当然具有法律效力,我国法院依此决定外国人、外国企业或其他外国组织能否享有商业秘密权并未动摇商业秘密权的地域性。

(五)权利保护的便利性

与传统知识产权的保护相比,商业秘密权的权利人为其所持有的商业秘密寻求保护相对容易,主要表现在:第一,从权利构成要件上看,商业秘密获得法律保护的条件较低。在传统的知识产权体系中,对受保护的客体都设置了诸多条件,如商标权的取得要有识别性的要求,对作品享有著作权有原创性的要求,对专利权更需要具备"三性"要求,即新颖性、创造性和实用性。而商业秘密权只需具备秘密性、价值性和保密性即可获得法律保护,并不需要相应的行政机关许可和审批。第二,从获得法律保护程序上看,传统知识产权在获得法律的保护之前,一般要依照法定程序,履行法定义务,进行权利确认。而商业秘密权利主要是依靠自我保护,在未发生侵权之前,不需要法律对它进行权利确认。即使在发生侵权后,需要寻求法律救济,法院在认定商业秘密时也只需要对它的构成要件进行审查,而无须审查程序要件。

(六)权利保护期限不固定

专利权、著作权等知识产权的保护机制是权利人以公开智力成果的内容为代价,换取一定期限的、受法律保护的垄断使用权,因而权利就具有了时间性,即权利保护的期限是法定的、是固定的。根据《专利法》第 42 条的规定,发明的保护期限是 20 年,实用新型的保护期限是 10 年,外观设计的保护期限是 15 年;《著作权法》第 23 条规定,著作权的法定保护期限一般为 50 年。而商业秘密权的保护期限则是不确定的,因为商业秘密权与传统知识产权的保护机制不同,商业秘密权的保护依靠的是事实行为，即权利人的保密措施。法律对于已公开的商业秘密不会予以保护，商业秘密一旦公开、扩散，权利人的权利就很难恢复原状。商业秘密权保护期限的长短，基本上取决于权利人的主观愿望和所采取的保密措施的严密程度。如果同行业竞争激烈，权利人的保密措施不当，或由于权利人的过失很可能使商业秘密在短期内丧失秘密性，进入公有领域。倘若权利人措施得当，权利的保护期限也可能很长，如可口可乐的配方。所以，开发者在选择保护方案时对于那些短期内他人难以开发、自己比较容易保密的信息可以考虑选择商业秘密的方式进行保护。

二、商业秘密权的构成要件

(一)商业秘密权的主体

1. 权利主体

商业秘密权的权利主体即商业秘密权人，是指通过独立研究开发、反向工程或以其他正当手段获得商业秘密的自然人、法人或者其他组织。根据获取商业秘密手段的不同，商业秘密权的权利主体可分为原始主体和继受主体。原始主体是指通过自身研究开发或者反向工程而获得商业秘密权的人；继受主体是指通过受让、继承、赠与或其他法律方式而依法取得商业秘密权的人。

在商业秘密主体方面，我国《反不正当竞争法》第2条第3款规定："本法所称的经营者，是指从事商品生产、经营或者提供服务(以下所称商品包括服务)的自然人、法人和非法人组织。"根据其文义，经营者是指从事商品经营或服务的经济主体。根据《反不正当竞争法》第1条有关"为了促进社会主义市场经济健康发展，鼓励和保护公平竞争，制止不正当竞争行为，保护经营者和消费者的合法权益，制定本法"的规定，《反不正当竞争法》的立法目的在于规范市场竞争秩序，促进市场经济健康发展。因此，从该法的立法目的和体系解释的立场，《反不正当竞争法》所指的经营者实质上是指参与或者影响市场竞争活动的主体。同时，《国家工商行政管理局关于禁止侵犯商业秘密行为的若干规定》第2条第6款规定："本规定所称权利人，是指依法对商业秘密享有所有权或者使用权的公民、法人或者其他组织。"所以，商业秘密的主体主要是自然人、法人或者非法人组织。

商业秘密权的权利主体是多样的、广泛的，既包括一切持有技术信息或经营信息的自然人、法人和其他非法人组织，也包括以接受、控制、照料、保管等方式享有商业秘密权利者。从一项特定的商业秘密来看，其权利人的构成会存在不同的情况。当某一商业秘密仅为一个民事主体持有时，则其为该商业秘密的单一主体。如果这单一主体采用社会组织形式，则该商业秘密可能同时被其内部的若干自然人所掌握或若干自然人分别掌握其各个组成部分，但需要注意的是，这些内部人员并非商业秘密权人。在两个或两个以上的独立民事主体共同开发商业秘密或者对商业秘密进行许可使用的情况下，商业秘密可根据当事人之间的协议由两个或两个以上的民事主体共同享有，这样就会形成商业秘密的共有关系和商业秘密权的共有权利主体。另外，基于商业秘密权的相对专有性特征，权利人无权阻止他人通过合法正当的方式获取相同的商业秘密，因此，对同一项商业秘密，可能会出现相互间无权利义务的多个主体同时或先后成为权利人的情况。这时，这些主体分别独立地对该商业秘密享有权利，使该商业秘密权的权利主体呈现出复合性特点。在这种情况下，各权利人对该商业秘密所拥有的权利，一方面取决于自己的保密，另一方面也取决于其他权利人的保密，只要其中一个权利人将秘密公开，所有权利人的商业秘密也归于消灭。

2. 义务主体

基于权利义务一致性的特征，商业秘密权的义务主体是指对特定的商业秘密负有保密及不得为擅自使用、许可他人使用或转让等行为的义务的自然人、法人或者其他非法人组织。根据《反不正当竞争法》第 9 条第 1 款第 3 项的规定，违反保密义务或者违反权利人有关保守商业秘密的要求，披露、使用或者允许他人使用其所掌握的商业秘密属于侵犯商业秘密的行为。同时，该条第 2 款还规定："经营者以外的其他自然人、法人和非法人组织实施前款所列违法行为的，视为侵犯商业秘密。"上述内容所规制的对象除商业秘密权利人的交易伙伴或者其雇员外，经营者以外的自然人、法人和非法人组织亦是《反不正当竞争法》所调整的对象。因此，商业秘密权的义务主体不仅包括经工商登记注册的经营者，还应当包括依法负有不得非法侵害他人商业秘密权的非经营性质的自然人、法人或非法人组织。

根据商业秘密权的专有性特征，任何人均不得以盗窃、贿赂、欺诈、胁迫、电子侵入或者其他不正当手段获取权利人的商业秘密，也不得披露、使用或者允许他人使用以这些手段获取的权利人的商业秘密，明知或应知上述违法行为的第三人也不得获取、披露、使用或者允许他人使用权利人的商业秘密。一般情况下,商业秘密权的义务主体依合同、信任或者法律的直接规定而产生。

(1)依合同而产生的对商业秘密的义务主要体现在《民法典》和《劳动法》的相关规定中。例如,《民法典》第509条第2款规定:"当事人应当遵循诚信原则,根据合同的性质、目的和交易习惯履行通知、协助、保密等义务。"第785条规定:"承揽人应当按照定作人的要求保守秘密,未经定作人许可,不得留存复制品或者技术资料。"第871条规定:"技术转让合同的受让人和技术许可合同的被许可人应当按照约定的范围和期限,对让与人、许可人提供的技术中尚未公开的秘密部分,承担保密义务。"另外,该法第872条规定:"许可人未按照约定许可技术的,应当返还部分或者全部使用费,并应当承担违约责任;实施专利或者使用技术秘密超越约定的范围的,违反约定擅自许可第三人实施该项专利或者使用该项技术秘密的,应当停止违约行为,承担违约责任;违反约定的保密义务的,应当承担违约责任。让与人承担违约责任,参照适用前款规定。"

再如,我国《劳动法》第22条规定:"劳动合同当事人可以在劳动合同中约定保守用人单位商业秘密的有关事项。"如果劳动合同中约定了保守商业秘密的相关事项,劳动者依据劳动合同就负有该项义务。与用人单位和劳动者的保密协议相对应,用人单位还可与知悉其商业秘密的劳动者签订竞业禁止协议,通过限制劳动者从事某一职业或生产某种产品等来保护其商业秘密,减少侵犯其商业秘密的机会。

为了保护自己的商业秘密权,商业秘密权人可以与通过合法途径知悉其商业秘密的人签订商业秘密保护合同,防止相对人泄露该商业秘密而使自己的商业秘密权归于消灭。

(2)依信任而产生的对商业秘密的义务。我国《民法典》确立了基于信任也可能产生商业秘密义务的制度,该法第501条规定:"当事人在订立合同过程中知悉的商业秘密或者其他应当保密的信息,无论合同是否成立,不得泄露或者不正当地使用;泄露、不正当地使用该商业秘密或者信息,造成对方损失的,应当承担赔偿责任。"该条规定的是缔约过失责任的一种特殊情况,根据诚实信用原则,在当事人订立合同的过程中,在合同成立之前,产生一种先合同义务。这种义务要求当事人在订立合同的过程中,互相保护、通知、保密、协作等。当事人在订立合同的过程中知悉了对方当事人的商业秘密,该当事人应当对此商业秘密负有保密的义务,即不得对该商业秘密对外泄露或者不正当地使用。如果该当事人违反了保密的义务,则应当就此给对方造成的损失承担赔偿责任。

(3)依法律直接规定而产生的对商业秘密的义务。我国《反不正当竞争法》第15条规定:“监督检查部门及其工作人员对调查过程中知悉的商业秘密负有保密义务。”《公司法》第148条规定:董事、高级管理人员不得擅自披露公司秘密。可见,董事、高级管理人员的保密义务是一种法定的保密义务,属于董事、高级管理人员对公司所负的忠实义务范畴。公司秘密显然主要有指公司的商业秘密。根据我国《保守国家秘密法》及其实施办法的规定,凡被列为国家秘密的信息,任何人均负有保密义务。因此,当某项商业秘密同时被列为国家秘密时,包括商业秘密权的权利主体在内的任何人都是该商业秘密的义务主体。这时,该商业秘密权的义务主体为不特定的任何人。《律师法》第38条第1款规定:“律师应当保守在执业活动中知悉的国家秘密、商业秘密,不得泄露当事人的隐私。”

(二)商业秘密权的客体

商业秘密权保护的客体也就是商业秘密,具体而言就是符合商业秘密保护范围和构成要件的“技术信息和经营信息等商业信息”。相对于专利权而言,商业秘密的保护客体是相当宽泛的。[①]

所谓“技术信息”,一般可以包括研发战略、技术方案、工作进度、工程设计、电路设计、制造方法、配方、工艺流程、关键算法、技术指标、计算机软件源程序、数据库、研究开发记录、技术报告、测试报告、检测报告、实验数据、试验结果、图纸、样品、样机、模型、模具、操作手册、技术文档等。

所谓“经营信息”,具体又可以分为:市场信息,如客户名单、分销网络、销售价格、行销计划、广告策划、竞争策略等;采购信息,如采购渠道、进货价格、供应商名单等;其他还有财务信息、人力资源信息、法律事务信息等。商业秘密的载体也可以是多种多样的,如信函、传真、备忘录、纪要、协议、合同、报告、手册、文档、软件代码、图纸、电子邮件等,甚至可以存在于人的大脑记忆中。

《反不正当竞争法》的最新修正,扩展了商业秘密的保护客体,除技术信息和经营信息外,其他符合秘密性、价值性、保密性的商业信息也属于商业秘密。[②]

---

① 王从江:《论商业秘密权及商业秘密侵权行为的认定》,载《学术交流》2007年第1期。
② 郭世栈:《试论商业秘密权及其法律特征》,载《知识产权》2001年第3期。

三、商业秘密权的内容

《民法典》将商业秘密纳入知识产权的保护范畴,新修正的《反不正当竞争法》也明确使用了"商业秘密权利人"的表述。因而,作为一项民事权利,商业秘密权具有以下内容。

(一)占有权

商业秘密的占有权是指权利人有权对商业秘密进行秘密占有、控制和管理,任何公民或组织不得非法干预这一权利。基于占有权,权利人可采取一定的保密措施来防止他人通过不正当手段获取、泄露、使用商业秘密,也可要求其拥有商业秘密的雇员和关联单位对其商业秘密进行保密。由于商业秘密客体的非物质性,因此权利人无法像物权中物的所有人那样对商业秘密可以具体地拥有。权利人可通过占有包含商业秘密载体的形式从而达到间接占有商业秘密的目的。

(二)使用权

商业秘密的使用权,即商业秘密权利人有权依法按照商业信息的性能和用途加以利用,以实现其商业价值。体现为以下两个方面:一方面,只要商业秘密权不存在违反法律、妨碍他人合法利益或社会公共利益的情形,任何人或机关都无权干涉权利人使用商业秘密;另一方面,权利人有权要求以不正当竞争手段非法取得商业秘密的人停止使用该商业秘密。他人非法获取商业秘密属于侵权行为,权利人应有权要求其停止侵害,对其所遭受的损失,权利人有权要求侵权人进行赔偿。由于商业秘密权具有相对性的特点,在同一时间可以由多人互不排斥地共同使用相同或类似的技术信息和经营信息,因此,法律只禁止他人以非法手段获取并使用所有人的商业秘密。同时,商业秘密属于无形的信息,权利人对商业秘密的使用不会发生有形的损耗,一般而言对商业秘密的使用没有时间限制。

(三)收益权

商业秘密的收益权是指商业秘密权人收取基于商业秘密而产生出来的新增经济价值的权利。收益权是商业秘密权中最重要、最基本的权利,一般而言,商业秘密权人所关注的是自己财产的增值和如何实现增值,至于该商业秘密是由自己占有、使用，还是交由他人占有、使用并不重要，只要能使权利人的财产增值和实现其价值的最大化，他们便可以让与该商业秘密的占有权、使用权甚至处分权，而最终把握收益权。具体而言，商业秘密权人可以自己使用或者许可他人使用来获取经济利益，也可以转让商业秘密权，从受让人处获取经济利益，还可以以该商业秘密投资入股来获取经济利益等。

（四）处分权

商业秘密的处分权是指权利人有权处置其商业秘密，其可在保留所有权的前提下，允许他人有偿使用商业秘密，形成商业秘密许可使用，其可将商业秘密权整体转让他人，自己不再占有和使用；还可决定将商业秘密公之于众，使之进入公有领域等。处分权包括以下内容。

1. 转让权

转让权是指商业秘密权人享有的将自己的商业秘密权转让给他人的权利。商业秘密权是财产权利，依其性质可以进行转让。商业秘密权转让后发生了权利主体的变更，原商业秘密权人丧失了商业秘密权和权利人资格，受让人则获得了商业秘密权，成为商业秘密权人。商业秘密权转让后，转让人相应转变为商业秘密权的义务主体。签订转让合同进行转让，是商业秘密权转让的基本方式。在我国，商业秘密权转让合同属于技术合同的类型之一，是指商业秘密权人作为转让方将其商业秘密权移交给受让方，由受让方支付约定价款的协议。

2. 投资权

投资权是指商业秘密权人享有的将商业秘密作为出资方式进行投资的权利。商业秘密权是一项财产权利，商业秘密具有使用价值和交换价值，权利人可以将其作为出资方式进行投资。投资权也是一种特殊形式的转让权。《公司法》第27条规定股东可以用知识产权作价出资，而知识产权显然包括商业秘密权。

3. 许可使用权

许可使用权是指商业秘密权人享有的许可他人使用其商业秘密的权利。商业秘密权人有权自己使用商业秘密，也可以许可他人使用其商业秘密。与商业秘密权转让不同，商业秘密被许可使用后，并不发生商业秘密权权利主体的变更。商业秘密权人行使许可使用权的方式是签订商业秘密使用许可合同。根据合同内容的不同，商业秘密许可使用可分为独占许可使用、排他许可使用和普通许可使用。商业秘密独占许可使用是指被许可方在合同约定的范围内,独占许可方商业秘密使用权,许可方不得将其商业秘密再许可他人使用,自己也不得使用该商业秘密。商业秘密排他许可使用是指许可方允许被许可人在约定的范围内使用其商业秘密,而不再许可任何第三方在该范围内使用该商业秘密,但许可方仍保留自己在该范围内使用该商业秘密的权利。商业秘密普通许可使用是指许可人允许被许可人在约定的范围内使用商业秘密,同时保留自己在该范围内使用该商业秘密以及许可被许可人以外的他人使用该商业秘密的权利。

(五)排除妨害权

排除妨害权是指商业秘密权人享有的对侵犯其商业秘密权的行为依法对抗的权利。基于商业秘密权的一定专有性,商业秘密权人对于违反合同约定或法律规定通过不正当手段获取、披露、使用、许可他人使用或转让其商业秘密的行为,可根据情况向侵权行为人直接提出或通过仲裁机关、法院向其提出停止侵害、消除影响、赔礼道歉、赔偿损失的要求。如果存在商业秘密侵权行为将给权利人造成不可挽回损失的紧急情势的,商业秘密权人可向工商行政管理机关(现为市场监督管理机关)请求查封、扣押商业秘密附着物,也可在起诉前或起诉后向人民法院提出申请。

四、商业秘密权与专利权

(一)商业秘密与专利权的优劣分析

对于一项技术信息而言,既可通过专利的方式予以保护,也可通过商业秘密的方式予以保护。从上文对商业秘密与专利关系的分析来看,二者在法律上对权利人的保护各有利弊。

1. 商业秘密权保护的优势

第一,保护期限没有时限。根据《反不正当竞争法》及其相关法律的规定,只要商业秘密符合法定的构成要件,义务人知道或应当知道该商业秘密的,就应当履行保密义务,直至该商业秘密被公开。也就是说,商业秘密保密义务的期限与商业秘密存续的期限相同,在商业秘密未被公开的期间内,义务人就应当履行保密义务。只要商业秘密权利人采取的保护措施足以使商业秘密不被泄露,就可以无限期地获得商业秘密带来的经济利益、竞争优势。而专利保护由于法律明确规定了保护期限,法定保护期限届满,专利权就终止,该专利技术就成为社会共有的资源,任何人都可以无偿使用。专利权人不再享有独占权,不能禁止其他单位和个人在未经其同意的情况下无偿使用该专利技术。

第二,保护程序简便,所需费用少。一项技术信息或者经营信息,只要经企业采取保密措施,如订立保密协议、建立企业保密制度、进行员工保密教育等,就可以获得法律保护,而没有手续烦琐的申请和技术公开等程序。

相对而言,获得专利保护的程序繁杂很多。依据我国《专利法》第 26 条、第 27 条以及第 34 ~ 40 条对专利申请、审查和批准的相关规定,专利申请人需要依照《专利法》的规定,充分准备申请材料,到国务院专利行政部门申请登记,经过初步审查和公布等程序后,确定符合我国法律规定的授予专利权的条件的,才发给相应的专利证书,同时予以登记和公告。

第三,保护成本低。与专利权人依靠法律的直接规定而取得排他性的使用权利不同,商业秘密权利人主要是通过自身采取的保护措施对其所有的商业秘密进行保护,保密的成本多为采取保密措施、建立保密规章制度、对员工进行保密教育,签订保密协议等费用支出。因而,商业秘密的保密支出具有灵活的特点,权利人可以根据商业秘密价值的大小,灵活地决定保密成本的多少。

根据《专利法》第 43 条、第 44 条的规定,专利权人应当自被授予专利权的当年开始缴纳年费。不按规定缴纳年费的,专利权在期限届满前终止。因此,无论专利价值的大小,专利保护都要求专利权人必须依法缴纳申请费和年费等费用,否则将承担不利的法律后果。对于那些本身的价值不足以弥补保护的成本支出的技术来说,专利保护的成本则显得过高。

第四,保护对象的范围广。根据《反不正当竞争法》的规定,商业秘密的保护对象主要包括技术信息和经营信息等在内的商业信息。《国家工商行政管理局关于禁止侵犯商业秘密行为的若干规定》《北京市高级人民法院关于审理反不正当竞争案件若干问题的解答(试行)》《国家科委关于加强科技人员流动中技术秘密管理的若干意见》等规定具体分析了技术信息和经营信息的内容。技术信息不仅包括有关设计、程序、产品配方、制作工艺、制作方法等完整的技术方案,还包括开发过程中的阶段性技术成果、取得的有价值的技术数据,以及针对技术问题的技术诀窍。经营信息主要包括经营策略、管理诀窍、客户名单、货源情报、产销策略、招投标中的标底及标书内容等信息。

而专利保护的对象仅为技术信息，不包括经营信息。根据《专利法》第 2 条第 1 款的规定，专利法的保护对象为发明创造，主要包括指发明、实用新型和外观设计。具体来说，发明，是指对产品、方法或者其改进所提出的新的技术方案。实用新型，是指对产品的形状、构造或者其结合所提出的适于实用的新的技术方案。外观设计，是指对产品的整体或者局部的形状、图案或者其结合以及色彩与形状、图案的结合所作出的富有美感并适用于工业应用的新设计。

第五，商业秘密不需要公开。法律要求商业秘密的构成要件是处于“不为公众所知悉”的秘密状态，这种状态能给权利人带来经济利益和竞争优势。采取商业秘密方式保护的权利人无须向任何人公开该商业秘密的内容。正因为不需要公开商业秘密，避免了他人在参考原有商业秘密的基础上，创造出更具有竞争性的商业秘密，从而影响原商业秘密的优势竞争地位。而申请专利则需要公开技术。根据《专利法》第 34 条、第 40 条的规定，申请专利的发明、实用新型和外观设计必须依法在申请被批准前或批准后对外公开。换句话说，获得专利保护是以公开专利技术内容为代价的。技术内容一旦公开，就不能禁止他人在合法的前提下参考已公开的技术信息，研发出作用相同或更有价值的技术，对专利权人的经济利益和竞争地位造成潜在的威胁。

第六，商业秘密的构成要件标准比较低。根据《反不正当竞争法》的规定，商业秘密的构成要件要符合秘密性、价值性和保密性。与专利相比，对商业秘密没有新颖性的要求，创造性要求也较低。“不为公众所知悉”仅要求商业秘密不为与权利人相同领域内的人所普遍知悉。关于采取的保密措施并不要求“万无一失”，只要求“在正常情况下足以防止商业秘密泄露”即可。《专利法》第 22 条、第 23 条对授予专利的技术作出了严格的要求，要求授予专利权的发明和实用新型，应当具备“三性”，即新颖性、创造性和实用性；授予专利权的外观设计，应当不属于现有设计，也没有任何单位或者个人就同样的外观设计在申请日以前向国务院专利行政部门提出过申请，并记载在申请日以后公告的专利文件中。法律对申请专利的新颖性、创造性和实用性水平要求较高，很多技术信息因达不到要求而申请专利失败，给技术信息拥有者造成巨大的损失。

第七，所受限制较少。商业秘密权除了受到自行开发、反向工程、公共利益等限制外，基本不受其他方面的限制；而专利权则要受到先用权原则、合理利用原则、临时过境权原则、专利权用尽原则、强制许可原则等的限制。

2. 商业秘密保护的劣势

第一,缺少商业秘密保护的专门立法。目前,我国有关商业秘密保护的法律规定都散见于一些法律法规、司法解释和部门规章中,立法机关至今还未制定一部专门规范和保护商业秘密的法律。随着社会和经济的科技化发展,商业秘密发挥了越来越重要的作用,对于有些企业,商业秘密是其生存的资本和发展的动力,因而越来越受重视。同时,侵犯商业秘密的情形也日益严峻,制定一部专门规范和保护商业秘密的法律是迫切且有必要的。对于专利保护,我国已有比较完善的专门立法,主要有《专利法》《专利法实施细则》,除此之外,一些行政法规、地方法规和司法解释也对专利作出了比较详尽的补充规定。

第二,商业秘密保护具有相对性。商业秘密权属于相对权利,其禁止效力仅限于侵犯商业秘密的行为,而不及于他人合法获取商业秘密的行为。因此,权利人无权禁止他人通过独立研发、反向工程等合法手段取得相同的商业秘密。专利保护则不然,专利申请人一旦经国务院专利行政部门依法审查合格后被授予专利权,便对该专利享有独占权,有权排除在后的任何单位和个人对相同或近似的专利再去申请专利,而无论其是否是通过合法的方式获得的。商业秘密权的专有程度不如专利权高,专利权人的权利具有很强的垄断性。

第三,权利丧失的可能性大。商业秘密一旦公开,商业秘密权也自然随之消灭。根据我国相关法律规定,商业秘密公开主要包括权利人的公开和第三人的公开。其中第三人的公开又包括因第三人的侵权行为而公开和第三人通过独立开发、反向工程等合法手段获得商业秘密后公开。商业秘密极易因为一些有意或无意的行为而被迫公开。总之,商业秘密被公开的途径越多,商业秘密权利丧失的可能性就越大。

专利权是专利行政管理机关依法赋予专利权人的权利,除非一些特殊情况的出现,在专利保护的期限届满前,专利权人一般都不会丧失其专利权。根据我国《专利法》的规定,丧失专利权的特殊情况主要包括以下 4 种:不按规定缴纳年费导致专利权提前终止;自愿发表放弃声明导致专利权提前终止的;由于违法原因宣告专利权无效的;以及专利权保护期限届满。从权利公开方式来看,商业秘密权更容易被公开。

第四,侵犯商业秘密案件权利人举证难,维权成本高。商业秘密权利的取得不需要经过法律的认可,但在发生商业秘密侵权案件后,侵犯商业秘密案件一般应当适用“谁主张,谁举证”的举证责任分配原则。商业秘密权利人首先证明被侵权信息为自己合法所有且符合商业秘密构成要件;其次要证明对方当事人采取了不正当手段的事实,并且具有获取商业秘密的条件;最后还要证明对方当事人使用的信息与其商业秘密相同或者实质相同。而专利侵权案件则不同,专利被侵犯后,专利权人只对行为人的侵权事实提出合法有效的证据即可,即专利权人只需证明对方当事人实施了不正当行为侵犯了其专利权,不需要再提供证据证明其专利符合法律规定的条件。因而,侵犯商业秘密的案件原告承担较多的举证责任,维权成本与专利相较则显得比较高。

(二)商业秘密权与专利权保护的模式选择

根据上文的分析,商业秘密权保护与专利权保护各有利弊。二者在社会经济生活当中,对于权利人、义务人、社会公众及经济秩序而言都发挥着同等的重要作用。但对于一些特殊的技术信息而言,权利人选择专利权保护还是选择商业秘密权保护的后果对于信息所有人而言仍存在较大差异,因此,权利人应该结合各种技术信息的具体情况,综合考量各种因素来加以衡量,从而选择一个对其更为有利的保护方式。

对一项具体的技术信息,技术信息的持有者或创造者是选择商业秘密权加以保护,还是选择专利权予以保护,可根据具体情况进行综合考虑。

1. 如果该项技术信息很难被独立的创造性活动或反向工程所获取,则可以通过商业秘密方式予以保护。采用商业秘密权保护,可以确保该项技术信息的制造者或持有者获得应有的垄断利益,使其收益最大化。如果对该项技术信息选择专利权的保护方式,则在专利保护期满后,该项技术信息就流入公共领域,为公众所知悉,此时该项技术信息就不可能给权利人创造出巨大的利益;相反,对于那些通过反向工程容易获得的技术信息,并且符合申请专利的条件的,则适宜采用专利保护。

2. 客观评价技术信息是否易于保密和自己采取的保密措施能达到的效果。如果该项技术信息需要在市场上公开和大量地使用,则应该对该项技术信息采取专利权的保护方式。如果技术信息的创造者或持有者所能采取的保密措施不可能取得良好的效果或采取保密措施的成本过高,则采取专利权保护方式更为有利。

3. 技术信息难以达到专利保护要求时,可选择商业秘密权的方式加以保护。

《专利法》第22条要求被授予专利权的发明和实用新型，应当同时满足新颖性、创造性和实用性三个条件。专利是技术垄断的合法化和制度化，因而我国会严格审核申请专利的技术信息。一项技术信息只有在同时满足新颖性、创造性和实用性三个条件时，才能被授予专利权。《专利法》第34条规定："国务院专利行政部门收到发明专利申请后，经初步审查认为符合本法要求的，自申请日起满十八个月，即行公布。国务院专利行政部门可以根据申请人的请求早日公布其申请。"技术秘密一旦公开，便丧失了其秘密性，如果最终专利申请失败，则很难再获得商业秘密权的保护。因此，商业秘密权利人应当综合分析其技术秘密的内容和特点。如果申请专利保护的成功率比较低，则适宜采用商业秘密方式保护。

4. 充分考虑技术信息的生命力，即技术信息的价值期限。如果生命力很强，建议通过商业秘密方式予以保护，它能避免专利权获取的申请、审查和登记程序。如果该项技术信息的生命力过长且采取一定的保密措施又能获得良好效果的情况下，选择商业秘密权的保护方式则能避免专利权保护期限固定的缺陷，能够给权利人带来更大的经济利益和持久的竞争优势。如此，还能避免专利获权的不确定性所带来的风险，节约成本。

5. 技术信息处于保密状态具有更大的价值性时，则适宜采用商业秘密方式保护。发明创造的充分公开是授予专利授权的前提之一，需要申请人在申请材料中对该项发明创造所包含的技术信息作出清楚完整的说明，并且还要达到本技术领域的任何一个普通技术人员在阅读说明书后，就能实施该项发明创造的标准。相反，通过商业秘密的方式保护，技术信息处于权利人严格的保密措施之中，他人一般无法通过合法手段获取该项技术信息，不用担心他人利用其技术成果的便利，创造出更有价值的技术成果，影响原权利人的优势竞争地位和经济效益。

综上所述，一项技术信息不仅仅是一个因素的承载体，往往是几种因素掺杂在一起，情况比较复杂。技术信息所有人应当综合分析各因素，从整体上评价各因素的轻重，然后判定该项技术信息适合采取何种知识产权保护方式。

第二节 商业秘密权的取得和行使

一、商业秘密权的取得

商业秘密权的取得，是指相关主体通过合法途径获得对商业秘密的支配地位从而成为权利人的法律事实。按照来源与效力的不同，商业秘密权的取得可以分为原始取得与继受取得。原始取得是指权利人直接根据法律规定而不依赖于其他主体的意志取得权利，从属性上看，商业秘密的原始取得属于事实行为。继受取得是指权利人通过某种法律事实从原来的权利主体处取得权利，“法律事实”主要是法律行为，包括授权许可使用、转让、继承以及遗赠等。

（一）原始取得

商业秘密权主要的原始取得方式是主体实施技术研发与市场调研等智力性活动，这样的获得即为商业秘密的“开发”。其他原始取得的方式还有反向工程等。

1. 商业秘密的独立开发

独立开发是一种通过自己的创造性智力活动获得与他人商业秘密相同或类似信息的行为，是经营者诚实劳动、合法竞争的重要形式。当开发者通过自身的智力劳动独立开发出与商业秘密相同或类似信息后，如果该信息符合商业秘密的构成要件，开发者也可成为商业秘密权利人。

基于个人智力活动的有限性，商业秘密开发者的主体也会存在不确定性，会出现一个主体甚至是多个主体的情形。商业秘密开发所产生的的直接后果是商业秘密权的原始取得与归属。根据商业秘密开发者主体及身份的不同，一般存在以下情形：(1)合作开发，即两个以上主体共同开发而形成商业秘密；(2)职务开发，主体为完成所在单位的工作任务而开发出商业秘密；(3)委托开发，即主体应他人聘请而开发出商业秘密。为体现意思自治，合作开发者、单位与开发人以及委托人与开发人等当事人应被允许通过约定的形式确定他们对商业秘密的权属。

在当事人未约定商业秘密权归属时，立法对上述三种特殊情形做了不同的处理：(1)合作开发者共同成为商业秘密权主体。对此《民法典》第 860 条规定：

“合作开发完成的发明创造,申请专利的权利属于合作开发的当事人共有;当事人一方转让其共有的专利申请权的,其他各方享有以同等条件优先受让的权利。但是,当事人另有约定的除外。合作开发的当事人一方声明放弃其共有的专利申请权的,除当事人另有约定外,可以由另一方单独申请或者由其他各方共同申请。申请人取得专利权的,放弃专利申请权的一方可以免费实施该专利。合作开发的当事人一方不同意申请专利的,另一方或者其他各方不得申请专利。”我国台湾地区“营业秘密相关规定”也有如下说明:“数人共同研究或开发之营业秘密,其应有部分依契约之约定;无约定者,推定为均等。”(2)对于委托开发的商业秘密,由开发者享有商业秘密权。对此《民法典》第859条规定:“委托开发完成的发明创造,除法律另有规定或者当事人另有约定外,申请专利的权利属于研究开发人。研究开发人取得专利权的,委托人可以依法实施该专利。研究开发人转让专利申请权的,委托人享有以同等条件优先受让的权利。”我国台湾地区“营业秘密相关规定”做出如下说明:“出资聘请他人从事研究或开发之营业秘密,其营业秘密之归属依契约之约定;契约未约定者,归受聘人所有。但出资人得于业务上使用其营业秘密。”(3)对劳动者为完成工作任务而开发出的商业秘密,用人单位享有商业秘密权。劳动者非为完成职务而开发的商业秘密,由其本人享有商业秘密权。但商业秘密系利用用人单位的资源或经验者等条件而取得的,用人单位有权在支付合理报酬后使用商业秘密。对此立法中也有所体现,如我国台湾地区“营业秘密相关规定”指出:“受雇人于职务上研究或开发之营业秘密,归雇用人所有。但契约另有约定者,从其约定。受雇人于非职务上研究或开发之营业秘密,归受雇人所有。但其营业秘密系利用雇用人之资源或经验者,雇用人得于支付合理报酬后,于该事业使用其营业秘密。”

2. 反向工程

根据《最高人民法院关于审理不正当竞争民事案件应用法律若干问题的解释》第12条的规定,“‘反向工程’,是指通过技术手段对从公开渠道取得的产品进行拆卸、测绘、分析等而获得该产品的有关技术信息”的行为。之所以保护通过反向工程获得商业秘密的行为,是因为反向工程是技术运用者通过合理的技术成本支出取得收益的行为。由此,若立法者允许技术运用者通过反向工程开发而取得商业秘密，则有利于实现分配正义。[①] 正因如此，根据前述司法解释，当事人以不正当手段知悉了他人的商业秘密之后，又以反向工程为由主张获取行为合法的，不予支持。行为人通过正当手段反向开发商业秘密的，并不构成侵权，并能够享有由此而产生的利益，正当手段包括但不限于购买由商业秘密所形成的产品。合法的反向工程须同时具备以下要件。

（1）合法取得产品

反向工程是一种从结果推导原因、从产品推导制造方法的逆向行为，其行为性质本身的正当性决定了行为的全过程都不得违反诚实信用原则。合法的反向工程的实施对象只能来自公开与正当流通渠道的载体，且实施者取得该载体的方式应当符合强行法与公序良俗。用于分析研究的产品必须通过购买、接受赠与、继承等方式合法取得所有权，或通过租赁、保管、承揽等有效合同取得占有权。美国《统一商业秘密法》关于反向工程的规定列举了可以通过反向工程获取商业秘密的情形：从已知产品开始，通过反向工程技术，发掘产品开发方法。已知的产品必须是以诚实、正当和合法的方式获得，如从公开的市场上购买获得的产品等。

（2）实施人的身份适当

对于一项合法的反向工程而言，其实施者的身份需要满足以下要件：①该实施人不能接触权利人的商业秘密，既包括以正当手段知悉权利人的商业秘密，也包括以不正当手段非法获悉权利人的商业秘密；②该实施人不承担保密义务，即对商业秘密权利人不负有在先的明示或默示的保密义务。如我国《公司法》第148条规定，公司的董事和高级管理人员不得擅自披露公司秘密，否则将会承担因披露公司秘密所造成的一切损失和相应的法律责任。董事与高级管理人员实施反向工程行为的，即不得被视为合法。③实施人在反向工程完成之前与之中，并未接触过商业秘密，而是完全依靠自身的经验与技术获取商业秘密。否则，由此而取得的商业秘密就存在显著的权利瑕疵，甚至反向工程的实施者应当承担相应的违约责任或者侵权责任。

反向工程符合上述构成要件时，其实施人就获得载体所蕴含的商业秘密的支配权。从取得的方式角度来讲，通过反向工程享有商业秘密权属于商业秘密

---

① 吴汉东：《知识产权基本问题研究》，中国人民大学出版社2009年版，第15页。

的原始取得。根据原始取得的法律属性,反向工程的实施人可以拒绝承受原权利之上的负担与瑕疵。如原权利人对商业秘密设定了转让许可权或者质权,商业秘密被他人通过反向工程取得,原商业秘密上的权利人则不能向反向工程实施人主张行使权利。但为了平衡原权利人的利益,反向工程实施人应当承担相应的保密义务。

(二)继受取得

1. 授权许可使用

和其他知识产权客体一样,商业秘密作为一种智力成果可以由权利人许可他人使用,权利人从而取得经济利益。与此对应,被许可使用者可以在约定的范围内使用商业秘密,从而继受取得部分权能,前述整个过程即为商业秘密的授权许可使用。在实践中,授权许可是商业秘密权继受取得的最常见方式。在与之相关的法律关系中,双方的权利和义务如下。

(1)让与人的权利和义务。一般情况下,许可使用商业秘密中的权利人享有获取使用费、要求被许可人依约定履行保密义务、在受让人违约时要求受让人承担相关违约责任等权利。与此同时,商业秘密权利人应当履行以下义务:标的质量瑕疵担保义务、保密义务、权利瑕疵担保义务。

(2)被许可人的权利和义务。在获得授权许可的前提下,被许可方得以继受地行使部分商业秘密权的权能,这类似于用益物权与担保物权的主体对标的物的定限支配。与此同时,被许可方应履行以下义务:支付许可使用费义务、保密义务、按照合同约定使用商业秘密的义务。

2. 转让

权利人除了将商业秘密授权许可给他人外,还要将商业秘密永久地让渡给他人,从而使商业秘密的归属发生变化,这一方式通常被称为"转让"。按照是否支付相应合理的对价,商业秘密的转让可以分为有偿转让与无偿转让两种。有偿的商业秘密转让行为适用《民法典》第三编第二十章"技术合同"的规定;无偿的商业秘密转让方式主要包括赠与、互易等,这些行为适用《民法典》第三编第十一章"赠与合同"的规定。

此外,商业秘密作为智力成果的属性决定了它可以作为继承与遗赠的客体。在继承与遗赠后,商业秘密的归属也将发生变更,前述行为受《民法典》中关于继承的相关规定的调整。

二、商业秘密权的行使

(一)积极权能

1. 商业秘密的控制权能

商业秘密的控制权能是指权利人可以通过个人的意志自由支配商业秘密。商业秘密客体的无形性决定了权利人的控制权能区别于对有形物的占有。控制权能是商业秘密权其他权能的基础,按照新制度经济学产权理论的观点,只有当权利人实际控制财产,才能排除他人使用财产从而分享收益,也才能对权利人提供稳定的预期与积极的激励使其利用与处分财产;①就实证角度而言,使用、收益、处分商业秘密并排除他人侵害等其他权能也都需要以权利人实际控制商业秘密为前提。

2. 商业秘密的使用与收益权能

商业秘密的使用与收益权能是指权利人在不改变商业秘密现有状态与归属关系的前提下利用商业秘密,并收取由此产生的利益。权利人收取商业秘密之上利益的主要方式是将它运用到生产经营活动中从而产生经济利益和竞争优势。

3. 商业秘密的处分权能

商业秘密的处分权能是指权利人通过一定方式改变商业秘密的形态与归属,此即"处分"的含义。处分方式包括事实处分与法律处分。事实行为主要表现为披露商业秘密从而使其公开,法律处分最典型的方式主要包括转让商业秘密或者将商业秘密许可给他人使用。其中,转让是指权利人依法以改变商业秘密归属的方式将商业秘密移转予他人,而许可则是权利人与他人签订协议从而许可他人在一定时间与地域等范围内使用商业秘密。转让与许可的区别在于,前者将会导致商业秘密权属的移转而后者则不会。

(二)消极权能

权利人得以排除他人对商业秘密实施的不法侵害,此即商业秘密权的消极权能。结合客体商业秘密的特性,商业秘密权的消极权能包括以下三点。

---

① 卢现祥、朱巧玲主编:《新制度经济学》,北京大学出版社2007年版,第88页。

1. 禁止他人非法获取商业秘密

按照《反不正当竞争法》第 9 条第 1 款第 1 项的规定，"非法获取"主要是指以盗窃、贿赂、欺诈、胁迫、电子侵入或者其他不正当手段获取权利人的商业秘密。禁止他人非法获取，这是商业秘密权积极权能中的控制权能的表现形式之一。

2. 禁止他人披露或使用商业秘密

按照《反不正当竞争法》第 9 条第 1 款第 2 项的规定，权利人得以禁止行为人披露、使用或者允许他人使用通过非法手段获取的商业秘密。所谓"披露"，是指通过口头、书面或网络等一切方式将商业秘密公之于众，从而使不特定公众知悉商业秘密的内容，这将打破商业秘密的秘密性。秘密性是商业秘密及商业秘密权得以存续的必要条件，而披露行为将会使商业秘密不复存在，由此商业秘密权利人禁止他人披露与使用商业秘密，是维护其对商业秘密支配与控制利益的必备条件。

3. 禁止第三方恶意获取与使用商业秘密

按照《反不正当竞争法》第 9 条的规定，第三人明知或者应知商业秘密权利人的员工、前员工或者其他单位、个人实施本条第 1 款所列违法行为，仍获取、披露、使用或者允许他人使用该商业秘密的，视为侵犯商业秘密。所谓"恶意"，是指明知或应知商业秘密系行为人通过违法方式取得，仍然获取、披露、使用或者允许他人使用该商业秘密。

三、权利行使的限制

(一)善意取得限制

1. 商业秘密善意取得的定义

商业秘密的善意取得，是指当第三人以善意的方式取得商业秘密时，可以在一定条件下与一定范围内对商业秘密予以使用，而无须经过权利人许可。

2. 商业秘密善意取得的要件

商业秘密的善意取得应当具备以下构成要件。

(1)第三人是从无权处分人取得商业秘密。因为如果从权利人或者其他有权处分人手中取得商业秘密，那么第三人就具有使用商业秘密的合法事由从而无须适用善意取得规则。

(2)第三人不知道也不应当知道侵权人没有对商业秘密的处分权。这是善意取得的核心要件,如果第三人有义务知晓侵权人对商业秘密不具有处分权,仍接受商业秘密,则第三人不能善意取得商业秘密。善意与否的判断时间一般是以第三人从侵权人手中获得商业秘密的时间为标准,即使事后第三人知道侵权人无权处分也不影响第三人善意取得的成立。即第三人只要在取得商业秘密的时候主观上是善意即可。

(3)第三人支付了对价。原则上第三人构成善意取得须支付对价。例外的情况是,如果第三人未支付对价,并在取得该商业秘密时不知或者不应知处分人无处分权,并已经为实施或者进一步开发该商业秘密做了相应准备的,应当适用善意取得规则。但是在这种情况下,第三人在知道后应当向权利人支付对价。

商业秘密善意取得的法律效力应当包括:一方面,善意第三人得以在原有的范围内继续使用商业秘密,而他人,包括权利人不得进行干涉;另一方面,为了保护权利人的合法权益,必须对善意第三人课以相应的义务,最主要的有:①在善意第三人知悉其商业秘密系从侵权人之处取得时,其应当向权利人告知这一情形,否则应当对权利人的损失承担相应责任;②在商业秘密尚未被公之于众时,善意第三人应当负有保密义务。

(二)公共利益限制

1. 限制的必要性

商业秘密权所保护的私益,可能会与公共利益产生冲突,许多国家和地区为满足公共利益的需要往往会对商业秘密做出一定的限制。如根据我国《环境保护法》《企业环境信息依法披露管理办法》的相关规定,相关国家行政机关有权依照上述法律的授权行使现场检查权,同时可责令排污单位提供或披露有关排放污染物的种类、数量、浓度、生产工艺、治理技术等技术资料和业务资料,有关单位不得以保护商业秘密为由予以拒绝,但检查机关非经法定许可不得公开涉及的商业秘密。

2. 限制的依据以及方式

为平衡商业秘密权利人的私益与公共利益,立法者需要明确规定限制商业秘密权行使的事由。考虑到商业秘密权限制实质上是国家为满足公共利益而应用公权力对权利人的私益加以排除或者限缩,因此,基于维护公共利益之需要而限制商业秘密权行使时须满足以下条件。

（1）存在需要保护的公共利益，并有法律明确规定。对此加拿大《统一商业秘密法（草案）》第10条明确规定："依本法进行的任何非法披露或使用商业秘密的诉讼中，被告对于原告不负责任——如果被告证明：①该披露是根据有权命令披露信息的法院或裁判机关的要求向法院或裁判机关进行的；②根据该商业秘密的性质，在披露或使用之时，披露或使用已涉及或将要涉及公共利益重于继续保持秘密的需要；对于前款②项披露或使用商业秘密中的'公共利益'涵盖了以下情形：违反生效法律的犯罪行为或其他违法行为；或影响公共健康与安全的情事。"我国《商业秘密保护法（送审稿）》第20条也规定："国家在出现紧急状态、非常情况时，或者为了公共利益目的，可以对商业秘密予以强制披露或许可使用。但应当对商业秘密权利人予以适当补偿。"

（2）欲满足的公共利益应当大于因商业秘密权被限制或排除而被牺牲的权利人的私人利益。另外，为防止强制许可或强制披露被滥用，商业秘密的强制许可或披露必须符合一定的条件或遵循一定的程序。

（3）商业秘密权利人应当得到适当补偿。如果不对商业秘密强制许可和披露予以补偿，将对商业秘密权利人造成不可估量的损失，进而会极大地打击其从事技术与经营信息开发与创新活动的积极性。而商业秘密权利人因其持有商业秘密而保有市场优势或领导地位，就足以说明商业秘密具有相当大的价值。我国要建立充分且合理的补偿机制，就应当考虑商业秘密所蕴含的价值。一般而言，商业秘密的价值包括开发价值、维护价值与潜在的竞争价值。

（4）以执行职务为限，并遵守保密义务。国家机关只能在行政执法的合理限度内获得或知悉权利人的一定范围的商业秘密。国家机关因依法执行职务获得商业秘密后，只能用于职务活动，不得用于职务活动以外的其他活动，否则将构成侵权行为。

第四章　商业秘密的管理与保护

第一节　商业秘密保护的必要性

商业秘密保护已成为现代管理制度的一项极为重要的内容。包含技术信息和经营信息在内的商业信息几乎涵盖了企业发展的所有方面，成为企业竞争力的重要组成部分，也是确保企业在市场经济中长期生存并不断发展的关键性因素。企业如果掌握一些商业秘密就可有效降低生产投入成本、规避市场风险、把握市场机会，能够改进或创新自身的生产经营活动，从而使自己在同行业的竞争中处于有利的地位。同时，企业也是市场的基本主体，反映国家的经济发展水平，对国民经济的发展也具有重要意义。如日本知识产权研究所对日本企业财产性情报的重要性进行调查后得出的结论是，在经济、技术水平迅速提高和向服务化发展的进程中，商业秘密成为支持日本产业的技术力、经营力，从而成为日本经济发展的重要财产基础。①

企业对商业秘密的保护关系到自身的发展，甚至能够决定企业的生死。如山东平县一家纺织厂发明了一项具有国际先进水平的大麻脱胶技术，该纺织厂运用该技术所生产的纺织品远销国外，纺织品成为国际市场上的热销品，从而为该厂带来巨大的经济价值。对于这项技术，该厂制定和执行严格的保密制度。对内，制定并不断完善相关的保密制度、工艺技术保密制度、重点车间保密规定等规章制度。针对技术资料，实行分割保密方法，就是把核心技术资料分成若干部分，分别由不同人掌管，只有将分割的若干部分合在一起才能形成完整的技术资料，从而降低了技术资料被泄密的风险。对于产品生产的工艺，则采取工段控

---

① 通商产业省知的财产政策室监修：《营业秘密改正不正当竞争防止法逐条解说》，有斐阁，第17页。

制法,即每个工段上的员工只知道添加剂的数量,添加剂的名称和化学成分则一概不知。对外,来厂参观人员须有厂领导或安保科干部的陪同;调离工厂的干部人员,一律签订跟踪保密合同,并严禁携带任何技术资料出厂;涉外谈判,只谈最终指标,不谈工艺流程和数据等。该厂通过限制大麻脱胶技术的知悉范围,防止泄密现象的发生,从而保持了自身在市场上的经济利益和竞争优势。

又如空调作为季节性较强的商品,在生产和销售中存在矛盾,要想抢占空调市场并非易事。然而一家空调生产企业连续几年销量很好,在记者采访该企业负责人,了解其生产经验时,由于该负责人保守商业秘密的意识不强,不慎泄露了该企业的生产和销售策略。该企业之所以能够先于同行把握商机,原因是该企业发现空调的销售和天气有关,于是与全国各地的气象台签订了气象预报的有偿服务协议,通过气象台提供的预测数据来调整销售策略。该报道一经公布,同行纷纷效仿,该空调生产企业在市场上的优势便荡然无存。

上述两个案例说明商业秘密对企业的生存发展有着非常重要的作用,因而企业要对其所拥有的商业秘密采取行之有效的保密措施及管理制度。

第二节 商业秘密的泄密方式

商业秘密的泄密是指由于权利人的故意或疏忽,意外事故、他人的侵权行为或者其他原因使商业秘密部分或全部丧失秘密性,从而导致权利人丧失竞争优势或遭到不利。[①] 简言之,商业秘密的泄密其实就是从秘密性转变为公开性,进入公共领域,为公众普遍知悉。商业秘密的公开主要有以下几种形式。

一、因权利人的行为而公开

作为商业秘密的拥有者,权利人可以根据自身不同的需求对该商业秘密行使其所享有的权利,这就会导致商业秘密的公开。江苏省高级人民法院对权利人导致商业秘密公开的方式作了具体的规定。《江苏省高级人民法院关于审理商业秘密案件有关问题的意见》中提到,权利人导致商业秘密公开的方式为:

---

① 张耕编著:《商业秘密法律保护研究》,重庆出版社 2002 年版,第 231 页。

(1)自愿公之于众;(2)申请专利并经公告;(3)公开销售含有商业秘密,且他人可以通过观察等手段轻易获取该商业秘密的产品;(4)保密措施明显不当。

一般来说,因权利人的行为而公开商业秘密主要有以下几种表现形式。

(1)权利人自愿将商业秘密公开。如权利人在发表著作、进行演讲时,为了表现在学术领域的地位或专业威望,愿意将自己最先进的研究成果公之于众,或者为了宣传或介绍产品而公开商业秘密,又或者权利人出于某种原因而公开其秘密。

(2)权利人为申请专利而将商业秘密公开。通过上文对专利权和商业秘密权的分析比较可以看出,专利权的保护在某些方面具有一定的优势。对创新的技术和信息的保护当事人可能会选择通过专利的方式予以保护,这种公开的方式其实是为了更好地保护商业秘密。但由于专利的保护往往具有很高的要求,并且一旦申请专利,技术信息就会依法公开,此举有一定的风险。因为一旦专利在申请公开后未获得批准,该项技术信息因不符合商业秘密的构成要件而无法获得商业秘密权的保护。

(3)权利人因销售产品而导致商业秘密的公开。最为典型的便是反向工程,他人从合法途径获得原权利人的商品,通过拆卸、测绘、分析等方式,从而获得该产品的有关商业秘密,此时他人便取得和原权利人相同的商业秘密。值得注意的是,此时如果他人对通过反向工程获得的技术信息采取保密手段,并将其作为商业秘密加以保护,原权利人只是部分丧失商业秘密,商业秘密只是在一定范围内的公开,并不会因此而丧失秘密性。

(4)权利人因疏忽大意或管理不善而将商业秘密公开。这种情形的发生主要是权利人保密意识不强,在接受外来人员采访、参观、考察、实习中因疏忽大意而导致商业秘密被公开。如上述空调案中,空调企业的负责人在接受采访时泄露了该企业的销售策略,导致该商业秘密的公开被同行知晓。有的企业在接待外单位参观时,缺乏警惕性,没有做到内外有别,或急于谈判成功,过分热情地接待对方,造成商业秘密被公开。还有的企业对业务交往或经济合作对象缺乏防范,为签订合同轻易将涉及商业秘密资料交由他们查阅。另外,不注重对废旧秘密载体的管理。除了正规的文件、资料外,商业秘密还普遍存在于废旧的电脑磁盘、办公废纸以及工业垃圾等废旧载体中,这种情况最易被忽略。

二、因员工的行为而公开

现代社会,企业商业秘密的泄露绝大部分是由企业内部人员所为。内部员工泄密主要有以下情况。

(1)人才流动造成商业秘密公开。人才流动是企业内部泄露商业秘密的重要途径。当前社会上发生的商业秘密侵权案,绝大多数都是因为人才流动,或跳槽引起的。商业秘密与有形资产不同,是一种无形财产,也与无形财产中的专利等不同,没有法律界定的公众所知的明确界限,故其极易随人才流动而流失。掌握商业秘密的技术人员或管理人员流向聘用单位服务,与原企业进行竞争,构成对原企业商业秘密的侵权。

(2)兼职工作中泄露单位商业秘密。一些掌握企业商业秘密的高级管理人员、技术人员和工程师等,利用自己的一技之长从事兼职工作时极可能故意或过失造成单位商业秘密的泄露。

(3)离退休职工被另一单位聘用导致商业秘密被泄露。掌握商业秘密的职工在其离退休后,企业对其掌握的有关保密事项疏于管理,形成企业商业秘密保护的一个薄弱环节,这些离退休职工被其他企业和单位聘用后极易造成商业秘密的泄露。

(4)掌握商业秘密的员工为了私利泄密。企业中的一些员工为了自己的私人利益在面对重金的诱惑时,故意泄露本企业的商业秘密。

此外,企业的商业秘密还会因其内部员工保守商业秘密的观念淡薄而将商业秘密泄露。

三、因第三人的行为而公开

因第三人的行为将商业秘密公开是商业秘密公开的重要途径,根据第三人公开商业秘密行为性质的不同可将其进一步分为合法公开和非法公开。

(一)第三人的合法公开

如上文所述,商业秘密作为一种特殊的知识产权,具有相对的排他性。也就是说,商业秘密权利人不能排斥他人通过合法途径获取相同的商业秘密。第三人对其通过合法途径获得的商业秘密享有的权利,不具有权利的瑕疵,包括将商业秘密公开的权利。根据相关法律法规,第三人合法公开商业秘密主要包括以下情形。

1. 第三人将通过独立开发所获得的商业秘密进行公开。企业或个人通过独立开发获得相同或类似的商业秘密后将之公开，是第三人导致商业秘密公开的重要形式之一。

2. 第三人将通过反向工程所获得的商业秘密进行公开。根据《最高人民法院关于审理不正当竞争民事案件应用法律若干问题的解释》第 12 条的规定，第三人利用反向工程获取商业秘密不属于侵犯商业秘密的行为。因此，该第三人有权将其合法获取的与原权利人相同的商业秘密进行公开。

3. 善意第三人将所获得的商业秘密进行公开。企业管理不善导致第三人意外获得商业秘密，或企业员工窃取商业秘密转让给善意的第三人，善意第三人取得后对外公开，则导致商业秘密泄露。

（二）第三人的非法公开

第三人的非法公开包括第三人泄密和第三人窃密。随着经济发展模式的转变，以及对科学技术的重视，不法行为人通过收买、间谍等手段窃取商业秘密的现象越来越严重。

1. 第三人泄密，主要是指第三人通过合法的途径获得商业秘密后，又违反有关商业秘密法律或合同约定泄露知悉的商业秘密的行为。主要包括以下三种情况。

（1）合同当事人泄密。根据我国《民法典》《反不正当竞争法》等有关法律规定，合同当事人应当恪守合同义务，遵守法律与行业道德准则。如果违背保密协议擅自披露、使用权利人的商业秘密，则构成违约。可能泄露商业秘密的合同当事人包括商业秘密被许可人及受让人、负有共同保密义务的商业秘密转让人、商业秘密之共同研制人以及共同使用人等。

（2）国家机关工作人员泄密。《国家工商行政管理局关于禁止侵犯商业秘密行为的若干规定》第 10 条规定："国家机关及其公务人员在履行公务时，不得披露或者允许他人使用权利人的商业秘密。工商行政管理机关的办案人员在监督检查侵犯商业秘密的不正当竞争行为时，应当对权利人的商业秘密予以保密。"《反不正当竞争法》第 30 条规定："监督检查部门的工作人员滥用职权、玩忽职守、徇私舞弊或者泄露调查过程中知悉的商业秘密的，依法给予处分。"国家机关工作人员泄露商业秘密的行为主要包括在审批有关事项中泄露、使用、允许他人使用权利人之商业秘密,在管理、监督、检查有关事项中泄露、使用、允许他人使用商业秘密,以及国家司法机关在审判活动中违反诉讼程序法的规定泄露、使用、允许他人使用权利人之商业秘密。

2. 第三人窃密,主要包括以下几种情况:贿赂、欺诈或胁迫企业掌握商业秘密的员工;利用科技手段入侵掌握商业秘密企业的网络;借参观、采访等方式接近目标企业,以窃取该企业的商业秘密或商业秘密的重要信息点;利用商业间谍窃取企业的商业秘密等。

第三节 商业秘密保护机制

一、竞争法保护

(一)一般原理

基于前文的论述,商业秘密的价值在于能够使权利人在市场中享有经济利益,在与同行的竞争中处于优势地位,这种价值既包括现实的,也包括潜在的。由于商业秘密大多是由权利人自行保护,这种通过公平竞争所形成的竞争优势很容易被他人以各种不正当的竞争手段破坏,扰乱公平竞争的市场秩序。因而,许多国家都通过反不正当竞争法的方式来保护商业秘密,也就是说,将侵犯他人商业秘密的行为界定为属于不正当竞争的行为。

以竞争法的方式保护商业秘密,其规制的对象首先是市场竞争秩序。如我国《反不正当竞争法》第 1 条规定:"为了促进社会主义市场经济健康发展,鼓励和保护公平竞争,制止不正当竞争行为,保护经营和和消费者的合法权益,制定本法。"《反不正当竞争法》保护商业秘密遵循的基本原则是:诚信原则和利益平衡原则。保护以占有智力成果等方式表现出来的商业秘密权利人的合法权益,并且规制非法获取他人合法商业秘密的行为,从而创造和维护一定的竞争秩序。相较于其他民事法律规范,《反不正当竞争法》作为市场规制法,更多地使用公法的手段来调整商业秘密侵权行为。具体体现是,该法主要对侵害商业秘密的行为予以禁止,并对行为实施者课以一定的不利后果,从而发挥制裁与补偿的双重功能。

另外,竞争法对商业秘密保护的模式是:先认定他们的行为是否属于侵犯商业秘密的行为;再设定制裁性条款来规制这种行为。如我国新修正的《反不正当竞争法》第 9 条规定:“经营者不得实施下列侵犯商业秘密的行为:(一)以盗窃、贿赂、欺诈、胁迫、电子侵入或者其他不正当手段获取权利人的商业秘密;(二)披露、使用或者允许他人使用以前项手段获取的权利人的商业秘密;(三)违反保密义务或者违反权利人有关保守商业秘密的要求,披露、使用或者允许他人使用其所掌握的商业秘密;……”第 17 条规定,经营者违反本法规定,给他人造成损害的,应当依法承担民事责任。经营者的合法权益受到不正当竞争行为损害的,可以向人民法院提起诉讼。因不正当竞争行为受到损害的经营者的赔偿数额,按照其因被侵权所受到的实际损失确定;实际损失难以计算的,按照侵权人因侵权所获得的利益确定。经营者恶意实施侵犯商业秘密行为,情节严重的,可以在按照上述方法确定数额的 1 倍以上 5 倍以下确定赔偿数额。赔偿数额还应当包括经营者为制止侵权行为所支付的合理开支。对于侵犯商业秘密的赔偿数额规定,权利人因被侵权所受到的实际损失、侵权人因侵权所获得的利益难以确定的,由人民法院根据侵权行为的情节判决给予权利人 500 万元以下的赔偿。此外,该法第 21 条还规定了经营者侵犯商业秘密应当承担的责任,经营者侵犯商业秘密的,由监督检查部门责令停止违法行为,没收违法所得,处 10 万元以上 100 万元以下的罚款;情节严重的,处 50 万元以上 500 万元以下的罚款。

再如,1909 年德国《反不正当竞争法》对商业秘密进行了专门的规定,该法中规定了 4 种侵犯他人商业秘密的不正当竞争行为:(1)雇员利用雇佣关系,将其在业务中获悉的商业秘密泄露给他人;(2)第三人用不法手段或者违背善良风俗的方法刺探他人的商业秘密,并加以利用或者泄露;(3)竞争者用不法手段窃取、泄露别人的商业秘密;(4)交易对方为竞争或谋利的目的,在缺乏正当理由的情况下利用其在交易中所获悉的商业秘密,或将其泄露给他人。同时,该法还规定了上述侵犯他人商业秘密的行为应当承担的民事责任和行政责任,其中民事责任包括禁止损害请求权、损害赔偿请求权和排除妨害请求权。

商业秘密是市场竞争中的一种重要利益,对商业秘密的侵害影响整个市场竞争秩序的稳定。商业秘密应当被视为作为权利人的经营者在市场竞争中享有的公平竞争利益,而由于侵害商业秘密的人往往未经商业秘密权利人同意且违反诚实信用的商业道德,该行为一般会导致秘密信息被披露、获得或被他人使用的后果,因此这一行为应当被视为侵害商业秘密权利人公平竞争利益的行为;同时该行为也严重地扰乱了市场竞争秩序,因此行为人应当按照《反不正当竞争法》的规定受到制裁。保护商业秘密是保护竞争秩序的需要,维护竞争秩序是保护商业秘密所有者的共同利益;而未经商业秘密权利人同意以违反诚实信用原则的方式致使商业秘密被披露、获得或被他人使用的行为或做法将对市场竞争的正常秩序构成威胁,因此行为人应当受到制裁。由此,确立了竞争法保护商业秘密的机制。

(二)立法体现

1. 我国《反不正当竞争法》的保护

我国新修正的《反不正当竞争法》第 9 条规定:"经营者不得实施下列侵犯商业秘密的行为:(一)以盗窃、贿赂、欺诈、胁迫、电子侵入或者其他不正当手段获取权利人的商业秘密;(二)披露、使用或者允许他人使用以前项手段获取的权利人的商业秘密;(三)违反保密义务或者违反权利人有关保守商业秘密的要求,披露、使用或者允许他人使用其所掌握的商业秘密;(四)教唆、引诱、帮助他人违反保密义务或者违反权利人有关保守商业秘密的要求,获取、披露、使用或者允许他人使用权利人的商业秘密。经营者以外的其他自然人、法人和非法人组织实施前款所列违法行为的,视为侵犯商业秘密。第三人明知或者应知商业秘密权利人的员工、前员工或者其他单位、个人实施本条第一款所列违法行为,仍获取、披露、使用或者允许他人使用该商业秘密的,视为侵犯商业秘密。本法所称的商业秘密,是指不为公众所知悉、具有商业价值并经权利人采取相应保密措施的技术信息、经营信息等商业信息。"第 17 条规定,经营者违反本法规定,给他人造成损害的,应当依法承担民事责任。经营者的合法权益受到不正当竞争行为损害的,可以向人民法院提起诉讼。因不正当竞争行为受到损害的经营者的赔偿数额,按照其因被侵权所受到的实际损失确定;实际损失难以计算的,按照侵权人因侵权所获得的利益确定。经营者恶意实施侵犯商业秘密行为,情节严重的,可以在按照上述方法确定数额的 1 倍以上 5 倍以下确定赔偿数额。赔偿数额还应当包括经营者为制止侵权行为所支付的合理开支。对于侵犯商业秘密的赔偿数额规定,权利人因被侵权所受到的实际损失、侵权人因侵权所获得的利益难以确定的,由人民法院根据侵权行为的情节判决给予权利人 500 万元以下的赔偿。第 21 条规定,经营者侵犯商业秘密应当承担的责任,经营者侵犯商业秘密的,由监督检查部门责令停止违法行为,没收违法所得,处 10 万元以上

100 万元以下的罚款;情节严重的,处 50 万元以上 500 万元以下的罚款。

我国台湾地区对商业秘密主要也是通过竞争法予以保护的。在关于公平交易的相关规定中有如下说明:“有下列各款行为之一,而有限制竞争或妨碍公平竞争之虞者,事业不得为之……(5)以胁迫、利诱或其他不正当方法,获取他事业之产销机密、交易相对人资料或其他有关技术秘密之行为。(6)以不正当限制交易相对人之事业活动为条件,而与其交易之行为。”此后,我国台湾地区又制定了“营业秘密相关规定”,扩大了侵害营业秘密行为的外延:“有下列情形之一者,为侵害营业秘密:(1)以不正当方法取得营业秘密者;(2)知悉或因重大过失而不知其为前款之营业秘密,而取得、使用或泄漏者;(3)取得营业秘密后,知悉或因重大过失而不知其为第一款之营业秘密,而使用或泄漏者;(4)因法律行为取得营业秘密,而以不正当方法使用或泄漏者;(5)依法令有守营业秘密之义务,而使用或无故泄漏者。”

2. 其他国家和地区的反不正当竞争法的保护

许多大陆法系国家都是通过反不正当竞争法和限制竞争法对商业秘密进行保护的。

德国 1909 年的《反不正当竞争法》对商业秘密进行了专门的规定,该法规定了 4 种侵害他人商业秘密的不正当竞争行为:(1)雇员利用雇佣关系,将其在业务中获悉的商业秘密泄露给他人;(2)第三人用不法手段或者违背善良风俗的方法刺探他人的商业秘密,并加以利用或泄露;(3)竞争者引诱他人窃取、泄露别人的商业秘密;(4)交易对方为竞争或谋利的目的,无正当理由地利用其在交易中获悉的商业秘密,或将其泄露给他人。同时,该法还规定了上述侵犯他人商业秘密的行为应当承担的责任制度(包括民事责任和刑事责任),其中民事责任制度包括禁止损害请求权、损害赔偿请求权和排除妨害请求权。该法在 1986 年的修正增加了对第三者自行刺探商业秘密的处罚规定,使商业秘密的保护日渐完善。

瑞士《反不正当竞争法》第 1 条第 1 款将“反不正当竞争”定义为:任何通过虚伪的或其他违背诚实信用的手段对经济竞争的滥用行为。该条第 2 款列举了具体的不正当竞争行为,其中专门规定有:引诱雇员、代理人、服务人员或其他商业助手获取或披露其雇主或本人的工业和商业秘密的行为;通过其他违背诚实信用的方式获取或披露工业和商业秘密并加以利用或向第三方披露的行为。

日本立法者在《不正当竞争防止法》中,设立了关于商业秘密保护的规定。根据该法,有关商业秘密的不正当竞争行为包括:以盗窃、欺诈、胁迫或其他不正当手段获取他人的商业秘密及其使用、披露行为;对商业秘密权利人(保有人)向自己披露的商业秘密出于不正当目的而加以使用或者披露的行为;第三人明知或应知有关商业秘密存在瑕疵(如系不正当得来或不正当披露)而仍然获取、使用及披露该商业秘密的行为。

商业秘密的竞争法在英美法系的法律渊源中也得到了体现。如美国 1939 年《侵权行为法第一次重述》第 759 条规定:行为人为获取市场竞争中的商业利益,以不正当手段获取竞争对手的商业信息,并对占有、披露或使用该信息造成损失的,应当对他人承担法律责任。认定某一行为是否构成对商业秘密的侵害时应当遵循以下标准:(1)行为是否出于商业竞争目的;(2)是否采用了不正当手段。第 759 条评论 c 规定的"不正当手段"与第 757 条(a)规定的对商业秘密的不正当手段相同,包括盗窃、侵入、贿赂,或诱使雇员或其他人违反义务披露信息,虚假陈述,非法威胁损害,电话窃听,诱使雇员或代理人成为他人雇员以达到间谍目的等。①

3. 国际组织的反不正当竞争法的保护

国际组织通过反不正当竞争法保护商业秘密也经历了一个发展的过程。1967 年《巴黎公约》斯德哥尔摩文本第 10 条对不正当竞争行为作了原则性规定,即凡在工商业活动中违反诚实惯例的竞争即构成不正当竞争行为,应取缔不正当竞争。但未将不正当竞争与商业秘密的保护直接联系起来。

在 1991 年的 TRIPs 协定中,正式把商业秘密列为一项重要的与贸易有关的知识产权,不过该协定使用的是"未披露的信息",并未采取"商业秘密"的表述,但实质上二者具有相同的含义。在 TRIPs 协议第七节"未披露的信息的保护"第 39 条第 2 款规定:各缔约国应有可能防止它们所控制的信息在没有得到它们同意的条件下,被别人以违反诚实商业惯例的方式泄露、被获得或使用。其中"违反诚实商业惯例的方式"至少应包括"违反合同、违反信任而泄露或者诱使他人泄密",而且还包括"明知或因疏忽而未知存在以上方式的第三方,获取该商业秘密"。

---

① 祝磊:《美国商业秘密法律制度研究》,湖南人民出版社 2008 年版,第 39 页。

世界知识产权组织在1993年草拟的“对反不正当竞争的保护”及1996年起草的《反不正当竞争保护示范规定》中，也明确规定“侵犯商业秘密”为不正当竞争。该示范法第6条第3项对“侵犯商业秘密”的解释与TRIPs协定第39条“未披露的信息”的含义一致。虽然《反不正当竞争保护示范规定》最终因发达国家与发展中国家的分歧未能通过，但其作为示范法对知识产权的国际立法与国内立法的作用不可忽视。[①]

在我国参加的双边国际协定中竞争法机制对于商业秘密保护的重要作用也得到了认可。1992年1月17日在美国华盛顿签订的《中华人民共和国政府与美利坚合众国政府关于保护知识产权的谅解备忘录》中规定，中国政府将制止他人未经商业秘密所有人同意的违反诚实商业惯例的披露与获取行为，或商业秘密使用行为，使用内容包括第三方在知道或理应知道其获得这种信息的过程中通过此种行为获得、使用或披露的商业秘密。根据该备忘录的规定，中国政府的主管部门承担在规定期限内向立法机关提交有关议案并使之通过的义务。

(三)竞争法保护的适用前提

通过竞争法保护商业秘密的首要前提是对侵犯商业秘密行为的认定，根据我国《反不正当竞争法》第9条的规定，对商业秘密的不正当的获取、披露、使用或允许他人使用的行为均构成不正当竞争。因此，认定行为人的行为侵犯商业秘密要符合以下构成要件。

1. 行为主体

根据我国《反不正当竞争法》第2条第2款、第3款及第9条第2款的规定：“本法所称的不正当竞争行为，是指经营者在生产经营活动中，违反本法规定，扰乱市场竞争秩序，损害其他经营者或者消费者的合法权益的行为”“本法所称的经营者，是指从事商品生产、经营或者提供服务(以下所称商品包括服务)的自然人、法人和非法人组织”“经营者以外的其他自然人、法人和非法人组织实施前款所列违法行为的，视为侵犯商业秘密。”因此，自然人、法人和非法人组织均可成为构成不正当竞争的主体。

2. 行为人侵犯的客体

侵害的对象须为商业秘密。根据我国《反不正当竞争法》第9条第4款的规

① 倪才龙:《商业秘密保护法》，上海大学出版社2005年版，第202页。

定:“本法所称的商业秘密,是指不为公众所知悉、具有商业价值并经权利人采取相应保密措施的技术信息、经营信息等商业信息。”因此,符合秘密性、价值性、保密性的技术信息和经营信息等才能属于商业秘密。根据《国家工商行政管理局关于侵犯商业秘密行为的若干规定》第 2 条第 5 款的规定,技术信息和经营信息还包括设计、程序、产品配方、制作工艺、制作方法、管理诀窍、客户名单、货源情报、产销策略、招投标中的标底及标书内容等信息。

3. 行为人的主观心态

违法行为人的主观心态一般分为故意和过失。依据《反不正当竞争法》的相关规定,该法所禁止的不正当竞争行为是所有违反诚实信用的商业道德、损害其他竞争者的合法权益的恶性竞争的行为,因而,侵权行为人的主观心态是一种有意识的、有目的的、故意的心态。

4. 行为人的客观行为

依据《反不正当竞争法》第 9 条第 1 款的规定,侵犯商业秘密的行为有以下几种:(1)以盗窃、贿赂、欺诈、胁迫、电子侵入或者其他不正当手段获取权利人的商业秘密;(2)披露、使用或者允许他人使用以前项手段获取的权利人的商业秘密;(3)违反保密义务或者违反权利人有关保守商业秘密的要求,披露、使用或者允许他人使用其所掌握的商业秘密;(4)教唆、引诱、帮助他人违反保密义务或者违反权利人有关保守商业秘密的要求,获取、披露、使用或者允许他人使用权利人的商业秘密。第三人明知或者应知商业秘密权利人的员工、前员工或者其他单位、个人实施前款所列违法行为,仍获取、披露、使用或者允许他人使用该商业秘密的,视为侵犯商业秘密。

(四)救济方式

在商业秘密纠纷的解决程序上,我国《反不正当竞争法》确立了以下几种做法:由监督检查部门依职权主动对侵犯商业秘密的不正当竞争行为监督检查;商业秘密权利人可以向监督检查部门举报;商业秘密权利人也可以直接向有管辖权的人民法院提出诉讼,追究行为人的民事责任。此外,如果侵权行为人的不正当竞争行为构成犯罪的,还可依法追究其刑事责任。

1. 司法救济

根据《反不正当竞争法》《国家工商行政管理局关于禁止侵犯商业秘密行为的若干规定》,权利人可以直接向人民法院起诉,请求损害赔偿。根据《最高人民法院关于审理不正当竞争民事案件应用法律若干问题的解释》的规定,当事人指称他人侵犯其商业秘密的,应当对其拥有的商业秘密符合法定条件、对方当事人的信息与其商业秘密相同或者实质相同以及对方当事人采取不正当手段的事实负举证责任。其中,商业秘密符合法定条件的证据,包括商业秘密的载体、具体内容、商业价值和对该项商业秘密所采取的具体保密措施等。

对于侵犯商业秘密的行为,商业秘密独占使用许可合同的被许可人提起诉讼的,人民法院应当依法受理。排他使用许可合同的被许可人和权利人共同提起诉讼,或者在权利人不起诉的情况下,被许可人自行提起诉讼,人民法院应当依法受理。普通使用许可合同的被许可人和权利人共同提起诉讼,或者经权利人书面授权,单独提起诉讼的,人民法院应当依法受理。人民法院对于侵犯商业秘密行为判决停止侵害的民事责任时,停止侵害的时间一般持续到该项商业秘密已为公众知悉时为止。依据前款规定判决停止侵害的时间如果明显不合理的,可以在依法保护权利人该项商业秘密竞争优势的情况下,判决侵权人在一定期限或者范围内停止使用该项商业秘密。

对于侵犯商业秘密的民事第一审案件,一般由中级人民法院管辖。各高级人民法院根据本辖区的实际情况,经最高人民法院批准,可以确定若干基层人民法院受理不正当竞争民事第一审案件,已经批准可以审理知识产权民事案件的基层人民法院,可以继续受理。

如北京市侵犯商业秘密纠纷案的一审法院为基层人民法院。《北京市高级人民法院关于调整本市法院知识产权民事案件管辖的规定》(2017 年 11 月 2 日生效)第 2 条规定:"【知识产权法院管辖】北京知识产权法院管辖下列知识产权民事案件:(一)诉讼标的额在 2 亿元以下且当事人住所地均在本市的,以及诉讼标的额在 1 亿元以下且当事人一方住所地不在本市或者涉外、涉港澳台的专利、植物新品种、集成电路布图设计、技术秘密、计算机软件、垄断以及涉及驰名商标认定的第一审知识产权民事案件。(二)诉讼标的额在 1 亿元以上、2 亿元以下且当事人住所地均在本市的,以及诉讼标的额在 5000 万元以上、1 亿元以下且当事人一方住所地不在本市或者涉外、涉港澳台的著作权、商标、技术合同、不正当竞争、特许经营合同等第一审知识产权民事案件。(三)对各基层人民法院作出的第一审知识产权民事判决、裁定提起上诉的案件。(四)对各基层人民法院已经发生法律效力的知识产权民事判决、裁定、调解书申请再审的案件,但是当事人依法向各基层人民法院申请再审的除外。(五)除本规定第一条第(四)项之外的在本市有重大影响的其他第一审知识产权民事案件。”第3条规定:“【基层法院管辖】基层人民法院管辖诉讼标的额在1亿元以下且当事人住所地均在本市的,以及诉讼标的额在5000万元以下且当事人一方住所地不在本市或者涉外、涉港澳台的著作权、商标、技术合同、不正当竞争、特许经营合同等第一审知识产权民事案件。”因此,在涉及技术秘密时,由北京知识产权法院管辖;涉及经营信息秘密的,由北京基层人民法院管辖。

关于商业秘密的二审级别管辖,2019年1月1日实施的《全国人民代表大会常务委员会关于专利等知识产权案件诉讼程序若干问题的决定》第1条规定:“当事人对发明专利、实用新型专利、植物新品种、集成电路布图设计、技术秘密、计算机软件、垄断等专业技术性较强的知识产权民事案件第一审判决、裁定不服,提起上诉的,由最高人民法院审理。”因此,对于商业秘密中的技术秘密,其民事案件二审由最高人民法院审理;而商业秘密中的经营秘密不在该决定规定范围之内,因此仍由各地高级人民法院审理。

关于技术秘密适用审判监督程序时的级别管辖,《全国人民代表大会常务委员会关于专利等知识产权案件诉讼程序若干问题的决定》第3条规定:“对已经发生法律效力的上述案件第一审判决、裁定、调解书,依法申请再审、抗诉等,适用审判监督程序的,由最高人民法院审理。最高人民法院也可以依法指令下级人民法院再审。”因此,商业秘密中的技术秘密,其民事案件适用审判监督程序时由最高人民法院审理,也可以由最高人民法院指令的下级人民法院审理;而商业秘密中的经营秘密不在该决定规定范围之内,因此仍由各地高级人民法院审理。

确定反不正当竞争法规定的侵犯商业秘密行为的损害赔偿额,可以参照确定侵犯专利权的损害赔偿额的方法进行;确定损害赔偿额,可以参照确定侵犯注册商标专用权的损害赔偿额的方法进行。因侵权行为导致商业秘密已为公众知悉的,应当根据该项商业秘密的商业价值确定损害赔偿额。商业秘密的商业价值,根据其研究开发成本、实施该项商业秘密的收益、可得利益、可保持竞争优势的时间等因素确定。依据新修正的《反不正当竞争法》的规定,因不正当竞争行为受到损害的经营者的赔偿数额,按照其因被侵权所受到的实际损失确定;实际损失难以计算的,按照侵权人因侵权所获得的利益确定。经营者恶意实施侵犯商业秘密行为,情节严重的,可以在按照上述方法确定数额的1倍以上5倍以下确定赔偿数额。赔偿数额还应当包括经营者为制止侵权行为所支付的合理开支。经营者违反本法第6条、第9条规定,权利人因被侵权所受到的实际损失、侵权人因侵权所获得的利益难以确定的,由人民法院根据侵权行为的情节判决给予权利人500万元以下的赔偿。

2. 行政救济

依据《国家工商行政管理局关于禁止侵犯商业秘密行为的若干规定》的规定,行政执法部门为县级以上工商行政管理机关,而依据《反不正当竞争法》的规定,行政执法部门为监督检查部门。依据上位法优于下位法、新法优于旧法的原则,本书采取《反不正当竞争法》的规定,侵犯商业秘密行为由监督检查部门认定处理。权利人(申请人)认为其商业秘密受到侵害,向监督检查部门申请查处侵权行为时,应当提供商业秘密及侵权行为存在的有关证据。被检查的单位和个人(被申请人)及利害关系人、证明人,应当如实向监督检查部门提供有关证据。权利人能证明被申请人所使用的信息与自己的商业秘密具有一致性或者相同性,同时能证明被申请人有获取其商业秘密的条件,而被申请人不能提供或者拒不提供其所使用的信息是合法获得或者使用的证据的,监督检查部门可以根据有关证据,认定被申请人有侵权行为。

对被申请人违法披露、使用、允许他人使用商业秘密将给权利人造成不可挽回的损失的,应权利人请求并由权利人出具自愿对强制措施后果承担责任的书面保证,监督检查部门可以责令被申请人停止销售使用权利人商业秘密生产的产品。行为人的行为被认定属于侵犯商业秘密的,由监督检查部门令停止违法行为,处10万元以上100万元以下的罚款;情节严重的,处50万元以上500万元以下的罚款。

监督检查部门调查涉嫌不正当竞争行为,可以采取下列措施:(1)进入涉嫌不正当竞争行为的经营场所进行检查;(2)询问被调查的经营者、利害关系人及其他有关单位、个人,要求其说明有关情况或者提供与被调查行为有关的其他资料;(3)查询、复制与涉嫌不正当竞争行为有关的协议、账簿、单据、文件、记录、业务函电和其他资料;(4)查封、扣押与涉嫌不正当竞争行为有关的财物;(5)查询涉嫌不正当竞争行为的经营者的银行账户。监督检查部门在依照前款规定予以处罚时,对侵权物品可以作如下处理:(1)责令并监督侵权人将载有商业秘密的图纸、软件及其有关资料返还权利人。(2)监督侵权人销毁使用权利人商业秘密生产的、流失市场将会造成商业秘密公开的产品,但权利人同意收购、销售等其他处理方式的除外。权利人因损害赔偿问题向监督检查部门提出调解要求的,监督检查部门可以进行调解。如果营者违反规定从事不正当竞争,有主动消除或者减轻违法行为危害后果等法定情形的,依法从轻或者减轻行政处罚;违法行为轻微并及时纠正,没有造成危害后果的,不予行政处罚。

3. 刑事救济

《反不正当竞争法》第31条规定,违反《反不正当竞争法》的规定,构成犯罪的,依法追究刑事责任。因此,行为人侵犯商业秘密的行为触犯刑法的,应当承担相应的刑事责任。我国《刑法》也规定了侵犯商业秘密罪。《刑法》第219条规定:"有下列侵犯商业秘密行为之一,情节严重的,处三年以下有期徒刑,并处或者单处罚金;情节特别严重的,处三年以上十年以下有期徒刑,并处罚金:……"根据《刑法》第219条的规定,侵犯商业秘密,是指以盗窃、贿赂、欺诈、胁迫、电子侵入或者其他不正当手段获取权利人的商业秘密,披露、使用或者允许他人使用以前项手段获取的商业秘密,违反保密义务或者违反权利人有关保守商业秘密的要求,披露、使用或者允许他人使用其所掌握的商业秘密的行为。

侵犯商业秘密罪侵犯的客体既包括国家对商业秘密的管理制度,又包括商业秘密的权利人享有的合法权利。犯罪主体是一般主体,既包括自然人,也包括单位。《刑法》第220条规定,单位犯侵犯商业秘密罪的,对单位判处罚金,并对其直接负责的主管人员和其他直接责任人员,依照《刑法》第219条的规定处罚。

二、保密协议

(一)内涵及特征

商业秘密保密协议是商业秘密的权利人与知悉或即将知悉商业秘密的人,为保护商业秘密而达成的一致合意。保密协议的形式一般为书面协议,书面协议在发挥商业秘密价值性的同时,也可以更好地维持商业秘密的秘密性,因而书面协议是商业秘密权利人为保护商业秘密最常采用的一种方式。书面形式的保密协议,一方面,可以证明商业秘密的存在;另一方面,在发生商业秘密侵权纠纷时,商业秘密权利人也可以通过协议证明自己对商业秘密采取了合理的保密措施。通常来讲,保密协议需要具备以下内容。

(1)保密的内容和范围。商业秘密权利人可以根据商业秘密的自身特点,约定商业秘密需要保护的内容和范围。

(2)约定义务人的保密义务。在保密协议中应对知悉商业秘密的义务人需要承担的保密内容作出明确约定,以防因义务人的过失而公开商业秘密。

(3)商业秘密的保密期限。商业秘密的期限具有不固定性,一般情况下商业秘密保密期限和其存续时间相同,但是权利人也可以和义务人约定固定的保密期限。

(4)违约责任。协议双方可以在保密协议中约定,违反保密协议应当承担的责任。如约定支付违约金及方式,赔偿损失的方式等。

(5)争议的解决途径。针对保密协议而发生的纠纷可以约定纠纷的解决方式,主要包括协商解决、调解、仲裁、诉讼。

除以上内容外,权利人还可以结合自身的不同情况,在协议中约定成果的归属、保密材料的签收交换、保密补偿费等内容。实践中保密合同的形式一般包括企业白皮书、商业秘密保护制度、参加项目保证书、入职保证协议和离职保证协议等其他合同内容和形式等。

保密协议作为合同,充分体现了当事人的意思自治与合同自由。我国《劳动合同法》第 13 条、第 24 条明确了对负有保密义务的劳动者,用人单位可以在劳动合同或者保密协议中与劳动者约定竞业限制条款。竞业限制的范围、地域、期限由用人单位与劳动者约定,竞业限制的约定不得违反法律、法规的规定。这些规定体现了当事人意思自治理念,也符合契约的自由性原则。合同应以意思自治为原则,当事人可以自由地订立保密合同,充分体现保密合同权利人的自由意志。在保密协议中,合同自由是指当事人在法律允许的范围内,就保密合同有关的事而享有选择和决定的自由。当事人有选择保密合同形式和确定合同内容的自由,保密合同是在不受外力干预和控制的情况下当事人自由选择的结果。

(二)保密义务的类型

1.《民法典》中的保密义务

《民法典》中的保密义务主要包括先合同义务、合同义务、后合同义务三个方面的内容。

(1)先合同保密义务。合同关系是一种基于信赖而发生的法律上的特别结合关系,基于这种特别的关系,当事人之间发生了诸如协力、通知、照顾、保护、忠实、保密等先合同义务。如果当事人一方因故意、过失违反这些义务,给对方造成了损害,即应负损害赔偿责任。我国《民法典》第500条规定:“当事人在订立合同过程中有下列情形之一,给对方造成损失的,应当承担损害赔偿责任:(一)假借订立合同,恶意进行磋商;(二)故意隐瞒与订立合同有关的重要事实或者提供虚假情况;(三)有其他违背诚实信用原则的行为。”《民法典》第501条规定:“当事人在订立合同过程中知悉的商业秘密或者其他应当保密的信息,无论合同是否成立,不得泄露或者不正当地使用;泄露、不正当地使用该商业秘密或者信息,造成对方损失的,应当承担赔偿责任。”

(2)合同义务履行中的保密义务。遵守诚实信用原则,从合同履行的角度来看,除了要求当事人应履行法律和合同规定的义务外,还应履行依诚实信用原则所产生的各种附随义务。我国《民法典》第509条第1款、第2款明确规定:“当事人应当按照约定全面履行自己的义务。当事人应当遵循诚信原则,根据合同的性质、目的和交易习惯履行通知、协助、保密等义务。”在合同义务履行中强调诚实信用原则,其着眼点在于强调附随义务的履行。此外,《民法典》还规定,由于当事人一方违约给另一方造成损失时,遭受损失的一方应依据诚实信用原则采取必要的措施,以防止损失扩大;没有采取适当措施致使损失扩大的,不得就扩大的损失请求赔偿。

(3)后合同保密义务。后合同保密义务,是指在合同关系终止后,合同相对人基于诚实信用原则而对商业秘密权利人负有一定义务。我国《民法典》第558条规定:“债权债务终止后,当事人应当遵循诚信等原则,根据交易习惯履行通知、协助、保密、旧物回收等义务。”后合同义务确立的目的,在于在合同关系终了后更好地维护相对人的人身和财产利益。

2. 劳动法中的保密协议

根据我国《劳动法》和《劳动合同法》的相关规定,劳动者应当向用人单位履行忠实义务。劳动法中的保密协议主要涉及劳动者的保密义务和忠实义务。立法的目的是保护企业的商业秘密和重要经营信息,保护雇佣者的合法利益,禁止员工泄密而产生不正当竞争。劳动者的忠实义务包括两项内容:(1)服从义务,即在劳动过程中服从单位或雇主的统一指挥和监督。(2)保密义务,即不得泄露单位或雇主的商业秘密;忠实义务的内容之一就是劳动者要保守雇主的商业秘密。它要求每个劳动者在劳动关系存续期间不得以任何方式泄露雇主的生产经营秘密使雇主的利益受损,既包括不得进行在职竞业,即不得在任职期间,在有竞争性的单位兼职,也包括不得以其他方式将雇主的商业秘密或重要经营信息公布、泄露给他人。

3. 保密协议的成立与生效

(1)保密协议的成立

作为一种双务合同,保密协议的主体需要存在双方或多方当事人;合同当事人须就合同的主要条款协商一致,主要包括商业秘密的内容和范围、保密期限、违约责任等。此外,保密协议的成立还需要履行一定的程序,即要经过要约和承诺。如我国《民法典》第 471 条规定:“当事人订立合同,可以采取要约、承诺方式或者其他方式。”

(2)保密协议的生效

保密协议的生效还需要满足形式要件和实质要件。形式要件是指保密协议应当以书面形式签订。如根据我国《劳动法》和《劳动合同法》的相关规定,明示的保密协议原则上应当以书面形式签订。如果没有法律、行政法规的特别规定和当事人的约定,合同成立的时间就是合同生效的时间。法律、行政法规规定应当办理批准、登记等手续生效的,合同自批准、登记时生效。实质要件是指保密协议的当事人必须具有相应的民事行为能力。作为合同生效的要件之一,自然人作为合同当事人,必须具备《民法典》规定的民事行为能力。即作为合同主体的自然人,应当是具有完全行为能力的自然人。合同当事人真实意思表示。真实意思表示是一切民事法律行为的生效条件,也是合同生效的核心要素。如果合同当事人的意思表示不真实或以欺诈、胁迫的手段或者乘人之危或逃避法律的行为,或在违背真实意思的情况下所做的行为,都将导致合同不发生法律效力。此外,合同的内容和目的不违反法律或者社会公共利益。

三、竞业限制

(一)内涵及特征

竞业限制,亦称为竞业禁止、竞业避让、竞业避止等,是指依照法律的规定或当事人之间的约定,义务人在一定的期限内不得从事与权利人营业相同或类似的业务,即权利人有权限制义务人针对自己的竞争行为。[1] 有学者认为,竞业禁止有广义和狭义之分:广义的竞业禁止是指基于诚实信用原则,所有的劳动者或特定身份的人都不得从事与该劳动者或与身份有关的利益主体相竞争的工作或经营活动。狭义的竞业禁止是指法律规定有特定身份的人在工作期间,或义务人基于其与权利单位之间达成的竞业禁止协议,规定在解除劳动关系后,在一定时间内,不得从事与其服务的权利单位相竞争的工作或经营活动,这是法律对单位合法利益的保障措施。[2] 商业秘密保护中的竞业限制,是狭义的竞业限制,主要限制本企业员工在任职期内和离职后相应的时间内不得从事与本企业有竞争关系的行为。

受到法律保护的竞业禁止具有以下几个特征。

首先,主体具有特定性。竞业限制的义务主体或是与特定权利主体有特定的民事关系的,这种特定关系一般源于民事法律行为或是受合同法律规范的调整;或是知悉雇主的商业秘密的企业员工;或是具有合作关系的其他人。

其次,客体是特定的行为。竞业禁止是为保护商业秘密而对相对人设定不作为义务,是限制以不正当竞争行为获取经济利益目的的行为。只有负有不竞业义务的特定主体实施该特定行为时才构成违法或违约。

再次,竞业禁止的期限应当合理。我国一般要求竞业禁止期限不超过 3 年,国外竞业禁止年限最长的有 5 年的规定。期限的长短要考虑商业秘密所在行业的竞争状况、劳动者个人的情况和持续时间等因素。一般行业应以离职后的 2~3年为宜,对于高新技术的竞业禁止期限,应根据行业竞争、技术升级周期等因素判断限制期限,不宜过长,以防用人单位恶意阻碍新技术,限制劳动者从事正当的市场竞争行为。

最后,竞业禁止领域范围适当,对劳动者作出补偿。在相关行业上,一般与劳动者在用人单位任职时接触或可能接触到的商业秘密的范围为准,不能覆盖整个行业领域。在相关地域上,合理区域应当被限定在可能产生实质性竞争关系的经营区域之内。对劳动者的补偿方式可以由合同约定,如在职期间按月支付保密补贴、提高退休金额等方式。

---

① 张耕等:《商业秘密法》(第 2 版),厦门大学出版社 2019 年版,第 198 页。

② 郑玉波:《公司法》,台北,三民书局 1980 年版,第 132 页。

（二）法定竞业禁止和约定竞业禁止

根据我国法律的规定，按照成因的不同，竞业禁止又分为法定竞业禁止和约定竞业禁止两种。

1. 法定竞业禁止

法定竞业禁止的义务主体的不竞业义务源自法律的禁止性规定。法定竞业禁止的义务主体主要包括公司董事、高级管理人员、股东、合伙企业合伙人、雇员等。

我国法定竞业禁止立法已形成较全面的体系，《公司法》《合伙企业法》《中外合资经营企业法》中对此均有规定。《公司法》第148条规定："……（五）未经股东会或者股东大会同意，利用职务便利为自己或者他人谋取属于公司的商业机会，自营或者为他人经营与所任职公司同类的业务；……董事、高级管理人员违反前款规定所得的收入应当归公司所有。"由此可以看出，公司董事及高级管理人员除了负有保密义务与忠实义务之外，还需要向公司履行竞业禁止义务。该法第69条规定："国有独资公司的董事长、副董事长、董事、高级管理人员，未经国有资产监督管理机构同意，不得在其他有限责任公司、股份有限公司或者其他经济组织兼职。"第147条规定："董事、监事、高级管理人员应当遵守法律、行政法规和公司章程，对公司负有忠实义务和勤勉义务。"

另外，《合伙企业法》第32条规定："合伙人不得自营或者同他人合作经营与本合伙企业相竞争的业务。除合伙协议另有约定或者经全体合伙人一致同意外，合伙人不得同本合伙企业进行交易。合伙人不得从事损害本合伙企业利益的活动。"这是对普通合伙人的规定，有限合伙人如果合伙协议中没有相反的约定，则不受竞业禁止的限制。该法第71条规定："有限合伙人可以自营或者同他人合作经营与本有限合伙企业相竞争的业务；但是，合伙协议另有约定的除外。"《中外合资经营企业法实施条例》第37条、《商业银行法》第52条等规范也作出了规定。

2. 约定竞业禁止

根据我国法律的规定，约定竞业禁止既可以适用于离职劳动者也可以适用于在职劳动者。根据用人单位和劳动者签订的竞业禁止协议，劳动者应当承担规定的竞业禁止义务。在职劳动者的竞业禁止义务可以通过与用人单位签订协议及用人单位的内部规定来明确，而离职劳动者的竞业禁止义务只能通过竞业禁止协议来约定。

我国竞业禁止的规定主要集中在《劳动合同法》中，规定了劳动者的竞业禁止的时间、地域、补偿等内容。《劳动合同法》第23条规定："用人单位与劳动者可以在劳动合同中约定保守用人单位的商业秘密和与知识产权相关的保密事项。对负有保密义务的劳动者，用人单位可以在劳动合同或者保密协议中与劳动者约定竞业限制条款，并约定在解除或者终止劳动合同后，在竞业限制期限内按月给予劳动者经济补偿。劳动者违反竞业限制约定的，应当按照约定向用人单位支付违约金。"此外，我国法律规定了用人单位与劳动者可以在劳动合同中约定保守用人单位的商业秘密和与知识产权相关的保密事项。《劳动合同法》第23条第2款规定，对负有保密义务的劳动者，用人单位可以在劳动合同或者保密协议中与劳动者约定竞业限制条款。这表明，负有保密义务是签订"竞业限制条款"的前提要件。

另外，根据《劳动合同法》第24条的规定，竞业禁止条款的适用受以下方面的限制：(1)主体。仅限于"高级管理人员、高级技术人员和其他负有保密义务的人员"，如果规定过宽就会限制劳动者的就业自由。(2)时间、空间。对于竞业禁止的范围、地域、期限应有合理的界限，应与用人单位的竞争市场相匹配。(3)期限。期限规定为2年，另外，"自己开业生产或者经营同类产品、从事同类业务"应有区别的限制，主要应考虑是否利用原用人单位的资源，没使用的不应构成竞业禁止。

3. 约定竞业禁止与法定竞业禁止的区别

第一，依据不同。法定竞业禁止依据的是法律规定；约定竞业禁止依据的是双方的约定。

第二，约束对象不同。法定竞业禁止的对象是董事、经理等公司高管人员；约定竞业禁止的对象则以是否能接触商业秘密为限，范围相对较宽。

第三，强制性不同。法定竞业禁止是法律强制性条款规定的无条件义务；约定竞业禁止则是合同中可以选择的内容，并且应当是附条件的（一定的补偿等）。

第四，禁止期间不同。法定竞业禁止适用于任职关系存续期间，它的外延和任职期间的竞业禁止外延重合；约定竞业禁止适用于劳动者离职后的一定时间，它的外延和离职后的竞业禁止外延重合。

第五，目的不同。法定竞业禁止的目的是为确保董事、经理对公司忠实，也为避免在此类问题上对其忠实程度的猜疑。约定竞业禁止的目的则相对单纯，即为保护用人单位一方的商业秘密。

(三)商业秘密保护中竞业禁止协议的法律性质

商业秘密中的竞业禁止协议，是指雇主出于保护其商业秘密的目的与负有保密义务的雇员经过协商后所约定的，雇员离职后在一定期限内不得到与前雇主具有竞争关系的新雇主处就业，或者自行开展与雇主有竞争关系的商业活动。[①] 竞业禁止协议是在雇员与雇主之间存在劳动关系的基础上，基于雇主商业秘密的保护，而与雇员所签订的一项契约，是一种新型的特殊合同。就此而言它是一种限制竞争的协议，具有信息保护的功能及多项利益协调结果的协议，具有以下特点。

1. 竞业禁止协议具有从属性。竞业禁止协议从属于劳动的合同。根据我国《劳动合同法》的规定，劳动关系存在是竞业禁止协议存在的前提和基础，属于劳动合同法调整的范畴，具有从属性。有学者认为："劳动合同具有从属劳动的合同，并且雇主与雇员之间是一种从属性的劳动关系。"作为劳动法律体系的《劳动合同法》属于劳动法领域的范畴，从而决定了竞业禁止协议的从属性的法律性质。

2. 竞业禁止协议具有限制竞争的作用。人才自由流动是自由竞争的一种最有效方式。为了事前和预防性地保护雇主的商业秘密，雇主只能通过竞业禁止协议来约束劳动者的一定再就业自由权，竞业禁止协议会影响人才的自由流动，进而影响竞争，其是在一定合理程度的范围内，对自由竞争进行一定的限制和约束，限制了劳动者作为市场经营主体的竞争，以及与原雇主有直接竞争关系的新雇主的竞争，所以竞业禁止协议是一项限制竞争的协议。任何一个离职的雇员都有可能成为前雇主的市场竞争主体，限制雇员自行从事竞业行为就是限制自由竞争。任何与前雇主具有竞争关系的市场主体本身就是竞争主体，限制雇员在与其具有竞争关系处再就业就是限制了竞争对手的自由竞争，所以限制雇员

---

① 邓恒：《论商业秘密保护中竞业禁止协议的法律性质》，载《西南民族大学学报(人文社会科学版)》2018 年第 2 期。

离职后的竞业行为就是限制竞争。[①] 由此可见，竞业禁止协议具有一定的限制竞争的作用。

3. 竞业禁止协议具有保护信息的作用。从竞业禁止的合理性和正当性来看，竞业禁止是基于对雇主商业秘密的保护而确立的。劳动者的知识、技能和经验又是其谋取生计的重要手段，在雇主商业秘密与劳动者所有的知识、技能和经验难以区分的情况下，劳动者离职后的再就业可能有意无意会利用到前雇主的商业秘密，那么唯一的做法就是不从事同业的商业活动。此外，商业秘密的商业价值性也只有通过具体的应用和实施才能实现，这就决定了劳动者离职后不从事同业的再就业就能有效避免有意无意地利用前雇主的商业秘密，能够从根本上解决商业秘密被不当利用的可能性。此处的保密信息既包括符合商业秘密要件的特定信息，也包括那些无法成为商业秘密的其他信息。

第四节　企业商业秘密的管理

商业秘密对企业来说至关重要，是企业发展和保护竞争力的客观需要。对一家企业来说，掌握生产配方、工艺流程、设计图纸等技术信息；保护管理方法、客户名单、货源情报等经营信息是企业生存和发展的保障。商业秘密是一个企业的无形财富，保护商业秘密既是企业发展和保持竞争力的内在要求，也是社会主义市场经济长期健康发展的需要。企业运作过程中形成的技术成果和经营信息是形成商业秘密的前提。这些成果和信息作为商业秘密受到法律保护的前提条件是企业必须采取必要的保密措施，这就需要一套有关重要技术成果和经营信息的管理制度。当企业遇到有关商业秘密的纠纷时，司法机关需要对特定的技术成果和经营信息是否属于商业秘密进行认定，有时采取了保密措施的技术成果和经营信息由于某些原因并不一定被认定为商业秘密，但是没有采取保密措施的技术成果和经营信息，一定不会被认定为商业秘密。如果技术成果和经营信息的持有人没有采取必要的保护措施，就会导致该技术成果和经营信息不

① 邓恒：《论商业秘密保护中竞业禁止协议的法律性质》，载《西南民族大学学报（人文社会科学版）》2018 年第 2 期。

属于商业秘密的保护范畴。要避免这种情况的发生,就有赖于企业在日常经营中对重要的技术成果和经营信息进行科学管理。

随着商品经济的发展,激烈的市场竞争也使得商业秘密管理具有重要意义,加强对商业秘密的管理,能够保障企业的经济命脉。对企业来说,商业秘密管理有利于维护企业的财产利益。加强对商业秘密的管理,有利于更好地保护企业的商业秘密,使其处于安全之地,维护企业的合法权益,提升核心竞争力。完善对商业秘密的管理措施,不仅是法律的要求,更是现实的需要。对于商业秘密的保护,须贯彻预防为主的原则。基于商业秘密的专业性及涉及面广,因此企业应根据自身商业秘密的特点及实际情况采取专业化、系统化的管理方式,如实行保密工作责任制,健全保密管理制度,完善保密防护措施,开展宣传教育,加强保密检查。

一、建立完善的企业商业秘密保密管理制度

如前所述,保护商业秘密对企业具有重要的意义,企业通过建立完善的商业秘密保密管理制度,既可以约束企业的内部人员,防止内部人员泄密,又可以阻止外部人员通过各种违法途径侵犯企业的商业秘密。如《促进科技成果转化法》第42条第1款规定:"企业、事业单位应当建立健全技术秘密保护制度,保护本单位的技术秘密。职工应当遵守本单位的技术秘密保护制度。"

(一)建立商业秘密保护管理体制,建立健全有关机构和配备工作人员

如《中央企业商业秘密保护暂行规定》第二章就是关于保密机构与职责的规定,中央企业商业秘密保护工作按照统一领导、分级管理的原则,实行企业法定代表人负责制。各中央企业保密委员会是商业秘密保护工作的工作机构,负责贯彻国家有关法律、法规和规章,落实上级保密机构、部门的工作要求,研究决定企业商业秘密保护工作的相关事项。各中央企业保密办公室作为本企业保密委员会的日常办事机构,负责依法组织开展商业秘密保护教育培训、保密检查、保密技术防护和泄密事件查处等工作。中央企业保密办公室应当配备专职保密工作人员,负责商业秘密保护管理工作。如《浙江省技术秘密保护办法》第8条规定:"权利人根据技术秘密的特点,建立、健全技术秘密保护的管理制度,配备专职或者兼职的管理人员,对技术秘密保护进行规范化管理。权利人可以自行选择合法的保护措施、手段和方法,自行确定技术秘密的密级和保护期限,但法律、法规另有规定的,从其规定。"企业商业秘密管理体制,一般由权力机构、职

能机构和监察机构组成。①

1. 权力机构。即企业设置专门的机构确定企业商业秘密的具体范围,对违反规定的职工进行处罚,决定对侵权行为采取措施等。其工作主要有:(1)确定商业秘密的具体范围。传统意义上的商业秘密有两个方面:一是技术信息,包括技术发明、新工艺、技术诀窍、新技术前景预测、替代技术的预测等;二是经营信息,包括新产品的市场占有情况、开拓新市场的计划措施、营销策略、渠道,客户关系及生产成本、利润、调价方案、对外谈判意图及标底等。《反不正当竞争法》将符合"三性"的商业信息均纳入商业秘密的保护范围。企业要结合自身的情况,准确、具体地确定本企业需要保护的商业秘密。(2)对各项商业秘密划分等级,有重点地保护商业秘密。(3)明确各项商业秘密的保密期限。因为经济活动在不断地变化,科学技术水平在不断地提高,多数商业秘密的价值性也在发生变化。因此,要注意商业秘密的保密期限,对于保密价值不大的技术信息和经营信息可预先估算一个保密期限,到期让其自行解密。

2. 职能机构。企业内部的职能机构可以设立在有关部门内,如科研部门、开发部门、生产部门、销售部门、人事部门等,也可以设立专门的知识产权管理部门。设立于其中一个或几个部门的,其他部门负有协助工作义务。如《中央企业商业秘密保护暂行规定》第9条规定:"中央企业科技、法律、知识产权等业务部门按照职责分工,负责职责范围内商业秘密的保护和管理工作。"

职能机构的主要任务包括:制订商业秘密管理规划;制定商业秘密保护规章制度,交企业决策机构批准、公布;检查规章制度的执行情况,发现问题及时解决,消除泄密隐患,堵塞泄密漏洞;对具体部门的商业秘密管理、保护工作进行指导、监督、检查;对企业对外签订的合同,涉及商业秘密的,进行指导和审查;定期不定期地派员到各主要市场上进行巡视,及时发现泄密问题并予以解决;对技术合作、新产品试用、对外宣传报道、学术交流、发表技术论文等进行保密审查;组织与雇员签订商业秘密保护合同,与离职人员签订竞业禁止合同;组织企业商业秘密保护宣传和保密教育;主持或组织与离职人员谈话;参加商业秘密诉讼等。各涉密部门、涉密部位也相应成立保密小组,有专人专职或兼职负责本部门的保密工作,并向商业秘密管理职能部门报告工作。实行保密工作责任制,明确有关

① 张耕等:《商业秘密法》(第2版),厦门大学出版社2019年版,第185页。

保密岗位的职责和权限。

3. 监察机构。监察机构有权检查企业内各部门管理和保护商业秘密的情况,直接向总经理或企业安全管理委员会报告工作。

企业商业秘密管理体制,还需要建立奖惩制度和泄密应急机制作为配套措施。《中央企业商业秘密保护暂行规定》第五章就是关于商业秘密保护的奖励与惩处的规定。该规定明确,中央企业在商业秘密保护工作中,对成绩显著或作出突出贡献的部门和个人,应当给予表彰和奖励。中央企业发生商业秘密泄密事件,由本企业保密委员会负责组织有关部门认定责任,相关部门依法依规进行处理。中央企业员工泄露或者非法使用商业秘密,情节较重或者给企业造成较大损失的,应当依法追究相关法律责任。涉嫌犯罪的,依法移送司法机关处理。有奖励和惩罚制度,商业秘密管理制度才能落到实处。

泄密应急机制是在商业秘密被侵害后,立即采取救济措施,尽快查明事实真相,找到泄密原因,尽量使泄密给本企业造成的损失减到最小。在泄密事件发生后,应尽快评估泄密对商业秘密的损害状况,决定是否采取措施包括民事或刑事方面的法律措施,评估所采取措施的效果,收集证据证明泄密所造成的损害。《中央企业商业秘密保护暂行规定》第 27 条规定:“中央企业应当将商业秘密保护工作纳入风险管理,制定泄密事件应急处置预案,增强风险防范能力。发现商业秘密载体被盗、遗失、失控等事件,要及时采取补救措施,发生泄密事件要及时查处并报告国务院国资委保密委员会。”

(二)与涉密人员签订保密合同

《中央企业商业秘密保护暂行规定》第 16 条规定:“中央企业根据工作需要严格确定商业秘密知悉范围。知悉范围应当限定到具体岗位和人员,并按照涉密程度实行分类管理。”因此,在与涉密人员签订保密合同之前要确定接触商业秘密的人员范围,并进行分类管理。涉密人员一般包括:核心人员,如接触、知悉、掌握商业秘密的高级研究开发人员、技术人员、经营管理人员;一般人员,如一般技术支持人员和关键岗位的技术工人;普通人员,如市场计划、销售人员;财会人员、秘书人员、保安人员等。

1. 与雇员签订保密合同

企业与雇员订立商业秘密保护合同,是企业保护商业秘密的通常做法,在我国法律中也有所体现。如《劳动法》第 22 条规定:“劳动合同当事人可以在劳动合同中约定保守用人单位商业秘密的有关事项。”第 102 条规定:“劳动者违反本法规定的条件解除合同或者违反劳动合同中约定的保密事项,对用人单位造成经济损失的,应当依法承担赔偿责任。”

保密协议的主要内容包括:(1)商业秘密的定义、范围;(2)保密期限;(3)双方的义务(特别是职工的保密义务);(4)违反保密协议的责任。除了在员工就职时与其签订保密协议外,在工作过程中还可就特定工作事项签订一些其他保密协议,例如,参加攻关项目职工的保密协议,参加技术引进谈判的保密协议等。

2. 与第三人签订保密合同

在市场经济下,商业秘密要体现出其价值性,还在于将技术信息和经营信息投入到市场中。因而,持有商业秘密的企业不可避免地要与外界企业或个人进行业务往来。企业的商业秘密,由于共同研究、合作、许可使用等原因,经常出现向第三人披露的情况,所以在交流或合作谈判阶段与对方签订保密协议时须明确有关的保密范围和责任。

一般而言,在与第三人签订保密协议时,除了约定保密对象与范围、合同期限、解决争议的方法外,还应特别注意的是:应以书面方式订立保密合同。在我国,“由于市场经济发展才起步,市场竞争机制不健全,在各行业还未最终形成默示合同义务”,[①]所以企业最好以明示合同约定保密义务;另外,可事先确定违约后的赔偿金额,因为商业秘密属于无形资产,其披露后经济价值的减损很难估计,即便能估计,其鉴定费用也极高。同第三人签订保密协议,不仅在法律上可以约束第三人的行为,同时,在日后发生商业秘密纠纷时,该协议也是权利人采取合理措施保护商业秘密的直接证据。企业与第三人签订保密协议既可以订立单独的保密合同,也可以在各种业务往来合同中规定保密条款,实践中以后者居多。

除了与涉密人员签订保密协议外,企业还可同知悉本单位商业秘密的有关人员签订竞业禁止协议。[②]

(三)加强物质性防范措施建设

1. 设施方面的安全措施

第一,设立特殊保护区,将工区或生产区域设定为保密区域。在特殊保护区

① 张玉瑞:《商业秘密法学》,中国法制出版社 1999 年版,第 445 页。

② 关于竞业禁止协议,参见本章第三节内容。

内,未经有关安全管理部门批准,企业内外所有人员一律不得进入。设置警示标语,醒目提示非被授权人员不得进入无权进入区域。

第二,建立护厂员站岗或巡逻制度,建立电子监视系统、防盗系统安全体系。企业应根据商业秘密信息产生、使用和保管的实际,把最集中、最核心的部门或者关键区域确定下来,在企业内部通报,然后采取必要的监控措施。例如,重点区域的管制,电子监控报警,使用人员身份识别系统,制定人员出、入特别许可批准制度,出、入特许身份牌标识,对外接待中禁止参观区域或禁止行为以标识明示,列明出、入携带物品的禁止目录及采取检查措施,建立涉密人员离开工作地点前清理、加锁工作台面和电脑等制度。①

2. 文件的管理

第一,商业秘密文件密级的划分及标识。划定密级是企业做好保密工作的前提。《保守国家秘密法》把国家秘密的密级分为绝密、机密、秘密三级。《中央企业商业秘密保护暂行规定》第 13 条规定:"中央企业商业秘密的密级,根据泄露会使企业的经济利益遭受损害的程度,确定为核心商业秘密、普通商业秘密两级,密级标注统一为'核心商密''普通商密'。"

对属于商业秘密的文件应针对涉密的不同层次进行分类,并施以统一标识,对我国企业管理者而言,熟悉而简单的分类就是"绝密""机密""秘密"三个等级,并在文件封面加盖"绝密""机密""秘密"字样的印章。

第二,商业秘密文件的收发与保管。涉密文件都应当建立登记制度,每份文件均应注明编号、份数、制作日期,建立收文和发文制度,防止涉密文件在收、发过程中流失。对于商业秘密文件应采取一定物理性保管措施,放置在专门的档案存放场所。因工作需要由使用者个人保管的商业秘密文件,应由有审批权限的主管领导批准,并确保文件的安全。

第三,商业秘密文件的查阅复制。管理者首先应当对商业秘密文件的阅读权限进行划分,并形成制度。查阅涉密文件,应限制在最小的范围内。绝密级文件只允许在保密室内查阅,不得擅自阅读不应当阅读的文件。所有商业秘密文件的复制都必须在企业内进行,并必须填写登记,由具有审批权限的领导审批。

---

① 章建勤:《商业秘密之企业管理中实务要略》,载 http://www.sohu.com/a/236951841_221481,最后访问日期:2018 年 7 月 25 日。

绝密级文件不得复制,确有必要必须复制的,应当由企业的法定代表人批准,并有两名以上的主管领导签字。

第四,商业秘密文件的销毁。当涉密文件不再需要时,必须清退或销毁,企业应当规定清退或销毁的审批权限和程序,并形成记录。要彻底粉碎废弃的磁盘、磁带,用过的复写纸、复印纸、传真纸等。

3. 涉密计算机系统的管理

存储、处理企业秘密的计算机信息系统(以下简称涉密信息系统)按照涉密程度实行分级保护。涉密信息系统应当按照国家保密标准配备保密设施、设备。保密设施、设备应当与涉密信息系统同步规划、同步建设、同步运行。涉密信息系统应当按照规定,经检查合格后,方可投入使用。

同时,单位应当加强对涉密信息系统的管理,任何人不得:将涉密计算机、涉密存储设备接入互联网及其他公共信息网络;在未采取防护措施的情况下,在涉密信息系统与互联网及其他公共信息网络之间进行信息交换;使用非涉密计算机、非涉密存储设备存储、处理企业秘密信息;擅自卸载、修改涉密信息系统的安全技术程序、管理程序;将未经安全技术处理的退出使用的涉密计算机、涉密存储设备赠送、出售、丢弃或者改作其他用途。

此外,单位还应当加强对国家秘密载体的管理,任何人不得:非法获取、持有涉及企业秘密的载体;买卖、转送或者私自销毁存有企业秘密的载体;通过普通邮政、快递等无保密措施的渠道传递企业秘密载体等行为。

(四)加强对员工的教育培训

为了更好地保护商业秘密,企业除了需要加强物质性防范措施方面的建设,完善企业保密制度和措施外,更重要的是加强对员工在保护商业秘密方面的培训,提高员工的保密意识和自觉性。将保护企业商业秘密的观念深入人心是做好保密措施的重要体现,也能最大限度地防止商业秘密的泄露。因而,企业应当积极组织员工进行商业秘密法律知识的培训,宣传有关商业秘密的法律知识,提高员工的保密意识。通常情况下,对员工进行商业秘密法律知识培训的内容主要包括:首先,向员工介绍商业秘密的基本理论知识,让其对商业秘密有所了解;其次,向员工讲解商业秘密保护方面的法律法规,同时强调商业秘密对于本企业生存发展的重要性;再次,重点强调员工在实际工作中如何保护本企业的商业秘密,针对不同的工作岗位制定不同的保密措施和方案;最后,向员工阐明履行保密义务的有利之处以及违反保密义务应当承担的法律责任。

二、企业对外商业秘密的保护

(一)企业在对外合作交流中避免泄露商业秘密

商业秘密权利人要控制向对方透露的商业秘密的范围,在介绍涉及商业秘密的技术信息时,要在必要的限度内。签订保密协议是企业在合作交流中采取的最常见的保密措施,同时也是最有效的措施。无论合同是否成立,都不影响保密义务的履行。合同无效或者被撤销,因该合同取得的技术资料、样品等,应当及时返还权利人或者销毁,而不得保留复制品。如《中央企业商业秘密保护暂行规定》第21条规定:"中央企业涉及商业秘密的咨询、谈判、技术评审、成果鉴定、合作开发、技术转让、合资入股、外部审计、尽职调查、清产核资等活动,应当与相关方签订保密协议。"《促进科技成果转化法》第41条规定:"科技成果完成单位与其他单位合作进行科技成果转化的,合作各方应当就保守技术秘密达成协议;当事人不得违反协议或者违反权利人有关保守技术秘密的要求,披露、允许他人使用该技术。"《广东省技术秘密保护条例》第9条规定:"技术秘密权利人应当严格遵守技术秘密保护规定。在业务交往中需要涉及技术秘密的,应当与对方签订技术秘密保护协议。"《宁波市企业技术秘密保护条例》第12条规定:"企业在经营活动中可以根据企业技术秘密保护的有关规定,与合同另一方在合同中订立保密条款,或与之签订企业技术秘密保密协议。当事人不得因合同无效或者被撤销而擅自披露企业技术秘密,因该合同取得的技术资料、样品、样机等,应当及时返还权利人,不得保留复制品。"

(二)公司并购中避免泄露企业的商业秘密

公司并购是企业扩张的一种手段,是市场经济优胜劣汰的产物。在公司并购的过程中,如何避免泄露商业秘密是一个很敏感的问题。并购目标公司可以要求与尽职调查的调查人签订保密协议,从而避免泄露公司的商业秘密。并购完成后,目标公司在并购之前与他人签署的保密协议或竞业禁止协议并不因公司并购而消灭,它仍然对义务方产生约束力。《宁波市企业技术秘密保护条例》第19条规定,企业依法合并、分立时,除另有约定外,变更后的当事人应当继续履行企业技术秘密保密协议、竞业限制协议规定的义务并享受相应的权利。企业终止后，相关当事人可以另行约定企业技术秘密保密协议和竞业限制协议。《中央企业商业秘密保护暂行规定》第 22 条规定："中央企业在涉及境内外发行证券、上市及上市公司信息披露过程中，要建立和完善商业秘密保密审查程序，规定相关部门、机构、人员的保密义务。"

（三）企业应当妥善管理核心技术秘密资料

商业秘密对企业的重要性越来越明显，尤其是企业的核心商业秘密，一旦泄露，会给企业造成巨大的损失。因此，企业应当妥善保护商业秘密，更应当妥善保护核心技术资料。首先，企业的核心技术资料可分别由不同的人保管，互相不得向其他成员打探秘密其他部分的内容。其次，与掌握核心技术资料的人签订不同于一般企业员工的保密协议，并可约定更严密的竞业禁止条款。最后，把核心技术资料研发、生产等相关区域设定为保密域，防止无关人士的随意进入；规范核心技术资料的复印、传真、销毁行为；配备专门的打印机、传真机、碎纸机等设备，以免泄密；给核心技术资料配置专门的储存电脑，对电脑采取加密措施，并禁止联网等。[①]

① 唐青林、黄民欣主编：《商业秘密保护实务精解与百案评析》（第 2 版），中国法制出版社 2017 年版，第 53～59 页。

第五章　商业秘密侵权的认定

第一节　侵犯商业秘密行为的概念及构成要件

一、侵犯商业秘密行为的概念

根据《河南省高级人民法院商业秘密侵权纠纷案件审理的若干指导意见(试行)》的规定,商业秘密侵权行为是行为人实施了《反不正当竞争法》和有关商业秘密保护法律、法规的禁止性规定,侵犯他人商业秘密的违法行为。

从世界和主要国家包括我国的法律来看,对于侵犯商业秘密的行为,大多是采用列举的方法加以描述。如美国《侵权行为法重述》第757条列举了4种商业秘密侵权行为类型:未经许可,有下列泄露或者使用他人的商业秘密之一的,应当承担责任:(1)以不正当手段取得商业秘密的;(2)违反信赖义务泄露或者使用他人的商业秘密的;(3)明知商业秘密的存在以及第三人是以不正当手段或违反义务获取该商业秘密,而从第三人处获取商业秘密;(4)获取商业秘密后,知道其为商业秘密以及他人的泄露行为,且知悉他人的泄露系因错误所致。美国《统一商业秘密法》第1条规定:"侵犯商业秘密是指:1.某人明知或应知他人所持的商业秘密为不当取得仍予以接受;2.下述人员未经明示或默示同意而泄露或使用他人的商业秘密:(1)使用不当方法获取商业秘密知识的人;(2)某人在泄露或使用商业秘密时,知道或应当知道:该商业秘密源自或经他人使用不当方法取得;该商业秘密应予保密或限制使用;该商业秘密源自或经他人取得,该他人对商业秘密所有人负有保密或限制使用的请求救济的责任;(3)某人在位置实质改变前,知道或应当知道其偶然或过失获知的信息是一项商业秘密。"①

---

① 唐海滨:《美国是如何保护商业秘密的》,法律出版社1999年版,第191页。

再如日本,其《不正当竞争防止法》规定了下列不法行为类型:不正当取得行为;恶意或重大过失的转取得行为;事后恶意行为;为正当取得人的不正当泄露或使用行为。[①] 我国《反不正当竞争法》第9条第1款和第2款分别列举了5种侵犯商业秘密的行为:(1)以盗窃、贿赂、欺诈、胁迫、电子侵入或者其他不正当手段获取权利人的商业秘密;(2)披露、使用或者允许他人使用以前项手段获取的权利人的商业秘密;(3)违反保密义务或者违反权利人有关保守商业秘密的要求,披露、使用或者允许他人使用其所掌握的商业秘密;(4)教唆、引诱、帮助他人违反保密义务或者违反权利人有关保守商业秘密的要求,获取、披露、使用或者允许他人使用权利人的商业秘密;(5)第三人明知或者应知商业秘密权利人的员工、前员工或者其他单位、个人实施前款所列违法行为,仍获取、披露、使用或者允许他人使用该商业秘密的,视为侵犯商业秘密。

此外,TRIPs协定第39条规定:"自然人和法人应有可能防止其合法控制的信息在未经其同意的情况下以违背诚实商业行为的方式向他人披露,或被他人取得或者使用。"[②]在其注释十中进一步解释了违背诚实商业行为的方式:"在本规定中,'违背诚实商业行为的方式'应至少包括以下做法,如违反合同、泄密和违约诱导,并且包括第三方取得未披露的信息,而该第三方知道或因严重疏忽未能知道未披露信息的取得涉及此类做法。"[③]TRIPs协定第39条中的"诚实商业行为"一词及其判断标准均来自《巴黎公约》第10条之二:对不正当竞争的界定,"即不正当竞争是指在工商业活动中违反诚实行为的任何竞争行为"。[④] 世界知识产权组织《反不正当竞争保护示范规定》界定的侵犯商业秘密行为,第六节第1条规定:"凡在工商业活动中导致他人未经本法秘密信息人员许可并以违背诚实商业做法的方式泄露、获得或使用该信息的行为或做法,应构成不正当竞争行为。"[⑤]

---

① 孔祥俊:《反不正当竞争法的适用与完善》,法律出版社2000年版,第482页。

② 《世界贸易组织乌拉圭回合多边贸易谈判结果法律文本》,对外贸易经济合作部国际经贸关系司译,法律出版社2000年版,第338页。

③ 《世界贸易组织乌拉圭回合多边贸易谈判结果法律文本》,对外贸易经济合作部国际经贸关系司译,法律出版社2000年版,第338页。

④ 孔祥俊:《WTO知识产权协定及其国内适用》,法律出版社2002年版,第317页。

⑤ 张玉瑞:《商业秘密法学》,中国法制出版社1999年版,第772页。

二、侵犯商业秘密行为的构成要件

对于什么是侵犯商业秘密行为,仅采用列举的方式进行描述,是远远不够的。为了更好地研究商业秘密侵权行为,有必要对其予以明确地界定。从各国的法律规定来看,侵犯商业秘密行为一般包括以下构成要件。

(一)侵犯商业秘密行为的主体是一般主体

侵犯商业秘密的行为人既可以是自然人,也可以是企业法人或非法人组织;既可以是单位职工,也可以是外部人员。具体而言,包括以下几类行为人:因工作关系需要了解商业秘密的雇员、法律顾问、业务顾问、律师、会计师等;权利人的业务伙伴,如供货商、代理商、协作厂家、贷款银行等;付出使用费后取得商业秘密使用权的受让人、被许可人;依法履行职责时知悉商业秘密的国家机关及其工作人员;权利人的合伙人、合资、合作伙伴等。

(二)侵犯商业秘密行为的对象为商业秘密

如上文所述,侵犯商业秘密行为的对象必须属于商业秘密的保护范围,即受法律保护的技术信息、经营信息等商业信息,即受法律保护的信息符合商业秘密的构成要件,具备秘密性、价值性、保密性三要件。在判定某一技术信息、经营信息等商业信息是否构成商业秘密,依据《北京知识产权法院侵犯商业秘密民事案件诉讼举证参考》的规定,可以从以下几个方面进行考虑。

1. 商业秘密应是处于秘密状态的技术信息和经营信息等商业信息。即信息未被任何人向社会公开,不为公众所知悉,未向不特定的人员透露。如果原告能够举证证明商业秘密在被诉侵权行为发生时不为所属领域的相关人员普遍知悉和容易获得的,可以主张该商业秘密不为公众所知悉。如果原告能够举证证明将为公众所知悉的信息进行整理、改进、加工后形成的新信息在被诉侵权行为发生时不为所属领域的相关人员普遍知悉和容易获得的,可以主张该新信息构成商业秘密。为证明该新信息非公众所知悉,原告可以将整理、改进、加工的过程和记录等作为证据提交。

2. 商业秘密应是具有价值性的技术信息、经营信息等商业信息。价值性是指商业秘密通过现在或将来的使用,能够为权利人带来经济利益。判断技术、经营信息等商业信息的价值性,应注意考虑信息能否应用于生产实践及经营管理,以及是否能为权利人带来经济利益或市场竞争的优势。原告主张商业秘密具有商业价值的,可以根据商业秘密的研究开发成本、实施该项商业秘密的收益、可得利益、可保持竞争优势的时间等因素,举证证明商业秘密因不为公众所知悉而具有现实的或者潜在的商业价值。生产经营活动中形成的阶段性成果符合上述规定的,原告可以主张该阶段性成果具有商业价值。

3. 商业秘密应是权利人采取了合理的保密措施加以保护的技术信息、经营信息等商业信息。原告主张对商业秘密采取了相应保密措施,可以根据商业秘密及其载体的性质、商业秘密的商业价值、保密措施的可识别程度、保密措施与商业秘密的对应程度以及原告保密意愿等因素,举证证明其为防止商业秘密泄露,在被诉侵权行为发生以前采取了与商业秘密相适应的合理保密措施。

原告主张采取了相应保密措施,可以举证证明存在以下事实:(1)签订保密协议或者在合同中约定保密义务的;(2)通过章程、培训、规章制度、书面告知等方式,对能够接触、获取商业秘密的员工、前员工、供应商、客户、来访者等提出保密要求的;(3)对涉密的厂房、车间等生产经营场所限制来访者或者进行区分管理的;(4)以标记、分类、隔离、加密、封存、限制能够接触或者获取的人员范围和权限等方式,对商业秘密及其载体进行区分和管理的;(5)对能够接触、获取商业秘密的计算机设备、电子设备、网络设备、存储设备、软件等,采取禁止或者限制使用、访问、存储、复制等措施的;(6)要求离职员工登记、返还、清除、销毁其接触或者获取的商业秘密及其载体,继续承担保密义务的;(7)采取其他合理保密措施的。

某些信息依其属性即可表明属于秘密状态的,权利人无须采取其他保密措施。如权利人在其开发的软件上进行加密,同时制作了解密软件。

经国家有关机关确定为国家秘密的信息,无论权利人是否采取保密措施,均不影响该信息构成商业秘密。

(三)行为人客观上采取不正当手段实施了不法行为

在认定侵犯商业秘密行为时,不正当手段往往是一个重要的概念。然而,何为不正当手段,各国法律有不同的解释。美国《统一商业秘密法》规定的不正当手段是指窃取、贿买、不真实表示、违反或诱使违反保密义务,或者通过电子方法或其他方法窥探。日本《不正当竞争防止法》规定了盗窃、欺诈、胁迫等不正当手段。我国《反不正当竞争法》规定了盗窃、贿赂、欺诈、胁迫、电子侵入等不正当竞争手段。随着高科技技术的普遍运用和商业间谍职业化的趋势，许多国家对不正当手段作了扩充解释。如美国1970年在其著名的“杜邦公司案”中指出：“如果没有耗费独立发现某制造工艺的知识所必需的时间和资金而获取了该知识，那么所采取的手段就一定是不正当的，除非该知识所有人自愿泄露或失于未采取合理的保密措施。”①实际上，一国在立法上无论怎样对“不正当手段”进行列举式规定和扩展性解释，它远远跟不上实践发展的需要，因为“穷尽所有的不正当手段是不可能的”。因而有些国家规定了消极标准（正当手段），如加拿大、美国等。一般认为，正当手段通常有这些：(1)他人独创或合法地从他人受让或被许可取得商业秘密。(2)他人通过反向工程取得商业秘密，但要求此反向工程必须经由公开且诚实的方法进行，不得违反“黑箱封闭”条款。② (3)善意取得商业秘密。包括两种情形，其一是他人在商业秘密权利人疏忽泄露的情况下善意取得。在这里，他人不仅包括第二人而且包括其后的第三人或更多的人。其二是他人从非善意第三人手中善意取得商业秘密。(4)为维护公共利益的需要而对商业秘密进行披露。如政府为限制垄断，公开商业秘密；商业秘密权利人在行使其权利过程中，若有破坏资源尤其是非再生资源，污染和危害环境、危害国家和社会安全、破坏社会公德及其他非法行为，负有保密义务之人或其他人披露或使用该商业秘密等。

（四）行为人主观上存在过错

侵犯商业秘密的行为人主观上应存在故意或过失的心理状态，明知道或者应当知道商业秘密是未经权利人的许可而非法占有披露或使用的。几乎所有国家的商业秘密法律制度都规定了这一构成要件。我国《反不正当竞争法》将其表述为“明知或应知”，“明知”是一种恶意状态，“应知”是一种重大过失的主观状态。日本《不正当竞争防止法》第17条第2款规定的主观心理状态是“以竞争为目的，或出于私利，或为第三人谋利，或故意加害于企业主”，实质上也是一种故意。

---

① 钟建华：《商业秘密保护的几个基本问题》，载《中国人民大学学报》1995年第4期。

② 民事主体合法获得商业秘密附着物所有权的，其如何处置该物品是其权利，自然可以将它拆开或分解而从中获取商业秘密。但是，如果未获得商业秘密附着物的所有权，而只是合法占有了该物，并且根据与权利人的明示或默示约定不得将该物拆开或分解，则不能通过这种手段获取商业秘密，这就是“黑箱封闭”。参见张耕等：《商业秘密法》（第2版），厦门大学出版社2019年版，第239页。

侵犯商业秘密行为中，有的行为只是故意才能构成侵权，如以盗窃、贿赂、欺诈、胁迫、电子侵入等方法获取商业秘密。有的行为出于故意或者过失均可构成，如违反权利人的保密要求或约定、披露、使用或允许他人使用商业秘密，无论是出于故意，还是疏忽大意的过失，都构成侵犯商业秘密行为。如果行为人对其侵犯商业秘密权的行为没有主观上的故意或过失，那么侵权就不能成立。典型的情况是虽然存在过商业秘密，但是权利人没有采取保密措施，因而行为人未负保密义务，行为人如果披露、使用了商业秘密，就谈不上主观上的故意或过失。另外，发生不可预见和不可避免的意外事件使商业秘密泄露，当事人没有过错，也不负侵权责任。值得注意的是，侵犯商业秘密的行为不以行为人主观上具有营利目的为要件。实际上，只要是未经授权人的同意而非法获取、披露、使用商业秘密的行为，客观上都会破坏权利人的竞争优势和经济利益，危害竞争秩序，从而构成侵犯商业秘密行为，权利人就可以依法请求保护。

第二节　侵犯商业秘密行为的类型

一、对侵权行为的规定

（一）世界主要国家对侵权行为的规定

1. 美国

美国1939年的《侵权行为法重述》第757条列举了4种商业秘密侵权行为类型：未经许可，泄露或者使用他人商业秘密，而有下列情形之一者，应承担责任：以不正当手段获取商业秘密的；或者其泄露或者使用，构成对信赖关系的违反的；或者自第三人获知秘密时，明知其为商业秘密，且知悉系该第三人以不正当手段取得或者该第三人违反对他人应负保密义务而泄露的；或者取得秘密时，明知其为商业秘密，且知悉他人的泄露系因错误所致的。该条评述十中指出，以不正当手段获取他人商业秘密是损害他人商业秘密利益的行为，应当承担法律责任。而对“不正当手段”的理解则是只要不符合商业道德和合理性手段所能接受的标准的手段即为不正当手段。评注认为：如果行为人使用物理强制力从他人衣袋里取出保密配方，或强行进入办公室中盗窃配方，依其他规定该行为违法并应当承担责任，则依本规则，该行为亦属于通过不正当行为获取商业秘密的行为;即使这种手段未造成商业秘密以外的对象的损害,依本规定亦为不正当手段。不正当手段还包括虚假陈述、诱使他人披露、窃听电话、偷听谈话或其他间谍行为。

美国 1985 年的《统一商业秘密法》第 1 条第 1 项列举的不正当手段主要包括盗窃、贿赂、虚假陈述、违反或者诱使违反保密义务以及通过电子或者其他手段进行间谍活动。该法第 1 条第 2 项规定了侵占的内容:“盗用”意为明知或者应知获得他人商业秘密已经使用了不正当手段获得的;或者未经明示或者默示同意披露或者使用他人商业秘密,且该人使用了不正当手段获得该商业秘密或者在披露或者使用时,明知或者应知其商业秘密是源于或者经过使用不正当手段获得的;在已产生保密或者限制使用义务情势下获得的;或源于或者经过对已寻求司法救济以保持秘密或者限制使用者负有义务的人获得的;或在其状态产生实质性变动之前,知道或者应知有关内容为商业秘密,但是由于意外或者失误获得的。

因此,通过以上对美国商业秘密立法的考察可知,《侵权行为法重述》对商业秘密侵权行为类型的列举是最充分的,《统一商业秘密法》《反经济间谍法》等不断丰富了商业秘密侵权行为类型的形式和内容,仍然是依据《侵权行为法重述》对商业秘密侵权行为类型的分类。另外,美国《统一商业秘密法》列举的不正当手段主要包括盗窃、贿赂、虚假陈述、违反保密义务或引诱他人违反保密义务以及经由电子或其他方法的间谍行为,比我国立法上关于“不正当手段”的列举更多、更详细。区别在于美国虽然将违反保密义务同样也作为不正当手段之一,但这与我国将违反保密义务、披露使用其掌握的商业秘密行为的规定是存在差别的。

2. 德国

德国《反不正当竞争法》第 17 条规定:1. 作为企业中的受雇人员,以竞争为目的,或出于私利,或为第三人谋利,或出于损害本企业所有人之意图,在雇佣关系存续期间,擅自将因雇佣关系掌握或获取的商业秘密或经营秘密泄露给他人的,处 3 年以下监禁或罚金。2. 以竞争为目的,或出于私利,或为第三人谋利,或出于损害本企业所有人之意图,为下列行为之一的,处与前款相同的刑罚:(1)通过下列方式,擅自获取或保全商业秘密或经营秘密的:a)使用技术手段,b)制作该秘密载体的复本,或 c)盗取载有该秘密的物品;或(2)将通过第一款所称之泄露行为或依第一项通过自己的或他人的行为获取的或以其他方式擅自取得或保全的商业秘密或经营秘密,擅自加以利用或告知他人。3. 未遂是可罚的。4. 情节特别严重的,处 5 年以下监禁或罚金。情节特别严重,即如:(1)行为人以此为营业的,(2)行为人在泄露时知道该秘密将在国外利用,(3)行为人自己在国外实施第二款第二项的利用行为。由此可知,德国《反不正当竞争法》中规定的保全商业秘密行为是一种类似于我国《反不正当竞争法》中规定的以其他不正当竞争手段获取商业秘密的侵权行为。

德国《反不正当竞争法》第 18 条规定:以竞争为目的,或者出于私利,擅自将商业交易中委托的样品或者技术资料,尤其是图样、模型、模板、截面图、配方加以利用或者泄露给他人,应对该行为的实施人处以两年以下有期徒刑或罚金。同时其第 20 条规定,行为人以竞争为目的,或者出于私利,企图引诱他人违反第 17 条或者第 18 条规定或者纵容他人自愿违背这些规定,对此类行为人处以两年以下有期徒刑或者罚金;对于以竞争为目的,或者出于私利,自愿违背第 17 条或者第 18 条规定的,或者由于他人强求而自愿违背这些规定的,行为人也应受到处罚。因此可知,德国《反不正当竞争法》将引诱侵权规定为商业秘密的侵权行为。

3. 日本

日本《不正当竞争防止法》第 2 条第 1 款第 4 ~ 9 项对侵犯商业秘密的行为作了规定,第 4 项规定:以盗窃、欺诈、胁迫或其他不正当手段获取商业秘密的行为以及使用、披露获取的商业秘密的行为,包括在保守秘密时向特定的人披露;第 5 项规定:知道或者因重大过失不知道有关商业秘密已经存在的不正当获取行为,但仍获取该商业秘密的行为以及使用或者披露该商业秘密的行为;第 6 项规定:获取商业秘密后知道或者因为重大过失不知道该商业秘密已经存在的不正当获取行为,而使用或者披露该商业秘密的行为;第 7 项规定:对持有商业秘密的经营者所披露的商业秘密,以谋求不正当竞争或者其他不正当利益目的或者以对持有者加以损害的目的,予以使用或者披露的行为;第 8 项规定:知道或者因重大过失不知道对方是不正当地披露商业秘密,包括前项规定的披露行为以及违反应当保密的法律义务而披露商业秘密的行为或者其商业秘密已经存在不正当的披露而获取该商业秘密的行为以及对商业秘密披露或者使用的行为;第 9 项规定:在取得商业秘密后,知道或者因重大过失不知道对方是不正当地披露商业秘密，或者其商业秘密已经存在不正当的披露而使用该商业秘密的行为或者披露该商业秘密的行为。

由此可知，日本《不正当竞争防止法》列举的不法行为类型主要包括不正当获取的行为、恶意或重大过失地从他人处取得的行为、事后恶意的行为、正当取得人的不正当泄露或使用的行为。[①] 其对商业秘密侵权行为类型的列举较为详细和全面，不过这种过于细化的立法在司法实践中也存在一定的缺陷，即由于受到详细的具体的行为条件的限制，在商业秘密侵权行为的认定时其范围也就处处受限。同时，在对商业秘密侵权行为进行具体认定时，援引和适用相关法律条款时也会处处受限，因为现实情况是纷繁复杂的。

通过以上分析我们可以看出各国的商业秘密侵权行为类型表现出各自的特色和类型的多元化。"英美法系国家以诚信公平理论为基础对商业秘密侵权给予明确界定，认为商业秘密侵权是用不正当手段和违反保密义务获取和披露，使用他人商业秘密的行为，但不包括独立或反向工程。大陆法系国家主要以公平竞争理论为基础，认为商业秘密侵权行为指未经合法拥有秘密信息的人同意以及以违反诚实商业行为的方式，导致秘密信息的披露、获得或被他人使用的任何行为或做法。"[②]

（二）国际组织对商业秘密侵权行为的主要规定

TRIPs 协定并没有对商业秘密侵权行为的类型进行具体的列举，只是对商业秘密的侵权行为作了一般的界定。例如，TRIPs 协定第 39 条规定："自然人和法人有权防止其合法控制的信息在未经其同意的情况下以违背诚实商业行为的方式向他人披露，或被他人取得或者使用。"[③]并在其注释十中进一步列举了违背诚实商业行为的方式，"在本规定中，'违背诚实商业行为的方式'应至少包括以下行为：如违反合同、泄密和违约诱导，并且包括第三方取得未披露的信息，而该第三方知道或因严重疏忽不知道未披露信息的取得是违背诚实商业行为

---

① 孔祥俊：《反不正当竞争法的适用与完善》，法律出版社 2000 年版，第 482 页。

② 朱健：《TRIPs 背景下商业秘密法律保护比较研究》，对外经贸大学 2005 年硕士学位论文，第 18 ~ 19 页。

③ 《世界贸易组织乌拉圭回合多边贸易谈判结果法律文本》，对外贸易经济合作部国际经贸关系司译，法律出版社 2000 年版，第 338 页。

的”。[①] TRIPs 协定第 39 条中的“诚实商业行为”一词及其判断标准均来自《巴黎公约》第 10 条之二对不正当竞争的界定，即不正当竞争是指在工商业活动中违反诚实行为的任何竞争行为。[②] 结合各国的立法和实践，这里违背诚实商业行为的方式，根据脚注的解释，至少应包括下列行为：(1)违约，一方当事人违反各方共同意思表示所约定的合同义务，即构成违约并需要承担相应的法律责任；(2)泄密，一方当事人通过合法或非法的方式掌握了相关信息内容后，违背明示或默示的法律义务，非法泄露或使用该商业秘密的内容，造成商业秘密的秘密性丧失；(3)诱使他人泄密，在明知或应知一方当事人有明示或默示的法律义务的情况下，诱使该当事人违反法律义务，向自身泄露或使用该商业秘密，给商业秘密权利人造成损失；(4)通过第三方获得未披露的信息。第三方在明知或应知的上述所列的情况下，得知商业秘密的内容也构成违背诚实商业行为。[③]

在 TRIPs 协定对于商业秘密侵权行为的一般规定的基础上，世界知识产权组织的《反不正当竞争保护示范规定》第 6 条对商业秘密侵权行为进行了一般原则规定和类型规定。

1. 一般原则规定

《反不正当竞争保护示范规定》第 6 条第 1 项规定，在工商活动中，未经秘密信息权利人同意，以违背诚实商业的方式，披露、获取或者使用他人秘密信息的任何行为或者活动，均构成不正当竞争行为。该规定是世界知识产权组织对商业秘密侵权行为的一般原则规定。对此规定，世界知识产权组织的国际局作了以下解释：(1)未经秘密信息权利人的同意，不得获取、披露或使用其秘密。此项禁止性规定，适用于所有人。可能知悉秘密信息的人，通常是那些与合法控制人有特殊关系的人，例如，在职的和离职的雇员、合伙人、董事会成员和其他类似的人。与企业有交往的独立签约人、专家、律师、企业的客户，向企业提供商品或服务的任何人，也可能知悉秘密信息。(2)秘密信息的权利人是指合法占有信息的自然人或者法人。(3)具有经济价值的秘密信息，未经权利人的同意，一旦向公众披露，秘密信息权利人就有丧失信息的经济价值的风险，包括它的许可价

---

① 《世界贸易组织乌拉圭回合多边贸易谈判结果法律文本》，对外贸易经济合作部国际经贸关系司译，法律出版社 2000 年版，第 338 页。

② 孔祥俊：《WTO 知识产权协定及其国内适用》，法律出版社 2002 年版，第 317 页。

③ 倪才龙：《商业秘密保护法》，上海大学出版社 2005 年版，第 273 页。

值和竞争价值。向公众披露秘密信息,可能通过公开方式,如在媒体上发表或展示;也可能表现为将信息告知他人,被告知秘密信息的人仍保守秘密,但未经权利人的同意而自为使用。将秘密信息告知他人,无非是为了获取钱物或其他好处。(4)竞争能力通常取决于技术革新以及工商领域中的专有技术。因此,秘密信息的权利人采取适当措施保持信息的秘密性,他人未经授权而取得就被认为是不正当竞争行为。但在为雇主利益而从事工商许可的限度内,雇员知悉秘密信息,系基于履行其职责上的需要,在雇主授权的限度内,如此取得不属于第1项所规范的情况。第三人取得秘密信息属于第2项的内容。(5)使用秘密信息,通常表现为应用,如将秘密信息应用于企业的生产中,也可能表现为以其他方式支持企业的生产经营活动。(6)由秘密信息的性质决定,只有经过秘密信息的权利人同意,披露、获取或者使用秘密信息的行为才具有合法性。秘密信息权利人有权采取合理措施,维持信息的秘密状态。只有经过秘密信息的权利人同意,方可披露、获取或使用秘密信息。未经许可不得披露、获取或使用秘密信息,此项义务可直接产生于书面协议或口头协议,如权利人和他的雇员之间的,或者权利人与一个特别项目的供应者之间的协议;也可以根据具体的情况间接产生,即来自保持秘密信息以使他人能够意识到其秘密性的权利人所采取的措施。(7)离职后的雇员为了谋生,一般享有使用和利用其在以前受雇期间所掌握的技术、经验和知识。众所周知,在雇佣关系存续期间取得的技术、知识和经验的合法使用与对前雇主的秘密信息的不正当披露或使用是很难区分的。但是如果雇员离职后的行为,构成违反合同、违反保密义务、盗窃、侵占、工业间谍,或者与原雇主的竞争者串通,则其披露或使用秘密信息显然是违法的。(8)在与权利人进行合法商业交易中取得秘密信息的人,如果披露和使用没有违反合同(如合同对此没有约定),此时的披露和使用不被认为是非法的。而且,如果披露和使用是基于善意,权利人采取的保密措施明显不充分,那么就不能主张是不正当竞争行为。①

2. 类型规定

《反不正当竞争保护示范规定》第6条第2项规定,未经秘密信息权利人的同意,披露、获取或者使用秘密信息,尤其产生于:(1)工业的或商业的间谍行

---

① 孔祥俊:《商业秘密保护法原理》,中国法制出版社1999年版,第259~261页;戴水盛:《商业秘密法比较研究》,华东师范大学出版社2005年版,第144~146页。

为;(2)违反合同;(3)违反信赖关系;(4)诱引他人从事(1)、(2)、(3)的行为;(5)第三人知道或因重大过失不知存在(1)、(2)、(3)、(4)的情形,仍取得秘密信息。该规定是世界知识产权组织对商业秘密侵权行为类型的列举规定。对此规定,世界知识产权组织国际局作了如下解释:(1)就2(a)而言,工业的或商业的间谍行为是一种典型的故意侵占他人秘密信息的行为。间谍行为可以表现为:以欺诈为目的,与秘密信息权利人形成某种关系,诱引秘密信息权利人告知其秘密信息等,如受雇于秘密信息权利人,或使与其有联系的人受雇于秘密信息权利人。间谍行为也可以表现为:使用窃听装置,进入工厂通过观察发现秘密信息,使用照相装置等其他手段等;间谍行为还可以表现为,进入秘密信息权利人的计算机网络化数据库。间谍行为通常构成犯罪,但被认定为犯罪行为并不妨碍其同时被认定为不正当竞争行为,以及给予秘密信息权利人以民事救济。(2)就2(b)而言,关于秘密信息的合同义务,可以由口头或书面的合同约定,通常产生于雇主和雇员之间。在没有明示合同的情况下,有关秘密信息的合同义务,可依据雇佣关系予以推论。这种义务也同样可存在于商业合伙人之间或者雇主与承揽人之间。(3)就2(c)而言,其所涉及的情形是:当事人之间并没有关于保护秘密信息的合同,但是基于信赖关系,当事人一方对另一方,或者当事人双方相互之间对秘密信息承担义务。信赖关系可存在于合伙人之间,也可存在于雇主与雇员之间。如果前雇员违反信赖关系,创设与前雇主有竞争关系的公司,应当被认定为构成不正当竞争行为。(4)就2(d)而言,披露、取得或使用秘密信息,可能明显地为了直接行为人以外的利益。竞争者通常比较乐于诱引秘密信息权利人的雇员或离职的雇员,如诱引雇员或前雇员违反合同义务,向其披露秘密信息。诱引常常伴随不正当地诱使雇员跳槽,竞争者的此种行为同样构成不正当竞争行为。(5)就2(e)而言,第三人取得他人的秘密信息,但其取得非基于直接从事(a)到(d)的行为。如果第三人是秘密信息权利人的竞争者,则如同(d)中诱引的情况一样,该第三人对该秘密信息会有特殊利益。只有当竞争者不知道(a)至(d)的行为时,其行为才被认为不构成不正当竞争行为。

(三)我国法律对侵权行为的规定

1. 大陆地区

关于商业秘密侵权行为具体表现的列举,各国立法是有差异的。在我国,市场经济发展还不健全,商业秘密侵权行为与其他行为相比更具有不确定性和复杂性。分析认识其表现形式,有利于对商业秘密侵权行为进行认定、防范和救济。

我国《反不正当竞争法》第 9 条第 1 款和第 3 款分别列举了 5 种:(1)以盗窃、贿赂、欺诈、胁迫、电子侵入或者其他不正当手段获取权利人的商业秘密;(2)披露、使用或者允许他人使用以前项手段获取的权利人的商业秘密;(3)违反保密义务或者违反权利人有关保守商业秘密的要求,披露、使用或者允许他人使用其所掌握的商业秘密;(4)教唆、引诱、帮助他人违反保密义务或者违反权利人有关保守商业秘密的要求,获取、披露、使用或者允许他人使用权利人的商业秘密;(5)第三人明知或者应知商业秘密权利人的员工、前员工或者其他单位、个人实施前款所列违法行为,仍获取、披露、使用或者允许他人使用该商业秘密的,视为侵犯商业秘密。而《国家工商行政管理局关于禁止侵犯商业秘密行为的若干规定》第 3 条规定,"禁止下列侵犯商业秘密行为:(1)以盗窃、利诱、胁迫或者其他不正当手段获取权利人的商业秘密;(2)披露、使用或者允许他人使用以前项手段取得的权利人的商业秘密;(3)与权利人有业务关系的单位和个人违反合同约定或者违反权利人保守商业秘密的要求,披露、使用或者允许他人使用其所掌握的权利人的商业秘密;(4)权利人的职工违反合同约定或者违反权利人保守商业秘密的要求,披露、使用或者允许他人使用其所掌握的权利人的商业秘密。第三人明知或者应知前款所列违法行为,获取、使用或者披露他人的商业秘密,视为侵犯商业秘密"。由此可知,《反不正当竞争法》第 9 条第 3 款是《国家工商行政管理局关于禁止侵犯商业秘密行为的若干规定》第 3 条第 3 项和第 4 项的归纳和合并,主要规定了通过合同或者雇佣关系等合法知悉商业秘密的人非法使用、披露行为的情形。

我国《刑法》第 219 条第 1 款规定:"有下列侵犯商业秘密行为之一,情节严重的,处三年以下有期徒刑,并处或者单处罚金;情节特别严重的,处三年以上十年以下有期徒刑,并处罚金:(一)以盗窃、贿赂、欺诈、胁迫、电子侵入或者其他不正当手段获取权利人的商业秘密的;(二)披露、使用或者允许他人使用以前项手段获取的权利人的商业秘密的;(三)违反保密义务或者违反权利人有关保守商业秘密的要求,披露、使用或者允许他人使用其所掌握的商业秘密的。"第 2 款规定:"明知前款所列行为,获取、披露、使用或者允许他人使用该商业秘密的,以侵犯商业秘密论。"《刑法》的该条规定也是与我国《反不正当竞争法》第 9

条的规定以及《国家工商行政管理局关于禁止侵犯商业秘密行为的若干规定》第3条规定的商业秘密侵权行为类型基本保持一致规定的。

从上述法律法规规定的商业秘密侵权行为的类型来看，我国商业秘密侵权行为的类型主要有以下几种具体表现形式：(1)以盗窃、贿赂、欺诈、胁迫、电子侵入或者其他不正当手段获取权利人的商业秘密；(2)披露、使用或者允许他人使用以前项手段获取的权利人的商业秘密；(3)违反保密义务或者违反权利人有关保守商业秘密的要求，披露、使用或者允许他人使用其所掌握的商业秘密；(4)教唆、引诱、帮助他人违反保密义务或者违反权利人有关保守商业秘密的要求，获取、披露、使用或者允许他人使用权利人的商业秘密；(5)第三人明知或者应知商业秘密权利人的员工、前员工或者其他单位、个人实施前款所列违法行为，仍获取、披露、使用或者允许他人使用该商业秘密的，视为侵犯商业秘密。

2. 台湾地区

我国台湾地区“公平交易相关规定”指出：事业不得为“以胁迫、利诱或其他不正当方法，获取他事业之产销机密、交易相对人资料或其他有关技术秘密之行为”。[①] 从这里可以看出其对商业秘密侵权行为类型的规定并不十分明确、详细和具体。1996年“营业秘密相关规定”(2013年修正)则对营业秘密的侵权行为规定得较为明确、详细和具体，包括：以不正当方法取得营业秘密者，所谓不正当方法，指盗窃、欺诈、胁迫、贿赂、擅自重制、违反保密义务、引诱他人违反其保密义务或其他类似方法；知悉或因重大过失而不知其以不正当方法取得之营业秘密，而取得、使用或泄露者；取得营业秘密后，知悉或因重大过失而不知其以不正当方法取得之营业秘密，而使用或泄露者；因法律行为取得营业秘密，而以不正当方法使用或泄露者；依法令有保守营业秘密的义务，而使用或无故泄露者。[②]

由以上这些规定可以看出，我国台湾地区所规定的营业秘密侵权行为的类型也是采用列举的方法，其营业秘密侵权行为类型与我国大陆以及国际上通常规定的商业秘密侵权行为类型基本是保持一致的。

---

① 戴永盛：《商业秘密法比较研究》，华东师范大学出版社2005年版，第147页。

② 戴永盛：《商业秘密法比较研究》，华东师范大学出版社2005年版，第147页。

二、我国侵犯商业秘密行为类型分析

(一)采取不正当手段获取商业秘密的行为

不正当手段是指违反诚实信用原则和公认的商业道德的手段。依据我国《反不正当竞争法》的规定,不正当手段可以分为盗窃、贿赂、欺诈、胁迫、电子侵入及其他行为。

(1)盗窃,是指行为人以非法占有为目的,在权利人不知情的情况下,采取秘密手段窃取权利人的商业秘密。复印、照相、监听、取走是行为人窃取权利人商业秘密的主要行为方式。盗窃商业秘密的主体既可以是第三人,也可以是企业内部的员工。

行为人对商业秘密的盗窃,既可以是将载有商业秘密的文件等据为己有;也可以是复制后退回原件保留复制件;还可以是将商业秘密的内容记忆下来。商业秘密在本质上是一种信息,因而盗窃他人商业秘密的本质特征也是秘密窃取他人属于商业秘密的信息。这种信息的窃取可以和有形载体相分离,即在不侵犯有形载体物权的情况下获取信息,如偷阅权利人的商业秘密,再凭借大脑的记忆,将商业秘密再现出来,或窃听他人的商业秘密等。

盗窃是侵犯他人商业秘密"不正当手段"中的典型手段,其不道德性和违法性是显而易见的。在现代社会,以各种手段窃取他人商业秘密的经济间谍现象十分普遍。世界知识产权组织在《反不正当竞争保护示范规定》第6条第2款中把"工业或商业间谍行为"列为侵犯商业秘密的不正当竞争行为之首。[①] 德国1986年制定了第二部《反经济犯罪法》,对《反不正当竞争法》作了彻底修改,形成了现行法上的第17~20a条规定。此次修正的重点在于,将工业间谍行为等第三人以盗窃等非法手段获取商业秘密的行为规定为犯罪,并规定行为未遂也必须承担刑事责任。[②]

(2)贿赂,是指行为人以高额的物质报酬或其他利益的方式引诱知悉企业商业秘密的员工、合作者等泄露商业秘密。需要注意的是,这个行为要与在市场经济中正当的人才流动相区分。有观点认为,仅利用高薪聘请、解决住房等利诱

---

① 郑成思主编:《知识产权研究》(第5卷),中国方正出版社1998年版,第293页。

② 邵建东:《德国反不正当竞争法研究》,中国人民大学出版社2001年版,第296~297页。

手段将人才挖走，并不一定侵犯他人的商业秘密，而往往是劳动力资源有效配置的要求和市场规律下优胜劣汰的必然结果。只有挖人才的同时将原企业的商业秘密“挖走”，才侵犯了该企业的商业秘密权。[①] 多数国家保护商业秘密的法律明确禁止使用利诱手段获取权利人的商业秘密。如美国 1985 年的《统一商业秘密法》第 1 条“定义”中明确规定：“不正当手段包括盗窃、贿赂、虚假陈述、违反或诱使违反保密义务，或通过电子或其他手段进行间谍活动。”德国《反不正当竞争法》第 20 条也明确规定：“以竞争为目的，或出于私利，企图引诱他人实施非法获取他人商业秘密的犯罪行为，或接受他人违反上述规定的犯罪行为的，处两年以下监禁或罚金。”

(3)欺诈，即行为人为获取商业秘密，对知悉商业秘密人采取隐瞒真相或虚构事实等手段，使知悉商业秘密的人陷入一种错误的认识，基于此而泄露了企业的商业秘密。

(4)胁迫，即对商业秘密权利人或对知悉商业秘密的雇员，以生命、健康、名誉、财产等进行威胁或要挟，形成精神上的强制，迫使其披露商业秘密或交出有关商业秘密的文件或其他载体。

(5)电子侵入，即侵权人通过互联网侵入公司内部数据库窃取公司的商业秘密。互联网技术的不断发展，导致电子侵入侵犯商业秘密的行为越来越多，针对这一现状，《反不正当竞争法》也作了与时俱进的修改。

(6)其他不正当手段。所谓“其他不正当手段”实际上包含了除上述列举的盗窃、贿赂、欺诈、胁迫、电子侵入以外的所有违背商业秘密权利人的意愿，获取权利人商业秘密的其他非法手段。凡属于违反我国《反不正当竞争法》所保护的诚实信用原则等商业道德及正常市场竞争秩序的手段的，可以在司法实践中通过法官的裁决来加以界定和适用。

显然，我国《反不正当竞争法》对不正当手段的规定是未穷尽的，除了盗窃、贿赂、欺诈、胁迫、电子侵入这 5 种主要行为方式外，在司法实践中还可以根据具体情形由法官确定其他不正当手段。在司法实践中对不正当手段的认定应根据诚实信用的原则和公认的商业道德具体认定手段是否正当，凡是不符合诚实信用的原则和公认的商业道德的方法而取得他人商业秘密的行为，都应认定属于

---

① 赵秉志主编：《侵犯知识产权罪疑难问题司法对策》，吉林人民出版社 2000 年版，第 104 ~ 405 页。

不正当手段的行为。所以,对"不正当手段"我们应理解为一切违反公平竞争秩序的直接获取商业秘密信息的行为。

(二)非法披露商业秘密的行为

披露是指未经权利人许可或者违反保密义务的规定或约定而向他人扩散商业秘密,包括在要求对方保密的条件下向特定人、少部分人透露商业秘密以及向社会公开商业秘密。非法披露商业秘密的侵权行为主要有两种表现形式:一是不正当获取人将非法获取的商业秘密向他人扩散。这类行为是侵犯商业秘密行为的继续。二是权利人以外的人违反约定的保密义务或权利人的保密要求,将其通过正当手段或合法途径取得或知悉的商业秘密披露给他人。在这种情况下,尽管行为人对商业秘密的获取是合法的,但行为人同时负有保密义务,行为人的披露行为就是违反这种约定或权利人要求的保密义务而具有违法性。

根据《北京知识产权法院侵犯商业秘密民事案件诉讼举证参考》,原告主张被告违反保密义务的,可以举证证明根据法律规定或者合同约定等被告应承担保密义务。若未在合同中约定保密义务,可以举证证明根据诚信原则以及合同的性质、目的、缔约过程、交易习惯等,被告知道或者应当知道其获取的信息属于原告的商业秘密。

(三)非法使用商业秘密的行为

非法使用是指行为人未经权利人同意或违反约定将其获取的商业秘密在各种有用的场合加以运用。其可能用于生产,也可能用于经营或销售及其他方面,但无论用于什么场合,均不影响侵权行为的成立。非法使用既包括非法自己使用,也包括非法允许他人使用。

根据《北京知识产权法院侵犯商业秘密民事案件诉讼举证参考》,原告主张被告使用商业秘密的,可以举证证明存在以下事实:(1)被告在生产经营活动中直接使用商业秘密;(2)被告对商业秘密进行修改、改进后使用;(3)被告根据商业秘密调整、优化、改进有关生产经营活动。

(四)第三人的侵权行为

第三人是指直接获得权利人商业秘密的行为人以外的人。在侵犯商业秘密行为中,第一人是指商业秘密权利人,第二人是指以不正当手段获取、使用或允许他人使用的侵权者,以及虽然获得商业秘密但违反保密约定或要求使用或允许他人使用的违约者,他们的侵权行为或违约行为均是违法行为。第三人有善意第三人与恶意第三人之分。恶意第三人是指明知或者应知第二人违反《反不正当竞争法》第9条第1款的违法行为不仅没有制止或向有关机关举报,反而实施获取、使用、披露他人商业秘密行为的人,恶意第三人的行为的社会危害性实质上同第二人的行为一样,也是对权利人商业秘密的侵犯。明知是一种恶意(故意)状态,应知(应当知道但因重大过失而不知道)是一种重大过失的主观状态,在私法理论上,重大过失与故意产生相同的法律后果,因此,《反不正当竞争法》将恶意第三人的明知行为和应知行为同等对待,以侵犯商业秘密行为论。

将第三人故意获取、使用行为视为侵犯商业秘密的行为的规定,是保护商业秘密所必需的。但明知商业秘密的来源不合法,明知道是一项秘密,向他人披露是错误的,而仍去获取、使用、披露,也被视为侵犯商业秘密的行为。这一规定,对规范当前人才流动中的商业秘密保护问题具有重要的实践意义。它要求第三人(主要指后雇主)应承担合理的注意义务,避免因雇佣退职、退休或调动工作的人员而损害该人员前雇主的商业秘密。此外,它还要求技术贸易中的需方应对技术来源和转让方的主体资格尽到合理注意的义务。如果第三方应知或明知技术转让方违反合同约定转让他人的技术秘密,那么第三方的受让行为就可能被视为共同侵权。

第三节 商业秘密侵权认定规则

一、侵权认定规则的含义

前文已经讨论了商业秘密侵权行为的构成要件和一般表现形态,但在司法实践中,还必须对商业秘密侵权行为予以具体的认定,才能解决当事人之间的诉讼争议,对被告是否存在侵权行为的认定是被告承担民事责任以及承担何种民事责任的依据。对法院来讲,对侵权行为予以认定,是指法官通过诉讼程序,结合举证责任的分配,对原告和被告在庭审中的举证、质证以及证据的效力进行判断,进而对被告实施的行为进行具有法律效力的确认。[①] 商业秘密侵权行为的

---

① 蒋志培:《入世后我国知识产权法律保护研究》,中国人民大学出版社2002年版,第138页。

认定规则,是指在原告和被告举证责任合理分配的基础上,为了满足认定侵犯商业秘密成立的需要,而对原告和被告双方提供的证据所证明事实的要求及模式。

对认定规则把握的关键是法官对原告和被告双方举证责任的分配,根据我国立法和司法实践,原告的举证责任有:提供自己合法拥有该商业秘密的证据,即证明自己是商业秘密的权利人;证明商业秘密确实存在并证明该商业秘密的范围;证明被告的信息与自己的信息相同或者实质相同;证明被告有获得或接触该商业秘密的条件。被告的举证责任有:证明原告所有的信息已为公众知悉;证明原告的保密措施不当;证明其拥有的信息和原告所有的信息存在不同或实质不同;证明其拥有的信息具有合理来源。

根据最新修正的《反不正当竞争法》第32条的规定,在侵犯商业秘密的民事审判程序中,商业秘密权利人提供初步证据,证明其已经对所主张的商业秘密采取保密措施,且合理表明商业秘密被侵犯,涉嫌侵权人应当证明权利人所主张的商业秘密不属于本法规定的商业秘密。商业秘密权利人提供初步证据合理表明商业秘密被侵犯,且提供以下证据之一的,涉嫌侵权人应当证明其不存在侵犯商业秘密的行为:(1)有证据表明涉嫌侵权人有渠道或者机会获取商业秘密,且其使用的信息与该商业秘密实质上相同;(2)有证据表明商业秘密已经被涉嫌侵权人披露、使用或者有被披露、使用的风险;(3)有其他证据表明商业秘密被涉嫌侵权人侵犯。上述规定,加重了侵权人的举证责任,减轻了权利人的举证责任。

二、侵权认定规则的类型

一般来说,商业秘密侵权认定规则可归纳为以下几种。

(一)"接触+相同-合法来源"规则

原告能够举证证明被告所使用的信息和自己所拥有的商业秘密相同或者实质相同,并能够证明被告有获得其商业秘密的特定条件或者可能条件,则推定原告的诉讼主张初步成立,若被告不能举证证明其获得商业秘密的合法渠道,就认定被告的行为构成侵权行为。

(二)"相同-合法来源-合法来源可能"规则

原告虽然没有相关证据证明被告有获得其商业秘密的特定条件或可能,即没有"接触",但是被告获得了与原告的商业秘密完全相同或者是非独立构思所能形成的等同信息时，如根据原告商业秘密的性质以及采取的保密措施，还有原告与被告的关系等几方面因素考量，原告的商业秘密内容复杂而且采取了合理的保密措施，被告如果不利用不正当手段根本不能获得商业秘密，则可以加重被告的举证责任，推定原告的诉讼主张初步成立，由被告证明其获得商业秘密行为的合法渠道，如果不能证明，则认定被告的行为构成侵权。这种规则适用的合理性是，虽然原告没有直接证据证明“接触”，但是间接证据具有较大的优势从而排除了不接触的可能性，由于高度的接触可能性，则可以认定存在“接触”，除非被告有相反的证据能够证明自己获得的商业秘密确有合法来源。

实践中，特别是商业间谍的一些行为，原告根本收集不到行为人接触自己商业秘密的证据，对于第一种规则即“接触＋相同－合法来源”中的“接触”的证明，原告很难举证证明，因此，此种规则应运而生。

（三）“接触＋缺乏其他合法来源可能－合法来源”规则

原告虽然没有直接证据证明被告获得了与其相同的商业秘密，但是原告可以证明被告接触过其商业秘密，也生产了与原告相同或实质相同的产品。并且，被告除了接触过原告商业秘密的技术人员外，缺乏其他的获得商业秘密的条件，如果被告不能举证证明商业秘密的合法来源，就认定被告的行为构成侵权。这种规则主要适用于，证据不能证明或涉案的商业秘密的性质无法被证明被告和原告的商业秘密相同的案件。如一企业技术人员辞职后另外成立了新公司，该公司很快便生产出与原单位相同的产品，而新公司除了该技术人员以外并没有其他研发力量，公司也没有买入相关技术。法院可以要求被告证明其技术内容以及合法来源，被告若无法提供或拒不提供，则可以认定被告的行为构成侵权。

三、我国司法实践对侵犯商业秘密行为的认定规则

随着市场经济的不断发展，侵犯商业秘密的行为逐渐增多，为了更好地解决侵犯商业秘密纠纷，维护有序、健康市场经济的发展，在司法实践中，最高人民法院与各地方高级人民法院为统一司法适用，对侵犯商业秘密的行为认定作出了相应的规定。

《反不正当竞争法》第 32 条规定，在侵犯商业秘密的民事审判程序中，商业秘密权利人提供初步证据，证明其已经对所主张的商业秘密采取保密措施，且合理表明商业秘密被侵犯，涉嫌侵权人应当证明权利人所主张的商业秘密不属于

本法规定的商业秘密。商业秘密权利人提供初步证据合理表明商业秘密被侵犯,且提供以下证据之一的,涉嫌侵权人应当证明其不存在侵犯商业秘密的行为:(1)有证据表明涉嫌侵权人有渠道或者机会获取商业秘密,且其使用的信息与该商业秘密实质上相同;(2)有证据表明商业秘密已经被涉嫌侵权人披露、使用或者有被披露、使用的风险;(3)有其他证据表明商业秘密被涉嫌侵权人侵犯。

《国家工商行政管理局关于禁止侵犯商业秘密行为的若干规定》第5条第3款规定:"权利人能证明被申请人所使用的信息与自己的商业秘密具有一致性或者相同性,同时能证明被申请人有获取其商业秘密的条件,而被申请人不能提供或者拒不提供其所使用的信息是合法获得或者使用的证据的,工商行政管理机关可以根据有关证据,认定被申请人有侵权行为。"

《北京知识产权法院侵犯商业秘密民事案件诉讼举证参考》认定以下内容是被告的法定抗辩事由。(1)被告主张原告的商业秘密不符合商业秘密法定条件的,可以举证证明存在以下事实:①商业秘密在被诉侵权行为发生时已为公众知悉;②原告未采取相应保密措施;③商业秘密不具有商业价值;④商业秘密不符合法定条件的其他情形。(2)被告主张原告的商业秘密已为公众知悉,可以举证证明存在以下事实:①原告的商业秘密在所属领域属于一般常识或者行业惯例的;②原告的商业秘密仅涉及产品的尺寸、结构、材料、部件的简单组合等内容,所属领域的相关人员通过观察上市产品即可直接获得的;③原告的商业秘密已经在公开出版物或者其他媒体上公开披露的,包括文献资料、宣传材料、网页等;④原告的商业秘密已通过公开的报告会、展览等方式公开的;⑤所属领域的相关人员从其他公开渠道可以获得原告的商业秘密的。(3)被告主张原告的商业秘密未采取相应保密措施的,可以通过保密措施的可识别程度、保密措施与商业秘密价值相对应程度、所涉信息载体的特性、他人通过正当方式获得的难易程度等方面进行举证。

《江苏省高级人民法院侵犯商业秘密纠纷案件审理指南》第三节第2项规定:"'实质性相同加接触'原则。由于商业秘密本身具有的秘密属性,侵权行为一般不可能大张旗鼓地进行,而是具有秘密、隐蔽的特点,所以原告要举出直接证据证明被告实施了侵权行为非常困难,因此在司法实践中,对原告的证明要求往往采取'实质性相同加接触'原则。'实质性相同加接触'原则的基本内容是:

原告如果证明了被告使用的商业信息与原告商业秘密相同或实质性相同,且被告接触了商业秘密,则由被告对其获得该信息的正当性进行举证,若被告不能举证,则推定其构成侵权。”

《河南省高级人民法院商业秘密侵权纠纷案件审理的若干指导意见(试行)》第二节规定,商业秘密侵权行为是行为人实施了《反不正当竞争法》和有关商业秘密保护法律、法规的禁止性规定,侵犯他人商业秘密的违法行为。认定某一行为是否构成商业秘密侵权行为,可以依以下步骤进行:(1)审查权利人所诉受到侵害的技术、经营信息是否为一项有效的商业秘密。进行该项审查工作应查明权利人起诉请求中认为受到侵害的商业秘密是否实际存在,其请求给予法律保护的技术、经营信息是否具备商业秘密的法律特征,权利人的商业秘密的具体内容和表现形式,即权利人商业秘密的“秘密点”所在。(2)查明被诉侵权人所使用的技术、经营信息与权利人的商业秘密是否相同。(3)审查被诉侵权人对权利人的商业秘密是否有合法的使用权,即合理使用抗辩。存在下列情形,可以认定被诉侵权人享有合法使用权:①被诉侵权人自行创造、构思出与权利人相同的商业秘密。②从其他合法权利人受让的商业秘密。③在权利人疏忽情况下善意取得商业秘密。④商业秘密权利用尽,商业秘密的有形产品在市场流通过程中,被诉侵权人的获取、销售、使用行为。⑤被诉侵权人通过反向工程取得商业秘密。反向工程是对合法取得的终端产品的拆卸、破解,从而得出其构造、成分以及制造方法或工艺的行为。接触、了解权利人技术秘密的人员通过回忆、拆解终端产品获取权利人技术秘密的行为,不能构成反向工程。(4)查明被诉侵权人是否通过实施法律所禁止的行为获取权利人的商业秘密。这些行为的主要表现形式有:①以盗窃、利诱、胁迫或者其他不正当手段获取权利人的商业秘密。②披露、使用或者允许他人使用以前项手段获取的权利人的商业秘密。③职工违反权利人有关保守商业秘密的要求或合作单位违反保密约定,披露、使用或者允许他人使用其所掌握的权利人的商业秘密。④从权利人离职职工处获取并违法使用权利人的商业秘密。⑤被诉侵权人从其他侵权人处取得并使用明知为权利人商业秘密的技术和经营信息。⑥法律规定的其他侵犯商业秘密的行为。

从上述司法解释及规定来看,我国司法实践对侵犯商业秘密行为的认定采用的一般是“相似 + 接触 - 合法来源”规则。“相似 + 接触 - 合法来源”规则是从“相似 + 接触”规则演化而来的。所谓“相似 + 接触”规则,是指如果能够证明被告使用的被控技术与权利人拥有的商业秘密“相似”,并且又能够证明被告与权利人拥有的商业秘密有“接触”,那么即可认定被告的行为构成商业秘密侵权。

根据《北京知识产权法院侵犯商业秘密民事案件诉讼举证参考》,原告主张员工、前员工有渠道或者机会获取原告商业秘密的,可以举证证明存在以下事实:(1)职务、职责及权限与涉案商业秘密相关;(2)承担的本职工作或者单位分配的任务与涉案商业秘密相关;(3)参与和商业秘密相关的生产经营活动;(4)曾保管、使用、存储、复制、控制或者以其他方式接触、获取商业秘密及其载体;(5)有渠道或者机会获取商业秘密的其他事实。

原告主张被诉侵权信息与其商业秘密构成实质上相同,可以围绕被诉侵权信息与商业秘密的异同程度、所属领域的相关人员在被诉侵权行为发生时是否容易想到被诉侵权信息与商业秘密的区别、被诉侵权信息与商业秘密的用途、使用方式、目的、效果等是否具有实质性差异、公有领域中与商业秘密相关信息的情况等因素进行举证,具体可以提供以下证据:(1)有资质的鉴定机关、评估机构出具的鉴定意见、评估意见,相关专家辅助人意见;(2)能体现与原告商业秘密实质上相同的信息的产品、合同、意向书;(3)前述证据来自与被告有关的第三方;(4)可以证明被诉侵权信息与原告的商业秘密构成实质上相同的其他证据。

但是,由于商业秘密不具有独占性和排他性,可以由不同的权利主体同时拥有,因此就出现了合法来源的抗辩权,即如果被告能够证明自己使用的相似技术有合法的来源(如自己独立开发、反向工程、从其他权利人处许可所得、从公共信息处知悉),且在时间上早于接触的,即可以排除被告使用了权利人的商业秘密,从而认定被告的行为不构成商业秘密侵权。

在利用“相似+接触-合法来源”这一规则对商业秘密侵权进行认定的过程中,法官除了应当按照这一规则要求当事人承担举证责任以外,还应当将权利人的商业秘密内容与被控技术进行比对,从而认定两者是否“相似”。在比对和认定的过程中,只能要求权利人的商业秘密内容与被控技术的实质相同,而不能要求二者绝对相同,否则就会对权利人有失公平。

第四节 商业秘密侵权行为的例外

在商业秘密侵权案件中,被告通常以商业秘密的构成要件进行抗辩,例如,原告的技术系公知技术、未采用保密措施等,由于本书在第一章"商业秘密构成要件"中,对商业秘密的构成已经介绍过,在此不再赘述。除此之外,被告通常还提出以下抗辩事由。

一、自行开发研制

《最高人民法院关于审理不正当竞争民事案件应用法律若干问题的解释》第12条肯定了以"自行开发研制"的方式获得商业秘密的行为不认定为侵犯商业秘密的行为。"自行开发研制"是一种通过自己的创造性劳动获得与他人相同商业秘密信息的行为。行为人自行开发研制的信息,经过采取合理的保密措施,也可以成为商业秘密权利人。但是,通过自行开发研制获取的商业秘密,有严格的程序要求,即开发过程中不得非法依赖他人的专有信息。

二、反向工程

所谓反向工程,是指非保密义务人通过对市场销售的产品或者合法取得的产品进行研究、分析、从中得到准确的、具体的构造、成分和制造方法、加工工艺的行为。如从市场购得产品,通过化学分析了解化学品的成分或配方;通达拆卸,了解机械装置的设计构造等。反向工程被认为是具有法律意义的不经权利人允许即可获取销售产品商业秘密的唯一正当竞争手段,由于反向工程获取商业秘密具有合法性,所以,该行为不属于侵权行为,权利人也无权干涉行为人使用、披露其以反向工程获取的商业秘密或者作为行为人自己的商业秘密。在司法实践中,被告以此理由进行抗辩必须具备以下条件:第一,被告是该商业秘密的非保密义务人;第二,被告通过合法手段获取含有原告商业秘密的产品;第三,被告应提供反向工程实施全过程的文字记载及录像等。

根据《北京知识产权法院侵犯商业秘密民事案件诉讼举证参考》,被告主张被诉侵权信息系通过反向工程获取的,可以提供以下证据:(1)通过公开渠道取得产品的购买合同、接受赠予的凭证、票据；(2)通过拆卸、测绘、分析等相关技术手段从公开渠道取得的产品中获得有关技术信息的工作记录、视频、文档数据；(3)委托他人通过拆卸、测绘、分析等技术手段从公开渠道取得的产品中获得有关技术信息的合同、往来邮件；(4)能够证明被诉侵权信息系通过反向工程获取的其他证据。

三、第三人善意使用

第三人善意使用，是指商业秘密的侵权人向第三人公开了商业秘密，第三人在不明知的情况下的善意使用行为。第三人通过合法的商业渠道获得产品的行为是善意且无过失的，不构成侵权。

四、技术不同

技术不同，是指被告提出其使用的技术与原告的商业秘密不同。在商业秘密侵权案中，原告证明被告对商业秘密具有保密义务后，那么就应当推定被告生产、销售相同或相似商品中使用或披露了原告的商业秘密，被告就有责任举证证明其未使用或披露与原告相同的商业秘密，否则推定被告所使用的商业秘密与原告的相同。这一点的证明责任与专利侵权不同，在专利侵权案件中，原告须证明被告的产品与原告的专利相同。

五、个人信赖

这是侵犯客户名单纠纷中被告可能采取的一种抗辩，《最高人民法院关于审理不正当竞争民事案件应用法律若干问题的解释》第 13 条第 2 款对此的规定是，“客户基于对职工个人的信赖而与职工所在单位进行市场交易，该职工离职后，能够证明客户自愿选择与自己或者其新单位进行市场交易的，应当认定没有采用不正当手段，但职工与原单位另有约定的除外”。适用该条规定时，应注意以下三点：(1)该种抗辩的适用一般发生在医疗、法律服务等较为强调个人技能的行业领域；(2)该客户是基于与原告职工之间的特殊信赖关系与原告发生交易，即客户是基于该职工才与原告发生交易，如果职工是利用原告所提供的物质条件、交易平台，才获得与客户进行交易机会的，则不应适用本条规定；(3)该职工从原告处离职后，客户系自愿与其或其所属新单位发生交易。

根据《北京知识产权法院侵犯商业秘密民事案件诉讼举证参考》，被告主张被诉侵权信息系基于个人信赖获取的，可以提供以下证据：(1)所涉行业领域强调个人技能的行业特点说明；(2)客户明确其系基于对员工个人的信赖自愿选择交易的声明、说明或者聊天记录、往来邮件；(3)与相关客户的交易未利用原告所提供的物质条件、交易平台的文件、沟通记录；(4)能够证明被诉侵权信息系基于个人信赖获取的其他证据。

第六章　侵犯商业秘密的法律责任

商业秘密往往是一个企业的灵魂，可为企业带来可观的经济利益与良好的经济前景，有时甚至关乎企业的存亡。基于商业秘密的重要性和价值性，商业秘密也容易招致他人的侵犯，特别是随着互联网和计算机技术的发达，侵犯商业秘密更加具有隐秘性、技术性和频繁性。“没有救济就没有权利”，为了规制商业秘密侵权行为，确保权利人的利益，鼓励创新，尊重商业道德，维护竞争秩序，各国对此规定了不同的法律责任模式。各国法律在对被侵害的商业秘密进行司法救济时，一般是分别援引民法中的合同法、侵权行为法、反不正当竞争法及刑法的有关规定，对侵犯商业秘密行为者追究法律责任：如将侵犯商业秘密行为视为违约行为，依合同法追究违约者的违约责任。如果合同当事人依合同约定应当承担保密义务而非法公开、使用或允许他人使用商业秘密的，则追究其违约责任；将侵犯商业秘密行为视为民事侵权行为，则依据侵权行为法追究侵权人的侵权责任；将侵犯商业秘密行为视为不正当竞争行为，则依据反不正当竞争法追究其刑事责任。如德国实施的《反不正当竞争法》规定，任何人泄露商业秘密的，最高可判处 5 年以下有期徒刑，并可并处罚金。德国同时规定了民事侵权责任和行政责任。这种做法多为大陆法系国家使用：将侵犯商业秘密行为视为犯罪行为，依照刑法追究其刑事责任。美国联邦法院《国家被盗财产法》规定，对侵犯商业秘密行为可以处以 1 万美元以下罚金或 10 年以上监禁，也可两者并处。另外，在美国的一些州刑法典中明确规定了盗窃商业秘密罪条款。其他国家如法国、日本等也在其刑法典中规定了盗窃商业秘密罪或泄露企业秘密罪。

2021 年 1 月 1 日开始施行的《民法典》，将商业秘密与专利、商标、作品等一起作为我国知识产权保护的客体，表明商业秘密的保护是一项重要的专项工作，是国家知识产权战略顺利实施不可缺少的重要环节。但我国并无统一的商业秘密法，相关法律责任的规定散见于《民法典》《反不正当竞争法》《劳动合同法》

《刑法》《保守国家秘密法》中。其中,我国《反不正当竞争法》第17条、第21条,《刑法》第219条、第220条,《国家工商行政管理局关于禁止侵犯商业秘密行为的若干规定》第7条分别规定了侵犯商业秘密的民事、行政和刑事责任。

我国台湾地区对商业秘密主要通过刑事、公平交易和营业秘密等相关规定进行保护。其中,关于营业秘密的相关规定中列明了侵犯营业秘密的请求防止、损害赔偿等法律责任。

总体来说,侵犯商业秘密需要承担的法律责任可分为民事责任、行政责任和刑事责任。

第一节 民事责任

一、美国对侵犯商业秘密民事责任的相关规定

美国《侵权行为法第一次重述》第757条和《统一商业秘密法》第2~3条都对侵犯商业秘密的法律救济制度作出了规定,即赋予商业秘密所有人请求发布禁令、损害赔偿及其他救济方式的权利。同时《统一商业秘密法》还规定了商业秘密所有人可以请求支付合理使用费和律师费用的救济措施。这是美国在长期的普通法司法实践中形成的行之有效的民事救济方法。

第一种是禁令。所谓禁令救济制度,是指当商业秘密遭受实际的侵占或潜在的侵占威胁、尚未丧失秘密时,当事人申请有关部门采取措施,防止商业秘密被进一步侵害的救济制度。在美国商业秘密保护中,禁令救济是使用最广泛的一种救济方法。美国的禁令制度比较复杂,其禁令可分为以下三种:(1)暂时限制令。暂时限制令适用于诉讼前的阶段,目的在于维持现状,防止给当事人造成无法弥补的损失。该禁令的有效期不超过10天。(2)先行禁令。先行禁令是指在诉讼之后至判决之前,法院依据原告的请求发出的要求当事人为一定行为或不为一定行为的命令。在商业秘密侵权诉讼中,法院可依法发布先行禁令,禁止被告继续使用已经泄露的商业秘密。由于先行禁令能很快发出并能及时有效地制止不法行为,因此它的作用也是非常明显的。先行禁令一般在案件审结后撤销,而被永久禁令所取代。(3)永久禁令。永久禁令是指法院永久性地禁止侵占者使用或将商业秘密泄露给他人,即使侵权者非法获得的商业秘密已成为

公开的信息,法院对侵权者发出的禁令也不废止。这种禁令通常只是在法院充分听取了原、被告双方的争辩并认真审查之后,才有可能发出,这也是对案件作出的最后裁决。

第二种是损害赔偿。《统一商业秘密法》第 3 条规定:“与禁令救济同时或者单独使用,原告因侵占受到的实际损害可获赔偿。原告亦可获得不在实际损失之内的侵占导致被告获得的违法收入。”即商业秘密所有人可以同时请求两项或两项以上的救济措施。损害赔偿主要用于商业秘密因被告的侵权行为而消灭的情形,在美国,侵犯商业秘密的损害赔偿有补偿性损害赔偿与惩罚性损害赔偿两种:(1)补偿性损害赔偿是指行为人的侵权行为给权利人或利害关系人造成了实际的损害,应补偿权利人或利害关系人因此所受到的损失;(2)惩罚性损害赔偿也称为加倍赔偿,是指只要侵权行为给权利人或利害关系人造成了实际损失,无论侵权行为人是否获得非法利益,都应承担加倍赔偿的责任。《统一商业秘密法》第 3 条第 2 款规定:“如果存在故意或恶意侵占,法院可责令被告支付不超过上款中任何赔偿两倍的附加赔偿。”

第三种是合理的使用费。《统一商业秘密法》第 2 条第 2 款规定:“在例外情况下,可用禁令对未来使用附加条件。在本应禁止的期限内,令使用人支付合理的使用费。例外情况包括但不限于:在获知或应有理由获知侵占之前,状态产生实质性和有害性的变化,使禁令失去公平。”即出于重大公共利益的需要或保护善意第三人,原告可以请求核定合理的使用费。这仅仅是一种例外的补救方法。

第四种是律师费用。《统一商业秘密法》第 4 条规定:“如果侵占的指控出于恶意,或者提出取消禁令请求或拒绝执行禁令出于恶意,或者存在故意或恶意侵占,法院可责令向胜诉一方支付其律师费用”。允许法院在特定条件下责令败诉方向胜诉方支付合理的律师费的目的在于阻止原告对侵占的模糊请求,阻止侵占者以模糊理由请求终止禁令,以及扼制故意和恶意的侵占。

二、日本对侵犯商业秘密民事责任的相关规定

日本采取以竞争法为主体的立法模式,1993 年《不正当竞争防止法》(2016 年修正)首次将商业秘密确定为知识产权,它对商业秘密的侵犯提供了极为广泛的民事救济措施,包括禁止请求权、损害赔偿请求权、销毁清除请求权和信用

恢复请求权。

(1)禁止请求权。日本《不正当竞争防止法》第3条第1款规定:“因不正当竞争使经营利益遭受损害或有遭受损害危险者,可以请求停止或预防该侵害行为。”即在势态紧急的情况下,被侵权人通常于诉讼前向法院提出临时性质处分的申请。这一措施类似于美国的禁令,主要是防止侵权继续泄露或使用以不正当手段取得的商业秘密,以减少商业秘密权利人遭受更大的损失。

(2)损害赔偿请求权。日本《不正当竞争防止法》第4条规定:“因故意或过失以不正当竞争行为侵害他人经营利益的,应当承担赔偿由此造成的损害责任。”即当商业秘密权利人因不正当竞争行为遭受经济上的损失时,有权要求对方予以金钱赔偿。损害赔偿请求权可以和禁止请求权同时提出。

(3)销毁、清除请求权。这项制度是日本《不正当竞争防止法》修正中新设立的救济制度,它是模仿日本《专利法》第100条第2项、《著作权法》第112条第2项等法律中有关防止不正当行为的再次发生而采取的措施。它是对禁止请求权的辅助规定,目的在于防止有关商业秘密侵权行为的再次发生。

(4)信用恢复请求权。日本《不正当竞争防止法》第7条规定:“对于故意或过失以不正当行为损害他人经营上信用的人,法院应经营上信用受到损害人的请求,可以责令替以损害赔偿,或者责令赔偿损害同时采取必要措施恢复经营上的信用。”它与赔偿请求权一样,是一种事后的救济措施,可以与损害赔偿同时行使,要求发表谢罪广告等信用恢复的请求权。

三、我国对侵犯商业秘密民事责任的相关规定

(一)民事责任类型

我国《反不正当竞争法》第17条规定:经营者违反本法规定,给他人造成损害的,应当依法承担民事责任。经营者的合法权益受到不正当竞争行为损害的,可以向人民法院提起诉讼。因不正当竞争行为受到损害的经营者的赔偿数额,按照其因被侵权所受到的实际损失确定;实际损失难以计算的,按照侵权人因侵权所获得的利益确定。经营者恶意实施侵犯商业秘密行为,情节严重的,可以在按照上述方法确定数额的1倍以上5倍以下确定赔偿数额。赔偿数额还应当包括经营者为制止侵权行为所支付的合理开支。权利人因被侵权所受到的实际损失、侵权人因侵权所获得的利益难以确定的,由人民法院根据侵权行为的情节判

决给予权利人500万元以下的赔偿。

根据《江苏省高级人民法院侵犯商业秘密纠纷案件审理指南》,侵犯商业秘密的民事责任范围主要包括停止侵权和赔偿损失。

《河南省高级人民法院商业秘密侵权纠纷案件审理的若干指导意见(试行)》对商业秘密侵权诉讼中侵权民事责任的承担作出了较为详细的规定:商业秘密侵权诉讼中的民事责任是侵权行为人违反《反不正当竞争法》及其他商业秘密保护的法律规定,侵犯他人商业秘密,给被侵害的经营者造成损害,依法应承担的民事责任。侵权行为人民事责任的承担,应按照《反不正当竞争法》《民法通则》(已废止)的有关规定,实行"过错责任"原则。侵权行为人应承担的民事责任主要有:停止侵权、赔偿损失、赔礼道歉等。人民法院应根据当事人的具体诉讼请求,依据查明的事实作出相应的判定。

侵权行为人承担的民事赔偿责任,应为因其侵权行为给商业秘密权利人造成的实际损失,以权利人的实际损失得到"填平"和"弥补"为限,并实行惩罚性的民事赔偿。

第一,对于侵权行为人停止侵权时限一般综合考虑商业秘密本身的性质、技术含量的多少,掌握的难易程度。如诉讼中商业秘密仍处于除当事人之外的秘密状态,一般判令侵权行为人在该商业秘密被公开之前不准披露、使用的永久性保护。对于某种商业秘密(如客户名单),其特殊性决定了长期禁止侵权行为人使用该商业秘密的内容将影响其生计。如当事人未约定竞业禁止的情况下,无限期地禁止离职的员工使用其在任职期间所知悉的客户名单,往往会严重影响离职员工的生计。对此种情况下受到侵害的商业秘密,可以考虑在一定适当的期限内禁止侵权行为人使用,而不是一概判令无限期地予以保护。

第二,侵权行为人应承担的民事责任,针对侵权商业秘密的不同行为表现形式,可依当事人的诉讼请求作出相应的判令:(1)对于非法获取他人商业秘密的行为,一般判令侵权行为人返还商业秘密的载体,并不准泄露该商业秘密。(2)对于披露他人商业秘密的行为,一般判令侵权行为人赔偿经济损失,披露人在一定期限内不准使用该商业秘密。(3)对于违法使用他人商业秘密的行为,一般判令侵权行为人停止侵权行为、赔偿权利人的经济损失,具体标准为权利人受到的损失或侵权行为人在侵权期间因侵权所获得的利润。权利人对该两种计算方法有选择权。以商业秘密权利人因侵权行为遭受的损失计算赔偿额,应主要考虑下列因素：商业秘密的成熟程度，商业秘密的利用周期长短以及是否可重复利用，商业秘密的许可使用和转让情况，市场的容量和供求关系，受侵害的权利人生产、经营收入的实际减少量、商业秘密研制开发的成本等。

以侵权行为人因侵权行为获得的利益计算赔偿数额，由侵权行为人赔偿权利人在侵权期间因侵权所获得的利润。侵权行为人因此所节约的研制、开发成本等可以作为确定赔偿数额的参考。

第三，针对恶意侵犯商业秘密的行为，实行惩罚性赔偿。依据被侵权所受到的实际损失确定；实际损失难以计算的，按照侵权人因侵权所获得的利益确定在1倍以上5倍以下确定赔偿数额。

第四，权利人请求赔偿制止侵权行为而产生的费用，如调查费用、律师代理费用等，只要有相应的合法证据，且该部分支出在合理限度之内，可以予以保护。

第五，侵权行为人非法所得和权利人受到损失数额的证据难以收集的，人民法院可以参照有关法律和司法解释的规定在500万元范围内酌定侵权赔偿数额。酌定赔偿数额应综合考虑受到侵害的商业秘密的性质、技术含量、掌握的难易程度，权利人利用商业秘密从事生产、经营的时间和规模、权利人为获取该信息所投入的人力、财力以及侵权行为对权利人的生产、经营造成影响的大小等因素。

从上述规范性文件来看，在我国司法实践中，侵犯商业秘密行为应当承担的责任方式主要是停止侵害和赔偿损失。

1. 停止侵害。停止侵害人是指权利人发现自己的权利正在受到不法侵害，其有权要求侵权行为人立即停止侵权行为，而行为人负有立即停止不法侵害的义务和责任。如停止非法复制、停止销售侵权复制品等。

2. 赔偿损失。根据我国《反不正当竞争法》的规定，侵犯权利人商业秘密的，侵权人应当承担损害赔偿责任。对于民事赔偿数额，新修正的《反不正当竞争法》第17条规定，因不正当竞争行为受到损害的经营者的赔偿数额，按照其因被侵权所受到的实际损失确定；实际损失难以计算的，按照侵权人因侵权所获得的利益确定。经营者恶意实施侵犯商业秘密行为，情节严重的，可以在按照上述方法确定数额的1倍以上5倍以下确定赔偿数额。赔偿数额还应当包括经营者为制止侵权行为所支付的合理开支。经营者违反《反不正当竞争法》第6条、第9条规定，权利人因被侵权所受到的实际损失、侵权人因侵权所获得的利益难以确定的，由人民法院根据侵权行为的情节判决给予权利人 500 万元以下的赔偿。《最高人民法院关于审理侵犯商业秘密民事案件适用法律若干问题的规定》第 20 条规定："权利人请求参照商业秘密许可使用费确定因被侵权所受到的实际损失的，人民法院可以根据许可的性质、内容、实际履行情况以及侵权行为的性质、情节、后果等因素确定。人民法院依照反不正当竞争法第十七条第四款确定赔偿数额的，可以考虑商业秘密的性质、商业价值、研究开发成本、创新程度、能带来的竞争优势以及侵权人的主观过错、侵权行为的性质、情节、后果等因素。"

对于商业秘密侵权案件是否适用消除影响、赔礼道歉的民事责任方式，不同的法院有不同的认识。如《江苏省高级人民法院关于审理商业秘密案件有关问题的意见》第 19 条规定，商业秘密侵权案件一般不适用赔礼道歉、消除影响的民事责任形式。

此外，在商业秘密侵权案件中，如何确定侵权人的民事损害赔偿标准，做到裁判尺度统一，也一直是司法实践中的难题。对此，北京市高级人民法院发布了《关于侵害知识产权及不正当竞争案件确定损害赔偿的指导意见及法定赔偿的裁判标准》（以下简称《裁判标准》），对侵害商业秘密情节严重的认定、侵犯商业秘密赔偿的考量因素、侵犯多项商业秘密的计算、销售侵犯商业秘密商品的免责等内容，都作出了相应的裁判标准。

《裁判标准》中涉及商业秘密的主要内容如下。

1. 侵犯商业秘密"情节严重"的认定。具有下列情形之一的，可以认定为侵犯商业秘密的情节严重：（1）完全以侵权为业；（2）被诉行为持续时间长；（3）被诉行为导致商业秘密为公众所知悉；（4）侵权获利数额巨大；（5）被告多次侵犯他人商业秘密或侵犯他人多项商业秘密；（6）被诉行为同时违反了食品、药品、医疗、卫生、环境保护等法律法规，可能危害人身安全、破坏环境资源或者严重损害公共利益；（7）其他情形。

2. 侵犯商业秘密赔偿的考量因素。适用法定赔偿确定侵犯商业秘密的赔偿数额时，可以综合考虑商业秘密市场价值，即商业秘密的种类、研究开发成本、创新程度高低、可保持竞争优势的时间，转让费、许可使用费等实际收益或预期收益，被诉行为的性质、持续时间、范围及后果等因素。

3. 侵犯多项商业秘密的计算。同一案件中，被告侵犯原告多项商业秘密的，赔偿数额应当分别计算。

4. 销售侵犯商业秘密商品的免责。被告销售不知道是侵犯商业秘密商品，能够证明该商品是自己合法取得并说明提供者的，一般仅承担停止销售的责任，不承担损害赔偿责任。

(二)侵害商业秘密的特殊问题

1. 侵害商业秘密的民事责任竞合

侵犯商业秘密的民事责任竞合，是指侵犯商业秘密的行为同时符合两种以上民事责任的构成要件，从而引起这些责任冲突的情形。在侵害行为的同时符合侵犯商业秘密的侵权责任与违约责任构成要件时即产生这两项责任的竞合，这种责任竞合的主要要件包括：(1)基于有效的合同行为人负有保密义务；(2)行为人实施了违反保密义务侵犯商业秘密的行为；(3)行为人主观具有过错，虽然违约责任无须行为人有过错，但是只有过错的存在才产生侵权责任从而引起二者的竞合。

对于二者竞合的处理，我国《民法典》第186条作了权利人只能选择其一主张的规定，但是这对于保护权利人权益而言存在不足。这是因为，违约责任引起的损害赔偿范围包括违约行为导致的实际损失以及违约方订立合同时预见到或应当预见到的可得利益损失，比如在合同得以完全充分履行的情况下能够取得的利益；而侵权责任引起的损害赔偿范围为因商业秘密遭受侵害而蒙受的损失，包括因开发商业秘密而投入的费用、侵权行为实施期间权利人因侵权行为而遭受的损失、未来的可得利益损失以及其他合理费用等，可见二者的范围不同。如果允许权利人仅得以主张其中一种，必将使其损失不能完全弥补。因此原则上应当采取侵权责任与缔约过失责任竞合的处理方法，即一般而言允许权利人同时或者分别向行为人主张侵权责任与违约责任，但在两项主张得以同时保护的利益已经因行使一项主张而得到了补救时，为另一项主张时则不得重复请求补救。有所不同的是，如果当事人已经对违约金的金额进行了约定，那么根据合同优先原则应当依照违约金的数量与计算方法确定因违约而起的损害赔偿范围。

2. 商业秘密侵权诉讼中应注意的问题

依据《河南省高级人民法院商业秘密侵权纠纷案件审理的若干指导意见(试行)》，在商业秘密侵权诉讼中，除要关注侵权在责任竞合、损害赔偿数额的计算标准等方面外,还需关注以下问题。

(1)商业秘密侵权诉讼中的竞业禁止问题

竞业禁止是指生产、经营单位通过与职工签订合同,约定职工在离开单位后的一定期限内不得在生产同类产品或经营同类业务且有竞争关系或其他利害关系的其他单位内任职,或者自己生产、经营与原单位有竞争关系的同类产品或业务,单位向职工支付一定数额的补偿费,以减少不正当竞争的方式。生产、经营单位与职工签订竞业禁止协议,约定禁止职工离职后从事某项职业,并给予适当补偿的,协议只要不违反相关法律规定,应认定其效力。

竞业禁止协议约定内容的审查要点:①竞业禁止协议应由单位职工自愿承诺。包括劳动、用工合同约定、认可或默认单位有关规定等。②竞业禁止协议的目的应合理。竞业禁止协议应是为了保护权利人的商业秘密,而非限制职工自由择业和公平竞争。③竞业禁止协议中被禁止主体应适当。协议禁止的对象可以是接触或可能接触重要商业秘密的职工,也可以是其他职工。④竞业禁止协议所禁止的行业范围,应与职工任职期间所接触或可能接触的商业秘密的范围相对应。⑤竞业禁止协议应约定单位对职工在职、离职时以及离职后竞业禁止期间给予相应的经济补偿。单位未给予相应经济补偿的,职工离职后的自由择业不应受竞业禁止的限制,但职工应对其任职期间所知悉的原单位的商业秘密负有保密义务。

职工未与单位签订竞业禁止协议,仍应对其任职期间所知悉的原单位的商业秘密负有保密义务。涉及竞业禁止的侵权纠纷中,在权利人提出证据证明被诉侵权人违反竞业禁止协议中约定的披露、使用或允许他人使用商业秘密后,应将举证的重心转移至被诉侵权人,由被诉侵权人举证证明其恪守约定或反诉竞业限制约定违法,披露使用商业秘密有正当、合法、善意的根据等;否则,被诉侵权人应承担相应的举证不力的责任。对于违反竞业禁止行为的认定,应从被诉侵权人有无违反竞业禁止约定要求,披露或使用权利人商业秘密的故意或过失,被诉侵权人披露、使用商业秘密是否与权利人商业秘密失密以及由此造成的损害有因果关系等方面进行综合考虑。

(2)商业秘密侵权诉讼中的保密协议问题

生产、经营单位可以按照有关法律规定,与本单位的职工签订保密协议或者在劳动合同中签订保密条款,约定各自的权利和义务,依法保护商业秘密。因工作接触、了解单位商业秘密的职工,未与原单位签订保密协议,任职期间和离职后,仍应对其知悉的单位的商业秘密负有保密义务。职工的保密义务维持时间一般应为职工在职期间和离职后,直至单位商业秘密失效时止。保密协议约定职工保密期限或单位应对职工的保密义务支付相应报酬等,一般从其约定。商业秘密权利人起诉离职人员违反保密协议条款约定,披露、使用其商业秘密,而离职人员反诉原单位(权利人)违反约定,不支付相应报酬或补偿费的,可以合并审理。商业秘密纠纷案件中,违约与侵权竞合发生时,权利人选择违约之诉或侵权之诉主张权利,人民法院应予准许。对于通过非适当方式到其他单位任职并披露、允许接收单位使用原单位商业秘密的职工,权利人可将职工与接收单位作为共同被告起诉。

(3)商业秘密侵权诉讼中当事人的举证责任

商业秘密侵权诉讼中当事人的举证责任,应严格按照《民事诉讼法》《最高人民法院关于民事诉讼证据的若干规定》合理分配。结合商业秘密侵权诉讼的特点,在确定各方当事人举证责任时应注意以下几点。

①权利人在起诉时应提交含有其商业秘密载体的证据,证明其商业秘密的实际存在以及商业秘密体现的位置及内容,将商业秘密的范围界定明确、清楚,并证明商业秘密本身的合法性,包括依商业秘密的构成要件证明技术、经营信息为商业秘密和获得该商业秘密的途径合法等。②被诉侵权人对涉及权利人所诉的商业秘密的内容进行举证抗辩中,人民法院应注意审查被诉侵权人提出的诸如诉讼所涉的商业秘密并不存在,被诉侵权人通过“反向工程”取得商业秘密,被诉侵权人以合法手段获取商业秘密等证据,并逐一加以甄别,作出判断。③被诉侵权人提出的公知技术的抗辩,应由被诉侵权人举证公知技术的载体。人民法院应审查公知技术内容的公开范围和程度,以及依照公开的技术内容能否得出与权利人商业秘密相同的生产、经营结果等。④权利人提出相应证据证明被诉侵权人非法获取权利人商业秘密,经查实后,人民法院可依权利人的证据认定被诉侵权人的侵权行为成立。

权利人仅提出证据证明被诉侵权人使用的技术、经营信息与其商业秘密有一致性或相同性,且侵权人有获取商业秘密的条件,并无其他直接证据,此种情况下,应由被诉侵权人举证证明其获取该信息所采取手段、途径的正当性,否则,可以认定被诉侵权人通过非法手段获取权利人商业秘密。

另外,《江苏省高级人民法院侵犯商业秘密纠纷案件审理指南》对证明问题也作出了相应规定:①一般原则。原告应对其拥有的商业秘密负证明责任。根据《最高人民法院关于审理不正当竞争民事案件应用法律若干问题的解释》第14条规定精神,原告主张其拥有商业秘密的,一般应举证证明以下两点:第一,原告对其主张的信息享有权利;第二,该信息符合商业秘密的法定要件,具体证据一般包括商业秘密的载体、具体内容、商业价值和对该项商业秘密所采取的保密措施。②"不为公众所知悉"的证明问题。原告主张商业信息构成商业秘密的,应就该信息"不为公众所知悉"承担证明责任。同时,鉴于这一要件属于消极事实,原告对此的举证难度较大,因此可以根据案情适当降低证明标准,如采取优势证据规则衡量原告的举证是否满足。审判实践中,可通过司法鉴定、由被告就该信息已被公众所知悉进行举证等方式降低原告的举证难度。需要注意的是,如果在穷尽所有的诉讼手段后,原告主张的信息是否"不为公众所知悉"仍处于真伪不明的状态,则应由原告对此承担举证不能的法律后果。③在先刑事、行政生效法律文书的证明力。在先刑事、行政判决或者在先行政处罚决定认定相关信息构成商业秘密,被告于在后的民事诉讼中提供充分证据足以推翻该商业秘密成立的,原告仍需就其所主张的商业秘密是否成立进行举证。如原告无法证明其主张的商业秘密成立的,人民法院应当就可能产生的裁判冲突,协调民事、刑事、行政程序的关系,慎重作出处理。

(4)商业秘密侵权诉讼中的技术鉴定问题

商业秘密侵权诉讼中的技术鉴定,是指商业秘密侵权案件审理过程中,依照规定的程序、形式和要求,由鉴定机构对案件所涉技术信息内容进行审查和评价,做出科学、正确结论的过程。

当事人申请鉴定的,人民法院应根据查明案件事实的需要审查决定鉴定与否。当事人的申请内容与其诉讼主张无关的,应予驳回。人民法院一般不应主动进行鉴定,也不应主动超过当事人申请的范围进行鉴定。负有举证责任的一方当事人不申请鉴定,人民法院应向其说明举证要求和法律后果,根据案情需要可依职权委托鉴定。人民法院同意当事人鉴定申请的,应由当事人协商确定有鉴定资格的机构和人员,协商不成的,由人民法院指定,并通知当事人在合理的期限内对鉴定机构、鉴定人员的资格或者申请回避等提出意见。

鉴定结论的形成及其运用应贯彻客观公正、科学权威的原则。作为鉴定对象的技术信息应是当事人争议的客观存在的案件事实,鉴定的过程和鉴定结论的质证等方面必须公正、公平,鉴定结论应实事求是,建立在充分科学依据的基地上,内容正确、表达准确。人民法院决定委托鉴定后,应要求当事人明确鉴定的对象及范围,主要包括权利人所诉被侵权商业秘密是否为公知技术,被侵权人使用的技术与权利人商业秘密相同与否等。人民法院还应要求当事人在指定限期内提交完整的资料供鉴定使用,否则,承担鉴定结论对其不利的后果。

人民法院只能就专业技术事实提出鉴定委托,权利人的技术、经营信息是否构成商业秘密,被诉侵权人是否侵权等不是委托鉴定的范围,应由人民法院根据相应证据作出判定。鉴定人应当出庭接受当事人质询,鉴定结论要经过当事人质证才能作为定案依据。鉴定结论存在鉴定机构或者鉴定人员不具备相关的鉴定资格、鉴定程序违法、鉴定结论明显依据不足、经过质证认定不能作为证据使用等情形的,当事人申请重新鉴定的,应予准许,不得通过补充鉴定、重新质证、补充质证等方式处理。

(5)商业秘密侵权诉讼中的专家证人问题

专家证人是指在民事诉讼中依据其专业知识对相关案件事实出具专家证言,或出庭对有关案件事实做出专业技术性陈述,以辅助人民法院查明案件事实的人员。专家证人出具的证言,是协助人民法院对相关案件有关专业事实进行判断的方式之一。其证明力大小应由人民法院组织当事人进行质证后判断确定。

商业秘密侵权诉讼中有关专家证人应注意的问题:①当事人一方或双方申请由其单方提出若干名专业技术人员就案件涉及的专业技术问题陈述意见、说明观点的,一般应予准许。②人民法院对于当事人申请出庭陈述意见的专家证人应考虑其身份和在本行业的影响,以及与申请人的关系等确定是否准许出庭。人民法院确定的专家证人应当是对相关技术领域可以提出权威性意见的专家。专家证人应主要具备以下条件:具有专门性的知识、技能,并经专门培训;具有必要的经验,并具有胜任该工作的能力;具备表明自己赖以形成意见或结论的科学依据的能力;具备对假设性问题做出明确回答的能力。③对于出庭专家证人的人数应加以限制,一方当事人可以申请1~2人,以不超过3人为宜。④专家证人对案件涉及的技术问题所做出的相应陈述,对申请其作为专家证人的当事人产生相应的法律后果。⑤专家证人出庭一般以当事人的申请为前提。⑥专家证人出庭陈述意见,应接受法庭以及申请其出庭的对方当事人的询问以及对其陈述的质证。⑦专家证人对案件事实所作的陈述意见,不受其社会地位和任职单位行政级别的影响。专家证人在本行业内影响力的大小、级别的高低等,不影响同一案件中各专家证人所出具意见证明力的大小。

(6)商业秘密侵权诉讼中合法取得商业秘密的人后续开发问题

依合同约定取得权利人商业秘密的单位和个人,可以利用其商业秘密进行新的开发和研究,但应对商业秘密权利人承担合同约定的保密等义务。职工离职后,利用其任职期间掌握和接触的原单位的商业秘密,并在此基础上作出新的技术成果或创新,有权就新的技术成果或创新予以实施或者使用。离职职工实施或者使用其在原单位商业秘密基础研究、开发的新技术时,如须同时利用原单位商业秘密的,应征得原单位的同意,并支付相应的使用费。

(7)商业秘密侵权诉讼中的保密问题

商业秘密侵权诉讼中涉及的权利人的商业秘密是该类案件的核心证据,与权利人的经营活动密切相关,商业秘密的价值主要因其秘密性而得以体现。人民法院在审理此类商业秘密侵权案件时,要特别注重对有关案件事实、证据的保密,尤其是权利人商业秘密的载体,如技术图纸、客户名单、货源情报、经营诀窍等,避免权利人的商业秘密在案件审理中被再次泄露,加重对其的侵害。

人民法院审理商业秘密侵权案件,应树立保密观念,防止因案件审理使权利人的商业秘密被“二次泄露”的问题发生。审理商业秘密侵权纠纷案件,人民法院可以依照《民事诉讼法》第121条之规定,告知当事人享有申请不公开审理的权利。当事人申请不公开审理的,人民法院一般应予准许。人民法院既要坚持所有证据都必须经质证才能作为定案依据,又要注意商业秘密侵权案件的特殊性,对于当事人提交的涉及商业秘密的证据,在质证时应对所有诉讼参与人提出保密要求,明确泄密应承担的法律责任。

在审理商业秘密侵权案件进行举证、质证时,可以考虑通过以下方式进行保密:对于权利人的举证要求,视其拥有的商业秘密的等级程度及其所指控的被诉侵权人获知其商业秘密内容的程度,可以要求权利人分阶段、分层次举证;对于已被被诉侵权人获知的商业秘密,或者商业秘密程度较低的内容先举证,对于尚未被披露、尚未被被诉侵权人掌握或未完全掌握的关键性的商业秘密可以要求向合议庭举证,对于经济价值很高的商业秘密证据,不进行当事人之间的直接质证,而是要求被诉侵权人做出是否合法获取的举证抗辩;对于需要进行技术鉴定的重大商业秘密,如化学配方等,人民法院在委托鉴定时,应要求鉴定机构严格选定鉴定人员,明确保密责任。鉴定机构做出的鉴定文书,只交给委托鉴定的人民法院,不得向当事人泄露。鉴定文件的质证,仅告知当事人鉴定结论,不向各方宣读他们的对比材料等具体内容,当事人如有相反意见,可以向人民法院提出。

对于未经披露的商业秘密,制作裁判文书时应注意保密,一般应只作原则性(如只写明技术名称或编号)表达,不能将该商业秘密的全部内容都在裁判文书中予以展示。结合具体案件,还可以在裁判文书中明确各诉讼参与人对案件所涉商业秘密的保密义务,以及违反该义务应承担的法律责任。商业秘密侵权案件审理终结后,有关涉及商业秘密内容的所有证据及材料,一律装订入副卷(保密卷)进行保密归档。

第二节 行政责任

我国由于政治体制和经济体制与西方国家不同,国家行政机关对此的监督指导和干预程度不同。大多数西方国家均依靠民事责任和刑事责任的承担来保护商业秘密,我国对侵犯商业秘密行为的制裁还包括让侵权行为人承担相应的行政责任。

根据《反不正当竞争法》《国家工商行政管理局关于禁止侵犯商业秘密行为的若干规定》的相关规定,侵害商业秘密的行政法律责任主要有以下几种。

一、停止违法行为

我国《反不正当竞争法》第 21 条规定,违反本法第 9 条规定侵犯商业秘密的,由监督检查部门责令停止违法行为;《国家工商行政管理局关于禁止侵犯商业秘密行为的若干规定》第 7 条规定,违反本规定第 3 条的,由工商行政管理机关依照反不正当竞争法的规定,责令停止违法行为。

责令停止违法行为的范围,包括责令侵权人停止使用商业秘密生产的有形产品或提供的服务。具体案件中存在从严到宽的选择:(1)禁止被告从事与商业秘密有关的部分行为,如被告可与原告客户中的部分人继续联系业务;(2)禁止个人被告从事某种岗位;(3)禁止企业被告生产某种产品;(4)禁止企业被告从事某种领域的经营活动。[①]

此外,工商管理行政机关(现为市场监督管理局)可依据商业秘密权利人的请求责令申请相对人停止销售使用权利人商业秘密生产的产品。如《国家工商行政管理局关于禁止侵犯商业秘密行为的若干规定》第6条规定:“对被申请人违法披露、使用、允许他人使用商业秘密将给权利人造成不可挽回的损失的,应权利人请求并由权利人出具自愿对强制措施后果承担责任的书面保证,工商行政管理机关可以责令被申请人停止销售使用权利人商业秘密生产的产品。”

二、行政罚款

罚款,是指行政处罚主体对被处罚人作出的让其承担金钱支付义务的行政处罚形式,是一种有效的经济制裁方式。罚款是目前行政处罚中应用最多、最广泛的一种财产罚。我国现行立法对侵犯商业秘密的行为的罚款数额规定了罚款的最低限额和最高限额。

根据《国家工商行政管理局关于禁止侵犯商业秘密行为的若干规定》第7条第1款的规定,对侵犯商业秘密的行为,工商行政管理机关(或监督检查部门)可以根据情节处以1万元以上20万元以下罚款。根据新《反不正当竞争法》第21条的规定,监督检查部门对一般违法情形可处10万元以上100万元以下的罚款;情节严重的,处50万元以上500万元以下的罚款。同2017年《反不正当竞争法》相比,加重了侵权人的行政责任。

另外,《国家工商行政管理局关于禁止侵犯商业秘密行为的若干规定》第8条规定,对侵权人拒不执行行政处罚决定,继续实施本规定第3条所列的行为的,视为新的违法行为,而且属于情节严重的违法行为,应当作为新的违法行为从重处罚。

① 张耕等:《商业秘密法》(第2版),厦门大学出版社2019年版,第262页。

三、对侵权物品的处理

依据《国家工商行政管理局关于禁止侵犯商业秘密行为的若干规定》第7条第2款的规定，工商行政管理机关在依照前款规定予以处罚时，对侵权物品可以作以下处理：(1)责令并监督侵权人将载有商业秘密的图纸、软件及其他有关资料返还权利人；(2)监督侵权人销毁使用权利人商业秘密生产的、流入市场将会造成商业秘密公开的产品。但权利人同意收购、销售等其他处理方式的除外。

此外，侵犯商业秘密的行为也属于不正当竞争行为的一种，依据《反不正当竞争法》第13条的规定，监督检查部门调查涉嫌侵犯商业秘密的行为，可以采取下列措施：(1)进入涉嫌不正当竞争行为的经营场所进行检查；(2)询问被调查的经营者、利害关系人及其他有关单位、个人，要求其说明有关情况或者提供与被调查行为有关的其他资料；(3)查询、复制与涉嫌不正当竞争行为有关的协议、账簿、单据、文件、记录、业务函电和其他资料；(4)查封、扣押与涉嫌不正当竞争行为有关的财物；(5)查询涉嫌不正当竞争行为的经营者的银行账户。监督检查部门在依照前款规定予以处罚时，对侵权物品可以作以下处理：(1)责令并监督侵权人将载有商业秘密的图纸、软件及其有关资料返还权利人。(2)监督侵权人销毁使用权利人商业秘密生产的、流失市场将会造成商业秘密公开的产品，但权利人同意收购、销售等其他处理方式的除外。权利人因损害赔偿问题向监督检查部门提出调解要求的，监督检查部门可以进行调解。如果营者违反规定从事不正当竞争，有主动消除或者减轻违法行为危害后果等法定情形的，依法从轻或者减轻行政处罚；违法行为轻微并及时纠正，没有造成危害后果的，不予行政处罚。

第三节 刑事责任

各国实践均表明，只对商业秘密侵权行为处以民事责任和行政责任显然是不够的，必须更加严厉的加以惩处。这就凸显了刑法对商业秘密保护的重要性。

一、域外国家侵犯商业秘密的刑事责任

美国《1996年经济间谍法》规定了两种侵犯商业秘密行为的刑事责任，一是经济间谍行为；二是一般的商业秘密盗窃行为，其刑事责任除没收财产外，分别为“处50万美元罚金，或15年以下的有期徒刑，或者二者并处”，也可“处罚金，或10年以下的有期徒刑，或者二者并处”。[①]

日本将侵犯商业秘密行为的刑事责任直接规定在《不正当竞争防止法》第13条、第14条中，日本对法人侵犯商业秘密规定了两罚制。对自然人处以“三年以下的监禁，或处以300万日元以下的罚金”和对法人则处以“1亿日元以下的罚金”。

德国1986年的《反不正当竞争法》将侵犯商业秘密作为一种不正当竞争行为予以禁止。该法第9条和第10条规定企业内部职工不得泄露企业的商业秘密，否则应当承担刑事责任。1909年《反不正当竞争法》基本沿用了这两条规定。“一战”之后，德国市场竞争日趋激烈，经营者为维护和获取竞争优势而不择手段，各种不当获取、泄露、利用他人商业秘密的行为日益严重，立法机关1932年对前述有关规定进行了修正，强化了对商业秘密的刑法保护力度。1986年为了满足经济进一步发展的需要，德国对《反不正当竞争法》中有关商业秘密的规定再次进行修正，扩大了保护范围，将第三人非法获取商业秘密的几种典型行为规定为犯罪，并要求行为未遂也必须承担刑事责任。根据德国现行《反不正当竞争法》的规定，企业内部职工泄露商业秘密、第三人非法获取商业秘密以及非法使用商业秘密的行为，均属于不正当竞争行为，行为人应当承担民事责任和刑事责任。其中，尤以刑事责任为主。同时，法律还规定，非法使用样品、引诱泄密、自愿泄密以及在国外从事的类似行为，均属于特殊的侵犯商业秘密行为，同样予以追究民事责任和刑事责任。

二、我国侵犯商业秘密的刑事责任

（一）我国对商业秘密的刑事保护

我国《反不正当竞争法》第31条规定，侵犯商业秘密的行为构成犯罪的，依

---

① 刘秀：《商业秘密的刑事保护》，知识产权出版社2014年版，第35～37页。

法追究刑事责任。因此,行为人侵犯商业秘密的行为触犯刑法的,应当承担相应的刑事责任。

我国《刑法》第219条规定了侵犯商业秘密罪,即有下列侵犯商业秘密行为之一,情节严重的,处3年以下有期徒刑,并处或者单处罚金;情节特别严重的,处3年以上10年以下有期徒刑,并处罚金:(1)以盗窃、贿赂、欺诈、胁迫、电子侵入或者其他不正当手段获取权利人的商业秘密的;(2)披露、使用或者允许他人使用以前项手段获取的权利人的商业秘密;(3)违反保密义务或者违反权利人有关保守商业秘密的要求,披露、使用或者允许他人使用其所掌握的商业秘密。

明知或者应知前款所列行为的,获取、披露、使用或者允许他人使用该商业秘密的,以侵犯商业秘密罪论。本条所称的权利人,是指商业秘密的所有人或经商业秘密所有人许可的商业秘密使用人。

1. 侵犯商业秘密罪的构成要件

(1)主体

本罪的主体为一般主体。凡达到刑事责任年龄且具备责任能力的自然人均能构成本罪,依《刑法》第220条之规定,单位亦能构成本罪主体。单位犯本罪的,对其直接责任的主管人员和其他直接责任人员依本条规定追究刑事责任。通常情形下,侵犯商业秘密罪的主体有以下几种:①企业的厂长、经理和其他管理员、企业的职工或临时雇用工等;②现已离退休或转调的原企业的人员;③受委托并因而知悉、掌握商业秘密的人,如律师、专利代理人、经济顾问等;④对企业有监督、检查、调查和管理权的人,比如审计人员、税务人员、主管行政机关人员、工商管理人员等;⑤除上述4种人员可能因披露商业秘密而成为主体外,其他任何人员均可能因盗窃、欺诈、贿赂、胁迫或者其他不正当手段获取权利人的商业秘密而成为该罪的主体;⑥依据合同或者权利人有关保守商业秘密的要求,披露、使用或者允许他人使用其所掌握的商业秘密的有关单位及直接责任人员。此外,为了获取和使用商业秘密与披露商业秘密的犯罪分子事先有通谋的单位或个人,应以共同犯罪论处。

(2)主观要件

本罪的主观方面只能是故意,即行为人有意识地通过多种手段侵犯商业秘密。过失不构成本罪。至于行为人出于何种动机而实施犯罪,不影响本罪的成立,只是量刑时可以考虑。实践中,该罪的犯罪动机表现为:①为了交换利益而披露商业秘密;②为自己从事不正当竞争而使用商业秘密;③为击败同业竞争对手而以盗窃、利诱、胁迫或者其他不正当手段获取商业秘密;④为出卖而以盗窃、利诱、胁迫或者其他不正当手段获取商业秘密;⑤为报复或泄愤而披露商业秘密。

(3)客体

本罪侵犯的客体为商业秘密权(商业秘密权利人对商业秘密所拥有的合法权益)以及受国家保护的正常有序的市场经济秩序。

原因在于:第一,"市场竞争秩序"比"市场秩序"的表述更为精确,更能反映和体现商业秘密的公益性特质;第二,商业秘密首先体现的是权利人的财产权,其次才应体现为公共利益,法律应当优先关注和侧重于保护私权。因此,商业秘密权利人的合法权利应当是侵犯商业秘密罪的首要客体。[①]

(4)客观要件

本罪在客观上实施了侵犯商业秘密的行为,并且给权利人造成了重大损失。

首先,行为对象为商业秘密。侵犯商业秘密罪的行为对象是具有秘密性、价值性和保密性的经营信息。其次,行为人实施了侵犯商业秘密的行为。侵犯商业秘密的行为表现为以下几种情况:第一,以盗窃、欺诈、贿赂、胁迫或者其他不正当手段获取权利人的商业秘密。第二,披露、使用或者允许他人使用以上述第一种手段获取的权利人的商业秘密。这是上述第一种行为的继续。第三,违反保密义务或者违反权利人有关保守商业秘密的要求,披露、使用或者允许他人使用其所掌握的商业秘密。这是指合法知悉商业秘密内容的人披露、使用或者允许他人使用商业秘密的行为,包括公司、企业内部的工作人员,曾在公司、企业内工作的调离人员、离退休人员以及与权利人订有保守商业秘密协议的有关人员。第四,明知或应知前述第一种至第三种违法行为,而获取、使用或者披露他人商业秘密。这是间接侵犯商业秘密的行为,即第三者明知或者应知向其传授商业秘密的人具有上述违法行为,但获取、使用或者披露他人的商业秘密。

2. 关于重大损失的认定

《最高人民法院、最高人民检察院关于办理侵犯知识产权刑事案件具体应

---

① 刘秀:《商业秘密的刑事保护》,知识产权出版社2014年版,第69页。

用法律若干问题的解释(三)》第4条规定:"实施刑法第二百一十九条规定的行为,具有下列情形之一的,应当认定为'给商业秘密的权利人造成重大损失':(一)给商业秘密的权利人造成损失数额或者因侵犯商业秘密违法所得数额在三十万元以上的;(二)直接导致商业秘密的权利人因重大经营困难而破产、倒闭的;(三)造成商业秘密的权利人其他重大损失的。给商业秘密的权利人造成损失数额或者因侵犯商业秘密违法所得数额在二百五十万元以上的,应当认定为刑法第二百一十九条规定的'造成特别严重后果'"。

《最高人民检察院、公安部关于修改侵犯商业秘密刑事案件立案追诉标准的决定》规定:"侵犯商业秘密,涉嫌下列情形之一的,应予立案追诉:(一)给商业秘密权利人造成损失数额在三十万元以上的;(二)因侵犯商业秘密违法所得数额在三十万元以上的;(三)直接导致商业秘密的权利人因重大经营困难而破产、倒闭的;(四)其他给商业秘密权利人造成重大损失的情形。"

3. 民刑交叉的处理

根据《最高人民法院关于在审理经济纠纷案件中涉及经济犯罪嫌疑若干问题的规定》(法释〔1998〕7号)第11条规定:"人民法院作为经济纠纷受理的案件,经审理认为不属经济纠纷案件而有经济犯罪嫌疑的,应当裁定驳回起诉,将有关材料移送公安机关或检察机关。"第12条规定:"人民法院已立案审理的经济纠纷案件,公安机关或检察机关认为有经济犯罪嫌疑,并说明理由附有关材料函告受理该案的人民法院的,有关人民法院应当认真审查。经过审查,认为确有经济犯罪嫌疑的,应当将案件移送公安机关或检察机关,并书面通知当事人,退还案件受理费;如认为确属经济纠纷案件的,应当依法继续审理,并将结果函告有关公安机关或检察机关。"

《天津市高级人民法院审理侵犯商业秘密纠纷案件研讨会纪要》规定,在审理侵犯商业秘密纠纷案件中,发现侵权人涉嫌犯罪的事实或线索,符合刑事自诉条件的,应当告知权利人可以同时提起刑事自诉;依法应当提起公诉的,应及时将涉嫌犯罪的有关材料移送公安机关侦查处理,一般应中止民事案件的审理。但移送涉嫌犯罪的事实或线索、不影响民事案件审理的,民事案件可以继续审理。

经法定程序认定侵权犯罪嫌疑人不构成犯罪的,恢复民事案件的审理。经法定程序认定侵权犯罪嫌疑人构成犯罪的,案件涉及的民事赔偿部分应继续审理。对已移送公安机关的涉嫌侵犯商业秘密犯罪案件,公安机关或者人民检察院要求对民事侵权纠纷案件在先作出判决的,经有关机关协调后,可以对民事侵权案件作出判决。

从上述规定和我国相关法律规范来看,在司法实践中,一般情形下,在审理侵犯商业秘密纠纷民事案件过程中,遵循先刑后民的原则,即在先受理的侵犯商业秘密的民事案件,由于在先民事纠纷可能涉及侵犯商业秘密罪的,应当先中止民事案件的审理,等待刑事案件的审理结果。

(二)我国台湾地区商业秘密的刑事保护

我国台湾地区对于商业秘密的保护起步较晚,1991 年公布的公平交易相关规定是最早对商业秘密进行保护的规定,其中规定了刺探营业秘密罪:"有下列行为之一,而有妨碍公平竞争之虞者,事业不得之:……五、以胁迫、利诱或其他不正当方法,获取他事业之产销机密、交易相对人资料或其他有关技术秘密之行为。"违反者,经我国台湾地区主管机关"命其停止行为而不停止者,处行为人 2 年以下有期徒刑、拘役或科或并科新台币 50 万元以下罚金"(第 36 条)。"法人犯本罪者,除处罚行为人外,对于该法人也科以各该条之罚金"(第 38 条参照)。根据上述规定,构成刺探营业秘密罪的行为人,必须是事业以外的人,其构成要件如下:第一,行为人须使用胁迫、利诱或其他不正当方法。胁迫是指使人发生畏惧、恐怖观念的行为;利诱是指以利相诱;其他不正当方法是指胁迫、利诱之外的不正当方法。获取他事业之产销机密、交易相对资料或其他有关技术秘密。也即行为人所侵犯的对象是产销机密、客户资料或其他技术机密等。第二,行为人的行为对公平竞争可能构成妨碍。也即行为人的刺探行为有妨碍公平竞争之虞,才能构成本罪,对于刺探他人营业秘密的行为通常可以推定有妨碍公平竞争之虞。第三,经我国台湾地区主管机关命令其停止行为而不停止。行为人有前述行为,尚不能确定其构成本罪,只有经命令其停止而不停止后,才能构成本罪。[①]

我国台湾地区的刑事相关规定对商业秘密予以保护:(1)规定了妨害秘密罪、图利妨害秘密罪:"凡是无故利用工具或设备窥视、窃听或以录音、照相、录影或电磁记录窃录他人非公开的活动、言论、谈话的,以及为谋取利益从事上述

---

① 赵秉志、田宏杰:《侵犯知识产权犯罪比较研究》,法律出版社 2004 年版,第 295 页。

活动的得被处以徒刑、拘役或罚金。基于上述行为取得的物品予以部收。”(2)规定了泄露业务上知悉他人秘密罪:“医师、药师、助产士、宗教师、辩护人、公证人、会计师或其业务上佐理人,或曾作此等职务之人,无故泄露因业务知悉或持有之他人秘密者,处一年以下有期徒刑、拍役或五百元以下罚金。”(3)规定了泄露业务上知悉工商秘密罪。“依法令或契约有守因业务知悉或持有工商秘密之义务,而无故泄露之者,处一年以下有期徒刑、拘役或一千元以下罚金。”(4)规定了泄露职务上工商秘密罪:“公务员或曾任公务员之人,无故泄露因职务知悉或持有他人之工商秘密者,处一年以下有期徒刑、拘役或二千元以下罚金。”

此外,面对侵犯商业秘密手段的技术化和计算机技术的普及,我国台湾地区1997年对刑事相关规定修订时增设泄露电脑秘密罪,其具体内容为:“无故泄露因利用电脑或其他相关设备知悉或持有他人之秘密者,处二年以下有期徒刑、拘役或五千元以下罚金。利用电脑或其他相关设备犯第三百十六条至第三百十八条之罪者,加重其刑至二分之一。”在1999年修订时对图利妨害秘密罪的共犯作了规定,其具体内容为:“意图营利供给场所、工具或设备,便利他人为前条之行为者,处五年以下有期徒刑、拘役或科或并科五万元以下罚金(第1项)。意图散布、播送、贩卖而有前条第二款之行为者,亦同(第2项)。明知为前二项或前条第二款窃录之内容而制造、散布、播送或贩卖者,依第一项之规定处断(第3项)。前三项之未遂犯罚之(第4项)。”[①]

除了上述罪名外,我国台湾地区还可根据以下罪名对商业秘密进行保护:(1)背信罪。公司职员,也属于为他人处理事务者,意图为自己或他人不法的利益,或损害本人的利益,而无故泄露其业务上所知悉或持有之工商秘密,致生损害于本人的财产或利益的场合,同时也触犯背信罪,而应以处罚较重的背信罪处罚。(2)盗窃或侵入住宅罪。公司职员以外的第三人刺探他人的营业秘密,只有在行为人的行为符合我国台湾地区刑事相关规定侵入住宅罪、盗窃罪的构成要件时,可依该条规定处罚。[②]

值得一提的是,由于关于公平交易的相关规定存在诸多不足,1996年台湾

---

① 赵秉志、周加海:《台湾地区现行“刑法典”修正内容简介》,载《云南大学学报(法学版)》2003年第4期。

② 赵秉志、田宏杰:《侵犯知识产权犯罪比较研究》,法律出版社2004年版,第295页。

地区又颁布了营业秘密相关规定，对营业秘密保护问题作了专门的详细说明，其全文共 16 条，规定了立法宗旨、营业秘密的定义、权利归属及其使用、侵权行为种类、救济手段和法律责任、审理程序等。但在该规定中并未明确侵犯商业秘密行为的刑事责任。至此，台湾地区建立起了以营业秘密法保护为主，以公平交易和刑事保护为辅的商业秘密保护体系。①

① “公平交易法”对商业秘密的保护是不充分的，在许多方面存在欠缺，例如，没有对商业秘密进行统一的定义；只保护专有技术，而不包括其他具有经济价值的经营信息、管理信息等；没有明确雇员违反保密协议规定进行泄露的行为是否应该受到处罚；行为人主体仅限于公司、独资或合伙之工商行号、同业公会以及其他提供商品或服务从事交易之人或团体；等等。参见张耕：《商业秘密法》，厦门大学出版社 2006 年版，第 100 页。

下　篇

商业秘密保护案例精解

专题一　商业秘密构成要件的裁判规则

1. 商业秘密的载体

——北京印钞厂与樊某某侵害商业秘密纠纷案①

案例要旨

商业秘密的载体，是指以文字、数据、符号、图形、图像、声音等方式记载商业秘密的纸介质、磁介质和光盘等各类物品。某种产品本身只可能是商业秘密的载体，而不可能成为商业秘密保护的对象。商业秘密应由一定的载体将其内容表现出来，且权利人应对该载体采取一定的保密措施，以不为公众所知悉。

案情简介

北京印钞厂原为北京国营五四一厂。樊某某于1980年10月起在该厂工作。北京印钞厂于1985年8月根据中国人民银行印制总公司的有关规定实施《保密条例实施细则》，对有关保密事项进行了规定。1987年樊某某填写的《专业技术职务申报表》及同一年的工作总结中均记载其参与研究设计、开发的新产品包括C111树脂。1989年10月至1995年3月，樊某某受北京印钞厂指派到北京市宣武区洁净技术试验厂任厂长。北京市万洋防伪技术有限责任公司（以

---

① 北京市第一中级人民法院（2005）一中民初字第4081号、北京市高级人民法院（2007）高民终字第177号。

下简称万洋公司)于1995年成立,樊某某为其法定代表人。该公司后变更名称为北京万垟防伪技术有限责任公司(以下简称万垟公司)。北京印钞厂发布的《四分厂技术标准》的封面有“绝密”字样,其中包含了3719油和2634油的配方和工艺过程。3719油和2634油是樊某某于1989年年初完成的技术方案。1993年6月,中国印钞造币总公司发文批复《SB-1型雕刻凹印油墨研究可行性报告》。在SB-1型雕刻凹印油墨的鉴定证书中记载的主要研制人员名单中没有樊某某的名字。《SB-1连接料配方、工艺》及《补充规定》封面上标注“机密”“受控”字样,其中载有1001油、1002油、1003油的配方和工艺过程。樊某某于2001年12月25日提出“水擦不蹭脏雕刻凹版印刷油墨组合物”发明专利申请,该申请于2003年7月9日公开。北京印钞厂主张其公开了该厂的商业秘密。

法院认为

北京市第一中级人民法院认为,本案涉及樊某某申请的发明专利是否披露了北京印钞厂的商业秘密。产品本身只可能是商业秘密的载体,不可能成为商业秘密的保护对象。北京印钞厂在庭审后提交的意见陈述中提出的主张与其起诉书中的主张显然不符,且无相应证据佐证。北京印钞厂主张的商业秘密有6种产品和其中1001油、1002油、3719油3种产品的合成工艺。1001油、1002油、3719油的合成工艺有可能成为商业秘密的保护对象。1001油、1002油的合成工艺是北京印钞厂于1999年开发成功的SB-1油墨技术,当时樊某某已不在北京印钞厂从事技术工作,且北京印钞厂也未提交证据证明樊某某参与了相关的研究工作或樊某某通过不正当的途径获取了上述技术,故不论上述技术是否为北京印钞厂的商业秘密,也不论樊某某申请的发明专利与其是否相同或相似,均不能认定樊某某侵犯了北京印钞厂所主张的上述商业秘密。3719油的合成工艺构成北京印钞厂的商业秘密。樊某某在其发明专利公开说明书实施例5中记载的技术方案与3719油在所要解决的技术问题等方面不同,两者不是实质上相同的技术方案,樊某某未披露3719油的合成工艺,未侵犯北京印钞厂的商业秘密。

北京市第一中级人民法院判决:驳回北京印钞厂的诉讼请求。

北京印钞厂不服一审判决,向北京市高级人民法院提起上诉。理由是:一审判决认定北京印钞厂主张的商业秘密的范围错误;一审判决认定樊某某申请的专利中的相关实施例与北京印钞厂主张的3719油合成工艺不同是错误的。请求二审法院撤销一审判决;判决樊某某赔偿北京印钞厂经济损失220万元;判决樊某某承担本案的全部诉讼费用。二审法院经审理认为北京印钞厂的上诉理由不能成立,判决驳回上诉。

律师点评

从《反不正当竞争法》中对商业秘密的规定中可以看出,商业秘密是一系列技术信息、经营信息等商业信息。这表明商业秘密具有非物质性,需要由一定的载体将其内容表现出来。

本案中,北京印钞厂主张为其商业秘密的C111树脂、1001油、3719油、2634油、1002油、1003油6项为化合物产品,其中的C111树脂,北京印钞厂未提供其制备方法从而无法确定该产品究竟为何物。由于产品本身是商业秘密的载体,不可能成为商业秘密保护的对象,且北京印钞厂也认可上述化合物本身是公知的,因此,C111树脂、1001油、3719油、2634油、1002油、1003油6种化合物产品本身不能成为北京印钞厂主张的商业秘密。

商业秘密本身的无形性特点,决定了商业秘密必须通过一定载体的形式才能将其内容体现出来,从而实现商业秘密的商业价值。因此,为了保护商业秘密就需要加强对商业秘密载体的保护。

商业秘密的载体一般是指以文字、数据、符号、图形、图像、声音等方式记载商业秘密的纸质文件、磁质文件等,包括计算机硬盘、软件、U盘、移动硬盘、磁带、录像带、光盘等。《中华全国律师协会律师办理商业秘密法律业务操作指引》第14条规定:"商业秘密的载体包括以下几类:(1)以文字、图形、符号记录的纸介质载体,如文件、资料、文稿、档案、电报、信函、数据统计、图表、地图、照片、书刊、图文资料等。(2)以磁性物质记录的载体,如计算机磁盘(软盘、硬盘)、磁带、录音带、录像带等。(3)以电、光信号记录、传输的载体,如电波、光纤等。(4)设备、仪器、产品等物理性载体。"

随着当今科学技术的不断发展,商业秘密的载体也呈现出电子化和无形化的发展趋势,这也为商业秘密权利人对其商业秘密的保护和管理提出了更高的要求。通常情形下,企业可以从以下几个方面着手管理和保护企业的商业秘密的载体。

首先,设立专门的管理机构及人员。大型企业可以设立商业秘密管理委员会,小型企业可以由专人负责管理,以实现对商业秘密进行统一的管理。其次,做好企业商业秘密保护工作。由专门的负责人员对商业秘密的范围、内容、知悉人员等进行明确且合理的划分,根据商业秘密对企业的影响程度,将企业涉密信息进行等级划分,并加以标识,针对不同等级的涉密信息制定不同形式的管理标准进行区分管理。最后,负责人员应当经常对相关载体进行更新、整理和及时维护。

2. 商业秘密构成要件的法院认定标准

——张某某与北京世纪星碟文化传播有限公司、王某某侵害商业秘密纠纷案①

案例要旨

依据《反不正当竞争法》的规定,商业秘密是指不为公众所知悉、具有商业价值并经权利人采取相应保密措施的经营信息、技术信息等商业信息。因此,当事人主张其拥有的技术信息或经营信息等商业信息属于商业秘密时,需要举证证明该信息符合商业秘密的构成要件,即该信息满足秘密性、价值性、保密性的要求。

案情简介

1998 年 4 月,张某某与案外人孙某兵、楚某程、钱某生共同创意、策划完成了《策划文案》,该文案由前言、组织机构、形象定位、演出计划、演出活动范围等部分组成。后张某某在《策划文案》的基础上创作完成了《整合报告》。《整合报告》包括思想内容、主管部门、公司名称、注册资金、经营范围、公司构成、公司各部门工作与任务 7 大部分。其中公司各部门工作与任务部分又包括中华女子乐

① 北京市朝阳区人民法院(2006)朝民初字第 14500 号、北京市第二中级人民法院(2007)二中民终字第 02155 号。

坊形象定位、乐队编制、招生管理办法及工作任务和发展方向;音像事业发展部工作任务;CI 设计、印刷制作中心工作任务;服装、服饰设计制作中心工作任务;形象设计中心工作任务;外联、广告工作任务;中华乐坊艺术学校管理办法发展方向 7 个小部分。中华乐坊艺术学校管理办法发展方面没有具体内容。

在 1998 ~ 1999 年,张某某与王某某相识,张某某曾向王某某介绍其关于成立"中华女子乐坊"乐队演奏民乐的创意。张某某希望王某某投资,双方合作。为此,张某某将《整合报告》和《策划文案》交给王某某。

2001 年 5 月,王某某与案外人孙某某为世纪星碟公司创作完成了《实施计划》,世纪星碟公司和王某某提供的《实施计划》包括:"女子十二乐坊"乐队名称、图文标识与释义及品牌的保护;特点、宗旨及要求;演出范围、对象及发展动向;招聘人员类别及乐队编制;相关签约条款、待遇及工作薪金详细条款;艺术指导及乐团训练事宜条款共 6 个部分。2001 年 6 月,世纪星碟公司成立后,随即组建了"女子十二乐坊"乐队,演奏新民乐,产生了一定社会影响。

张某某认为王某某以合作为名,采取不正当的手段骗取了其商业秘密《整合报告》,并在世纪星碟公司的女子十二乐坊中披露、实施、使用,侵犯了其商业秘密。故诉至法院请求判令王某某和世纪星碟公司停止侵权行为、赔偿经济及精神损失、在国家级报纸及电视媒体上向其公开赔礼道歉。

法院认为

一审法院经审理认为,《整合报告》与《实施计划》二者基本内容及各部分内容均不相同,仅存在"女子""乐坊"个别相同的文字及反映了均要成立女子乐团演奏民乐的演出模式。张某某主张将《整合报告》交给了王某某,但并未与王某某签订任何保密协议,且不能证明交给王某某的《整合报告》上有"机密"字样。现张某某仅凭提交法庭的《整合报告》封面上有"机密"字样而主张其采取了保密措施的证据不足,故对其主张《整合报告》构成商业秘密,法院不予支持。张某某不服,上诉至北京市第二中级人民法院。

北京市第二中级人民法院经审理认为,本案双方当事人争议的焦点问题是上诉人张某某是否对《整合报告》采取了相应的保密措施,《整合报告》是否构成商业秘密;《实施计划》是否与《整合报告》内容相同,两被上诉人的涉案行为是否侵犯了上诉人张某某主张的商业秘密。

第一,上诉人张某某是否对《整合报告》采取了相应的保密措施,《整合报告》是否构成商业秘密问题。

根据相关法律规定,商业秘密是指不为公众所知悉、具有商业价值并经权利人采取相应保密措施的技术信息和经营信息。本案上诉人张某某虽主张其对《整合报告》采取了相关保密措施,但未能充分举证证明。张某某虽主张曾将《整合报告》交付王某某,但并未与王某某就此签订保密协议。而且根据本案现有证据,亦不能证明上诉人张某某将带有"机密"字样的《整合报告》交付给了王某某。综合上述事实,法院认定上诉人张某某关于《整合报告》构成商业秘密的上诉主张,依据不足,二审法院不予支持。

第二,关于《实施计划》是否与《整合报告》内容相同,两被上诉人的涉案行为是否侵犯了上诉人张某某主张的商业秘密问题。

虽然上诉人张某某主张《实施计划》与《整合报告》内容相同,但根据本案查明的事实,二者仅在个别文字及演出模式的描述方面存在共同之处,而具体内容及表达形式并不相同,因此上诉人的上述主张缺乏事实和法律依据,二审法院不予支持。鉴于《整合报告》并不构成商业秘密,对于上诉人关于两被上诉人侵犯了其商业秘密并要求其承担相应法律责任的上诉主张,二审法院亦不予支持。

综上,上诉人张某某所提上诉理由不能成立,原审判决认定事实清楚,适用法律基本准确,应予维持。

律师点评

根据《反不正当竞争法》的规定,"秘密性、价值性、保密性"是技术信息、经营信息等商业信息符合商业秘密的法定构成要件。秘密性是指信息不为所属行业内人员所普遍知悉,同时也不能从公开渠道直接获取;价值性是指信息具有商业价值,能为权利人带来经济利益或竞争优势;保密性是指权利人对信息采取了相应的保密措施,即主观上具有保护信息的意图,客观上也实施了一定的保护行为。

在侵犯商业秘密民事案件中,权利人的信息要想获得法律的保护,首先需要提供证据证明自己的信息符合商业秘密的构成要件;其次要证明侵权人的信息与自己的信息相同或实质相同;最后还要证明侵权人实施了不正当的竞争行为。本案中,张某某主张《实施计划》符合商业秘密,王某某和世纪星碟公司存在侵权行为,但均未提供有力的证据来证明,因此应承担不利的法律后果。

因此，商业秘密权利人主张他人侵犯其商业秘密时，根据《最高人民法院关于审理不正当竞争民事案件应用法律若干问题的解释》的规定，主张权利要履行举证责任：首先，要证明自己拥有的商业秘密符合法定条件，具体包括商业秘密的载体、具体内容、商业价值和对该项商业秘密采取的具体的保密措施；其次，要证明对方当事人的信息与自己的商业秘密相同或实质相同；最后，要证明对方当事人采取了不正当手段的事实。最新修订的《反不正当竞争法》第32条规定："在侵犯商业秘密的民事审判程序中，商业秘密权利人提供初步证据，证明其已经对所主张的商业秘密采取保密措施，且合理表明商业秘密被侵犯，涉嫌侵权人应当证明权利人所主张的商业秘密不属于本法规定的商业秘密。商业秘密权利人提供初步证据合理表明商业秘密被侵犯，且提供以下证据之一的，涉嫌侵权人应当证明其不存在侵犯商业秘密的行为：（一）有证据表明涉嫌侵权人有渠道或者机会获取商业秘密，且其使用的信息与该商业秘密实质上相同；（二）有证据表明商业秘密已经被涉嫌侵权人披露、使用或者有被披露、使用的风险；（三）有其他证据表明商业秘密被涉嫌侵权人侵犯。"虽然修订后的《反不正当竞争法》减轻了权利人的举证责任，但对于商业秘密的保密性及商业秘密被侵犯仍然承担举证责任。本案中，张某某对其主张的商业秘密并未采取合理的措施，并且《实施计划》与《整合报告》二者仅在个别文字及演出模式的描述方面存在共同之处，而具体内容及表达形式并不相同，因此，法院驳回了张某某的上诉请求。

3. 不为公众所知悉要件的认定

——广州市苏源纺织品有限公司诉深圳云广家居装饰设计有限公司侵害商业秘密纠纷案[①]

案例要旨

窗帘结构件的材质和设计、窗帘的面料信息，是所属领域的相关人员经过外

① 广东省佛山市禅城区人民法院(2016)粤0604民初13206号、广东省佛山市中级人民法院(2017)粤06民终7563号。

部观察投标样本即可得知的信息,属于相关公众容易获得和知悉的范畴,并不属于不为公众所知悉的经营秘密。

投标样板作为投标文件的组成部分,在开标之前处于保密状态,在竞标中可以为其带来竞争优势,但在招投标程序完结后以及中标后,按照投标样板生产的产品必然进入市场,投标样板上所体现的上述信息必然公开,不可能再保持该投标样板所体现的上述信息的保密状态。因而,权利人主张涉案样板上所体现的上述信息为其商业秘密明显与其投标行为和案件事实相悖。

案情简介

广州市苏源纺织品有限公司(以下简称苏源公司)成立于2011年3月,经营范围为纺织品及针织品批发、零售,窗帘、布艺类产品制造,商品批发贸易等。深圳云广家居装饰设计有限公司(以下简称云广公司)成立于2009年7月15日,经营范围为窗帘、布艺类产品制造,纺织品及针织品批发、零售,建材、装饰材料批发。

2016年9月5日,广东省政府采购网发布"佛山市顺德区桂洲医院窗帘采购及安装项目(采购编号GZSWSD16HG3085)"的招标公告,其后苏源公司与云广公司等多家投标人共同参加了上述项目的招标,并按照《招标投标法》及上述项目《招标文件》的规定,递交了密封的投标文件及投标样板。同年10月13日,该项目进行开标、评标,经评标委员会评定,苏源公司被评为中标候选人。同年10月14日,该项目发布中标公告。

2016年10月13日,在项目开标、评审结束及评审专家离开评审现场后,云广公司应招标组织方要求在评审现场取回自己的投标样板,在此过程中,云广公司人员打开装有苏源公司投标样板的纸箱(封条已拆封)查看了苏源公司的投标样板并拍照,被现场工作人员制止。

苏源公司认为云广公司不顾工作人员的多次制止,在投标现场强行打开苏源公司的样板窥探、拍照,采用非法的强行手段对苏源公司的样板进行窥探、拍照的行为侵犯了公司的商业秘密。

法院认为

一审法院认为,阐明商业秘密的具体内容是说明商业秘密符合法定条件的基础,即苏源公司应披露其商业秘密的具体内容以证明其对此享有权利。需要注意的是,商业秘密是指某种信息,而非承载该信息的载体,在本案中苏源公司的投标样板只是商业秘密的载体,并非法律保护的商业秘密本身。苏源公司对商业秘密的载体即投标样板如何产生的笼统陈述,未能说明及披露其主张的商业秘密本身即投标样板上承载的窗帘面料、结构件材质的经营信息具体是什么及能够为苏源公司带来竞争优势的具体内容,也未能对其所称的遴选和组合的策略、方案等具体内容作出明确说明,故苏源公司未能明确说明及披露其主张的商业秘密的具体内容,应承担举证不能的后果。

退一步来说,即使苏源公司能明确说明其主张的经营信息的具体内容,其主张的经营信息亦不符合商业秘密的秘密性要件。本案中,苏源公司主张云广公司通过窥探、拍照苏源公司经营信息秘密的载体投标样板,即获悉了样板用料的品牌、参数等经营信息,同时承认同行业的相关人员通过观察苏源公司投标样板即可直接知悉样板面料、材质、零部件安装组合(隐蔽零部件除外)等信息,故可以推定苏源公司主张的投标样板上承载的窗帘面料、结构件材质的经营信息为其所属领域的相关人员容易获得、知悉,不符合"不为公众所知悉"的秘密性要件。综上所述,苏源公司主张其经营信息构成商业秘密并要求保护的请求,缺乏事实和法律依据,一审法院不予支持。

苏源公司不服一审判决,上诉至广东省佛山市中级人民法院。二审法院认为,苏源公司的上诉请求不成立,判决驳回上诉,维持原判。

律师点评

"不为公众所知悉"作为商业秘密构成要件之一,是指有关信息不为其所属领域的相关人员普遍知悉和容易获得。"不为公众所知悉"是对信息秘密性的要求,可以解读为信息要同时满足以下两个标准:其一,该信息在相关行业内未被普遍知悉;其二,该信息通过正当合法的手段轻易不能获得。同时,依据《最高人民法院关于审理不正当竞争民事案件应用法律若干问题的解释》第9条第2款第2项的规定,当事人所主张的信息仅涉及产品的尺寸、结构、材料、部件的简单组合等内容,进入市场后相关公众通过观察产品即可直接获得的,则该信息不构成不为公众所知悉。

本案中,苏源公司在诉讼中主张构成商业秘密的经营信息的内容为其窗帘结构件的材质和设计、窗帘的面料信息,投标样板为该经营信息的载体。然而,上述窗帘结构件的材质和设计、窗帘的面料信息,是所属领域的相关人员经过外部观察投标样本即可得知的信息,属于相关公众容易获得和知悉的范畴,并不属于不为公众所知悉的经营秘密。

另外,苏源公司的投标样板作为投标文件的组成部分,在开标之前处于保密状态,在竞标中可以为其带来竞争优势,但依照《招标投标法》第 35 条和第 36 条的规定,开标由招标人主持,并邀请所有投标人参加,招标人在招标文件要求提交投标文件的截止时间前收到的所有投标文件,开标时都应当当众予以拆封、宣读,故开标之后,投标文件依法应向所有投标人予以公开,本案中云广公司查看涉案投标样板的行为发生于开标和评标之后。

更为重要的是,苏源公司将涉案样板作为投标文件进行投标,其目的就在于中标并使得按照投标样板生产的产品能够进入市场,而进入市场即意味着公开该样板上所体现的窗帘结构件的材质和设计、窗帘的面料信息,故即使苏源公司的投标样板体现的上述信息在其投标过程中处于保密状态以及招标人在开标时未实际公开投标样板,但在招投标程序完结后以及苏源公司中标后,按照投标样板生产的产品必然进入市场,投标样板上所体现的上述信息必然公开,苏源公司不可能再保持该投标样板所体现的上述信息的保密状态。

再者,苏源公司在上诉中提出,涉案投标样板不仅涉及产品的尺寸、结构、材料部件的组合等内容,还凝结了经营策略与设计理念的信息,而对于该经营策略和设计理念的具体解释,苏源公司也只是笼统地陈述样板上经营信息的产生过程,并未具体说明该产生过程中具体经营信息的内容,故其上诉所主张的经营秘密的内容并未确定。因此,苏源公司主张的投标样板上所载的信息并不具备商业秘密的法定构成要件,不属于商业秘密。

4. 因产品销售导致商业秘密的公开

——合肥鼎蓝贸易有限公司、仰某某与安徽中医药大学侵害商业秘密纠纷案①

案例要旨

在本案被诉侵权行为发生之前,请求作为商业秘密予以保护的涉案图纸已经通过产品销售过程中的交付行为,处于公开状态。且因根据涉案图纸制造的产品实物进入市场后,相关公众完全可凭借观察和测量的方式直接获得公寓床的尺寸、结构等信息,而这些信息正是请求作为商业秘密保护的内容。据此,在被诉侵权行为发生之前,涉案图纸及相关技术参数已经处于可为不特定的第三人所知悉的状态,涉案图纸不具备秘密性,其不符合商业秘密所应具有的"不为公众所知悉"的要件。

案情简介

2012年11月30日,合肥鼎蓝贸易有限公司(以下简称鼎蓝贸易公司)(卖方、乙方)和安徽中医药大学(以下简称中医药大学,原安徽中医学院)(买方、甲方)签订了一份《产品购销合同书》,约定甲方向乙方订购家具(8套公寓床),产品名称、型号、规格、颜色、数量、单价详见报价表;付款方式为货到验收合格后付款;乙方按甲方签字确认图纸、色板、布板及其他相关技术要求后,在双方商定的日期即2012年12月14日交货;若甲方的确认推迟,则乙方的交货期顺延;乙方负责送货并安装;合同共三页,一式四份,甲方执三份,乙方执一份;合同经双方盖章后生效。在合同尾部(合同第2页)的落款时间为2012年11月30日,在甲方处加盖印文为"安徽中医药大学国有资产管理处"的印章,并有姚某、吴某的

① 安徽省合肥市中级人民法院(2015)合民三初字第00176号、安徽省高级人民法院(2016)皖民终198号。

签名。合同第3页是一张公寓床设计图纸。2012年12月14日，鼎蓝贸易公司依约向安徽中医学院交付了公寓床产品。

2013年3月7日，安徽教育装备网发布了安徽中医学院学生公寓采购项目招标公告，附有公寓床图样及详细参数。2013年4月11日，鼎蓝贸易公司向安徽省教委招标中心提交投标函和投标材料，参与投标。2013年4月12日，安徽教育装备网发布中标公告，鼎蓝贸易公司未能中标。

2013年4月12日，教育部作出教发函〔2013〕64号《教育部关于同意安徽中医学院更名为安徽中医药大学的函》，批准安徽中医学院变更名称为“安徽中医药大学”。

2013年4月24日，鼎蓝贸易公司委托安徽华洋邦乘律师事务所律师向中医药大学发送告知书称，鼎蓝贸易公司在前期投标过程中向提交了一份公寓床设计图，中医药大学对图纸负有保密义务，未得许可，不得复制、使用并不得向第三方提供图纸进行生产、制造产品。2015年7月13日，鼎蓝贸易公司、仰某某诉至原审法院，请求判令中医药大学赔偿经济损失60万元并承担本案的全部诉讼费用。

庭审中鼎蓝贸易公司、仰某某再次明确，其主张的商业秘密是公寓床设计图及相关规格参数。

法院认为

合肥市中级人民法院认为，关于中医药大学是否侵害鼎蓝贸易公司、仰某某的商业秘密问题。首先鼎蓝贸易公司、仰某某应当持有可被依法认定为商业秘密的相关信息，本案中鼎蓝贸易公司、仰某某主张的公寓床设计图及参数并不符合商业秘密的要求。合同书所附设计图对公寓床的结构并未完全展示，诸多细节仍然需要进一步的明确；设计图仅记载了一项参数即床体宽度。就设计图能够展示的公寓床产品的信息（床体宽度参数、结构样式中已清晰展示的部分）而言，在公寓床产品实物进入市场以后，容易为相关公众经观察而知晓。鼎蓝贸易公司、仰某某的2013年4月11日投标材料中包含有清晰的公寓床设计图以及详细的规格参数，假定该部分构成商业秘密，但中医药大学于2013年3月6日制作的《新校区物资采购计划书（教室、学生公寓部分）》已经包含有清楚的公寓床设计图及详细规格参数。因此，鼎蓝贸易公司、仰某某仅证明了中医药大学曾接触过2012年11月30日《产品购销合同书》的附图，未能证明中医药大学曾接触过其投标文件中的设计图以及规格参数。假定中医药大学2013年3月6日物资采购计划书中的公寓床详细信息来源于鼎蓝贸易公司、仰某某，但鼎蓝贸易公司、仰某某未要求中医药大学对上述信息予以保密，其难以依据原《合同法》第43条的规定向中医药大学主张；仅依原《合同法》第60条关于保密附随义务的规定，很难要求中医药大学担负该种义务，因为中医药大学无法知悉鼎蓝贸易公司、仰某某不欲公开上述信息的内心意图，上述信息的内容又并不能令中医药大学立刻、显然地意识到其应当予以保密。另外，鼎蓝贸易公司、仰某某知悉中医药大学物资采购计划书中使用了上述信息后，并未提出异议，反而积极参与投标，仅在未中标后才向中医药大学提出商业秘密的主张，且其于2012年12月14日向中医药大学交付了8套公寓床产品，使得该批产品处于公开状态，相关公众已经取得了经观察而知晓公寓床结构样式以及部分详细规格参数的实际可能；另一部分的详细规格参数或许需要观察者通过进一步测量才能确定，但对于公寓床此类产品，规格参数并无特别意义，同行业者在知悉样式以后，完全能够依经验和实际需要制造同类产品。根据《最高人民法院关于审理不正当竞争民事案件应用法律若干问题的解释》第9条第2款第2项的规定，可以认为本案所涉公寓床结构样式以及详细规格参数不具备“不为公众所知悉”的条件，不构成商业秘密。判决驳回鼎蓝贸易公司、仰某某的诉讼请求。

鼎蓝贸易公司、仰某某不服原审判决，提起上诉。二审法院经审理后判决驳回鼎蓝贸易公司、仰某某的上诉，维持原判。

律师点评

根据《反不正当竞争法》第9条第4款的规定，商业秘密是指不为公众所知悉、具有商业价值并经权利人采取相应保密措施的技术信息、经营信息等经营信息。《最高人民法院关于审理不正当竞争民事案件应用法律若干问题的解释》第9条第2款第2项规定，仅涉及产品尺寸、结构、材料、部件的简单组合等内容，进入市场后相关公众通过观察产品即可直接获得的信息不构成商业秘密。在司法实践中，法院在审理商业秘密侵权案件时，首先是对当事人主张的商业秘密是否符合法定商业秘密的条件进行认定，即是否符合秘密性、价值性、保密性。

本案中，鼎蓝贸易公司、仰某某主张的商业秘密是公寓床设计图纸（涉案图纸)及相关规格参数。但涉案图纸仅涉及公寓床的尺寸、结构、材料和部件的简单组合,且鼎蓝贸易公司、仰某某已经根据合同约定实际交付了实物,亦未采取有效的保密措施,故涉案图纸不符合商业秘密的构成要件。

同时,相关技术信息或经营信息的内容不为公众所知悉、具有经济价值及合理的保密措施,是上述信息内容能够作为商业秘密受到保护的基本要求。本案中,鼎蓝贸易公司、仰某某请求予以保护的商业秘密系涉案图纸及相关技术参数,被诉侵权行为系中医药大学于 2013 年 3 月 7 日在安徽教育装备网上招标采购公寓床,并提供涉案图纸给他人用于生产的行为。故涉案图纸在被诉侵权行为发生之前是否构成商业秘密,是首先需要审查的问题。在本案被诉侵权行为发生之前的 2012 年 11 月,鼎蓝贸易公司、仰某某已经与中医药大学签订了根据涉案图纸生产的公寓床的销售合同,并在同年 12 月向中医药大学交付了公寓床实物及产品图纸。在该销售合同中并无任何保密条款,且在合同附件中清晰显示了涉案公寓床的技术参数。由此可知,在本案被诉侵权行为发生之前,鼎蓝贸易公司、仰某某请求作为商业秘密予以保护的涉案图纸已经通过产品销售过程中的交付行为,处于公开状态。且因根据涉案图纸制造的产品实物进入市场后,相关公众完全可以凭借观察和测量的方式直接获得公寓床的尺寸、结构等信息,而这些信息正是鼎蓝贸易公司、仰某某请求作为商业秘密保护的内容。据此,在被诉侵权行为发生之前,涉案图纸及相关技术参数已经处于可为不特定的第三人所知悉的状态,涉案图纸不具备秘密性。所以,鼎蓝贸易公司、仰某某主张的商业秘密不符合商业秘密所应具有的“不为公众所知悉”的要件。

因此,在涉案图纸不具备秘密性的基础上,鼎蓝贸易公司、仰某某是否对涉案图纸采取了保密措施,对该图纸是否构成商业秘密的认定已无实质意义。而实际上,鼎蓝贸易公司、仰某某所称其申请外观设计专利或者于被诉侵权行为发生之后发送律师函等方式属于保密措施的主张,也明显缺乏法律依据,所以其诉讼请求没有获得法院的支持。

5. 商业价值的认定

——程某某、山东绿城房地产营销策划有限公司与虹亚房地产开发(集团)有限公司侵犯商业秘密纠纷案[①]

案例要旨

商业秘密的“商业价值性”是指拥有者获得的经济利益或者竞争优势,也即通过对商业秘密的使用,给权利人带来现实或潜在的经济利益,“商业价值性”最本质的体现是权利人因掌握商业秘密而保持竞争优势。

当事人主张的信息是否具有“商业价值性”及价值性的具体体现,关键是看掌握使用该信息能否带来竞争优势以及带来何种优势。由于房地产开发市场的信息是海量的,掌握含有土地价、优惠政策及预期利润额等重要数据的房地产项目利润分析信息,能够为信息拥有者作出是否关注及投资开发该房地产项目的决策提供信息服务,使其在海量信息中快速锁定特定的房地产开发项目、降低工作成本、缩短决策的时间及投入,从而获得相应商机,为其带来一定的竞争优势,故应当从上述意义来理解当事人所主张信息具有的“商业价值性”。

案情简介

山东绿城房地产营销策划有限公司(以下简称绿城公司)于2005年3月3日成立,法定代表人是程某某,经营范围为房地产营销代理、营销策划、房产买卖、房地产咨询、房地产会展策划、房屋租赁及中介、房地产置换、物业管理。

虹亚房地产开发(集团)有限公司(以下简称虹亚公司)于2001年2月26日成立,法定代表人是吴某某,其经营范围为“许可经营项目:按壹级资质从事房地产开发经营业务”。虹亚五原分公司于2007年7月19日成立,其领取的是《营业执照》,经营范围为“代办公司委托业务;本身不得从事生产经营”。

---

① 江苏省高级人民法院(2010)苏知民初字第1号、最高人民法院(2013)民三终字第6号。

2006年3月23日,《内蒙古日报》第4版刊登《五原县城隆兴昌大街东段开发建设招商公告》,对隆兴昌东大街实施拆迁开发建设工程的有关事宜予以公告。

2006年,程某某及绿城公司员工赴内蒙古部分地区就房地产市场进行调查研究,取得部分城市的基准地价表、楼盘销售广告、建筑公司宣传画册、各类报纸,并就楼盘的销售价格、建筑成本、部分房地产开发项目进度等形成相关调查分析表、分析报告、汇报材料及工作记录等。其中,涉及五原县的调查分析表有2份。

程某某(乙方)与五原县人民政府(甲方)经过多次谈判,最终于2006年10月31日就五原县隆兴昌大街东拓拆迁修建道路及两侧商业与住宅建设项目合作事宜签订《开发项目协议书》。《开发项目协议书》及《补充协议书》签订后,程某某、绿城公司为尽快启动该项目,于2006年11月至2007年1月分别在《中国经营报》《中国房地产报》刊登《开发房地产商业街项目诚邀合作投资伙伴》广告。

2007年1月19日,吴某某与程某某电话联系。1月20日上午,程某某将形成于2006年11月8日的两份项目利润分析报告中的具体地名隐去后发送给吴某某。此后,经过沟通绿城公司员工申某某又传真给吴某某《共同投资设立房地产开发有限公司和开发县大街东拓新建道路两侧商业房(街)意向书》《双方分别投资设立房地产开发公司分别开发县大街东拓道路两侧商业房及住宅建设项目的转让合同》《某县隆兴昌大街商业楼盘》等材料。上述绿城公司意向书的主要内容为:甲乙双方一致同意在内蒙古自治区共同投资设立内蒙古中意房地产开发有限公司(暂定名)和开发商业房。乙方对甲方(程某某)提供的开发商业街项目有关协议资料、经营信息的商业秘密必须保密,意向书的内容属于商业秘密,乙方不得向第三方泄露等。

2007年2月3日,程某某等一行5人至五原县人民政府,在该县人民政府工作人员处发现吴某某的名片及虹亚公司与五原县人民政府签订的涉案项目开发合同。程某某遂与五原县人民政府及吴某某多次交涉。在交涉无果后,程某某、绿城公司向一审法院提起诉讼。

法院认为

关于程某某、绿城公司主张的经营信息是否符合“商业价值性”这一构成要件。一审法院认为，商业秘密的“商业价值性”是指拥有者获得的经济利益或者竞争优势，也即通过对商业秘密的使用，给权利人带来现实或潜在的经济利益，“商业价值性”最本质的体现是权利人因掌握商业秘密而保持竞争优势。程某某、绿城公司认为其商业秘密的价值性，体现在项目利润分析报告显示涉案商业项目具有较高的投资回报价值，能为其带来巨大的经济利益。

对此，一审法院认为该主张不能成立，理由是：涉案房地产项目所带来的经济利益，不能简单与涉案商业秘密给程某某、绿城公司带来的经济利益画等号。我国国有土地使用权出让相关法律、行政法规及规范性文件明确规定，国有土地中的经营性用地必须采取招标、拍卖、挂牌方式出让。在招标、拍卖、挂牌出让程序中，任何竞买人均可以通过公开、公平的方式参与竞价，房地产开发项目涉及的土地使用权由价高者得。程某某虽然与政府商定了土地价，并签订了相关协议，但在没有通过合法的招标、拍卖、挂牌出让程序，与土地管理部门签订《国有土地使用权出让合同》之前，并不意味着其必然取得相关土地使用权，有权开发相应房地产项目。因此，不应将涉案房地产开发项目可以获得的预期利润，视为涉案商业秘密可以给权利人带来的经济利益。

本案中，程某某、绿城公司主张的信息是否具有“商业价值性”及价值性的具体体现，关键是看掌握和使用该信息能否带来竞争优势以及带来何种优势。由于房地产开发市场的信息是海量的，掌握含有土地价、优惠政策及预期利润额等重要数据的房地产项目利润分析信息，能够为信息拥有者作出是否关注及投资开发该房地产项目的决策提供信息服务，使其在海量信息中快速锁定特定的房地产开发项目、降低工作成本、缩短决策的时间及投入，从而获得相应商机，为其带来一定的竞争优势，故应当从上述意义来理解程某某、绿城公司所主张信息具有的“商业价值性”。

虹亚公司在与程某某、绿城公司就涉案房地产开发项目接触、磋商过程中获取了相关商业秘密，但违反与程某某、绿城公司有关保守商业秘密的要求，擅自使用其掌握的商业秘密，构成商业秘密侵权。故法院判决：虹亚公司赔偿程某某、绿城公司损失100万元。程某某、绿城公司、虹亚公司均不服一审判决上诉至最高人民法院，最高人民法院经审理判决维持原判，驳回程某某、绿城公司、虹亚公司的上诉。

律师点评

《反不正当竞争法》将价值性表述为“具有商业价值”,《最高人民法院关于审理不正当竞争民事案件应用法律若干问题的解释》对价值性的定义是,有关信息具有现实的或潜在的商业价值,能为权利人带来竞争优势。也就是说,商业秘密的“价值性”是指商业秘密能为权利人带来现实或潜在的商业价值或竞争优势。

本案中,程某某、绿城公司认为其商业秘密的价值性,体现在项目利润分析报告显示涉案商业项目具有较高的投资回报价值,能为其带来巨大的经济利益。但商业秘密的价值性更多体现在,与未拥有该信息的主体相比在相同市场中所具有现实的或潜在的经济利益或竞争优势,因此涉案房地产项目所带来的经济利益,不能等同于涉案商业秘密给程某某、绿城公司带来的经济利益。

本案中,该两份项目利润分析报告,可以为房地产开发企业选择投资项目、作出投资决策提供帮助,故对于报告的所有人而言具有现实的或潜在的经济利益,并能为其带来竞争优势。综上,法院认定以两份项目利润分析报告为载体的“关于在某地存在一项含有具体土地价等利润分析情况的房地产开发项目的经营信息”具有商业价值。

6. 是否采取合理保密措施的认定

——玉田县科联实业有限公司、于某某与唐山玉联实业有限公司侵害商业秘密纠纷案①

案例要旨

商业秘密,是指不为公众所知悉、具有商业价值并经权利人采取相应保密措施的技术信息、经营信息等商业信息。采取保密措施是相关信息能够作为商业秘密受到法律保护的必要条件,这种措施应当能够使交易相对方或一般经营者

① 河北省唐山市中级人民法院(2011)唐民初字第13号、河北省高级人民法院(2016)冀民终689号、最高人民法院(2017)最高法民申2964号。

知道权利人有对相关信息予以保密的意图。所以，权利人如果对相关经营信息没有采取合理的保密措施，就不能主张将该信息作为商业秘密予以保护。

案情简介

唐山玉联实业有限公司（以下简称玉联公司）成立于1995年7月，从事食品机械、石油机械、电子产品、机电设备制作销售、货物运输（普货）生产和销售。于某某自1996年8月9日从玉田和平毛麻纺织厂调至玉联公司工作至2005年12月31日，其间于某某分别于2001年1月12日、2004年1月1日同玉联公司签订了两份《劳动合同协议书》，双方在合同中约定的期限分别为三年、二年。

玉田县科联实业有限公司（以下简称科联公司）成立于2002年6月，是从事石油钻采设备、环保器材及配件制作销售、水暖器材零售的有限责任公司，法定代表人于某某。2004年9月15日，经国家知识产权局授权，于某某作为专利权人取得了"防砂卡螺杆泵"的实用新型专利证书。

另查明，根据玉联公司提交的证据及其陈述，玉联公司主张的商业秘密为其自主创新的螺杆泵定子芯轴的加工工艺，螺杆泵转子（长转子）的加工办法，螺杆泵定、转子选配方法，螺杆泵砂带抛光及尺寸检测方法，螺杆泵地面驱动装置结构及其与华兴公司、河南油田等建立的销售渠道。同时，玉联公司主张，其销售渠道也是凭借高新技术产品的优势，在大力开拓销售市场，坚持信誉为本，及时周到服务，努力满足用户需求的情况下，建立起来的稳定的销售渠道，掌握了这些用户的基本情况、联系方式、交易习惯、信誉程度等，从而形成了区别于相应公知信息的特定客户信息，而由此形成的销售渠道也是玉联公司的商业秘密。

玉联公司称针对其商业秘密，制定了保密制度、销售管理制度，与在职职工签订《劳动合同》及与业务员签订《营销服务责任书》的形式，将保密条款名列其中。在其制定的《关于技术秘密管理的具体措施》中，明确了技术秘密的范围、技术秘密的等级、技术保密的具体实施办法及相关技术文件如何保管等，同时明确了泄密的责任。在玉联公司与在职职工签订的《劳动合同》中，也明确了相应的保密责任和保密要求。

法院认为

一审法院认为,玉联公司在与国内外企业、科研机构、知名专家等合作的基础上,投入大量精力和金钱,自行研发并取得了螺杆泵定子芯轴等技术的加工工艺,系国内同行业首创。玉联公司制定了严格详尽的保密制度,并在生产和销售过程中,与相关技术人员、其他责任人员明确了保密要求。玉联公司生产、销售产品的技术方案、制作方法、设计图纸、产品设计概念等工艺规程、工艺技术参数等,均系自行研发,采取了相应的保密措施,不为公众所知悉,处于行业领先地位,被实际应用后能够为玉联公司带来经济利益,构成商业秘密。玉联公司针对其销售渠道,同样采取了相应的保密措施,该销售渠道的取得并无一般公众可以通过其他途径获知,故该销售渠道同样构成商业秘密。

于某某在玉联公司工作期间,即成立了科联公司,离职后,即领导科联公司开始从事石油螺杆泵的生产、销售工作,并通过高薪从玉联公司招聘技术人员,利用其在玉联公司工作时掌握的销售渠道及其招聘的从玉联公司离职的技术人员掌握的技术信息,进行生产和销售,于某某及科联公司的上述一系列行为之目的,均是为了生产销售石油螺杆泵而取得利益,故其行为侵犯了涉案商业秘密。

综上,一审法院判决于某某、科联公司立即停止不正当竞争行为;在判决生效后10日内在《中国石油报》上书面向玉联公司赔礼道歉、消除影响;赔偿因侵害玉联公司商业秘密所造成的损失。

于某某、科联公司不服一审判决,上诉至河北省高级人民法院。

二审法院经审理认为,本案二审的焦点问题如下。

一、关于玉联公司主张的技术及特定客户名单是否构成商业秘密的问题。关于涉案技术是否构成商业秘密问题。双方针对该问题,主要的争议在于是否采取保密措施以及涉案技术是否是公知技术。关于是否采取保密措施,玉联公司主张其采取保密措施的主要证据是玉联公司《关于保密工作的几项规定》、涉案《劳动合同》中的条款以及相关的证人证言,依据《最高人民法院关于审理不正当竞争民事案件应用法律若干问题的解释》第11条的规定,人民法院应当根据所涉信息载体的特性、权利人保密的意愿、保密措施的可识别程度、他人通过正当方式所获得的难易程度等因素,认定权利人是否采取了保密措施。具体到本案中,首先,关于玉联公司《关于保密工作的几项规定》,该规定仅有4条,且内容仅原则性要求所有员工保守“企业销售、经营、生产技术秘密”，在“在厂期间和离厂二年内，不得利用所掌握的技术生产或为他人生产与本公司有竞争的产品和提供技术服务”，上述规定并未体现涉案技术秘密的具体内容，也未存在切实可行的防止技术秘密泄露的措施，在现实中不能起到保密的效果。其次，关于《劳动合同》中的保密条款，该《劳动合同》为劳动人事局等部门制定的格式合同，仅在第 11 条解除条款中与“严重违法劳动纪律、严重失职等情形”一并列举了“乙方要保守甲方的技术经营机密，泄露甲方机密或利用厂技术机密与厂竞争者，甲方保留追究经济损失的权利”，不能认定为保密措施。最后，关于证人证言，本案证人系从玉联公司到科联公司工作，其后又回到玉联公司工作，与涉案双方存在利害关系，而且其陈述的保密措施也局限于上述规定和劳动合同，不能证明玉联公司采取了其他保密措施。综上，不能认定玉联公司采取了适当、合理的保密措施。

二、关于经营信息是否构成商业秘密问题。关于经营信息，玉联公司的主张为其保持长期稳定交易关系的特定客户名单。玉联公司并未提交具体的客户名单，仅是就该问题提交了其与 4 家特定客户的增值税发票。依据《最高人民法院关于审理不正当竞争民事案件应用法律若干问题的解释》第 13 条的规定，法院认为，只有进一步考察主张拥有权利的经营者就该特定客户是否拥有区别于相关公知信息的特殊客户信息，并且考察构成商业秘密的一般条件之后，才能确定是否应当认定为法律所保护的商业秘密。因此，玉联公司的客户名单不构成商业秘密。即使退一步讲，玉联公司拥有客户名单，仍要考虑其是否采取了适当的保密措施。关于经营信息是否采取保密措施，玉联公司增加了营销服务责任书和销售管理制度两份证据，该两份证据的措施基本相同，为约定“在职期间和离职三年之内，不得利用原销售渠道销售公司同类产品”。如上所述，法院认为符合 1993 年《反不正当竞争法》第 10 条规定的保密措施应当表明权利人保密的主观愿望，并明确作为商业秘密保护的信息的范围，使义务人能够知悉权利人的保密愿望和保密客体，并在正常情况下足以防止涉密信息泄露。在本案中，上述证据中的约定没有明确玉联公司作为商业秘密保护的信息的范围，也没有明确于某某应当承担的保密义务，而仅限制于某某在一定时间内通过原有渠道销售公司同类产品，该约定应认定为竞业限制约定，即使其主要目的可能就是保护商业秘密，但由于该约定没有明确用人单位保密的主观愿望、作为商业秘密保护的信息的范围、义务人应当承担的保密义务，因而不能构成法律意义上的保密措施。

判决撤销河北省唐山市中级人民法院民事判决；驳回玉联公司的全部诉讼请求。玉联公司不服二审判决，向最高人民法院申请再审。最高人民法院经审理裁定驳回玉联公司的再审申请。

律师点评

本案的主要争议焦点是玉联公司对其请求作为商业秘密保护的技术信息和经营信息是否采取了符合法律规定的保密措施。

根据《最高人民法院关于审理不正当竞争民事案件应用法律若干问题的解释》第 11 条第 1 款和第 2 款的规定，权利人为防止信息泄露所采取的与其商业价值等具体情况相适应的合理保护措施，应当认定为《反不正当竞争法》规定的“保密措施”。人民法院应当根据所涉信息载体的特性、权利人保密的意愿、保密措施的可识别程度、他人通过正当方式获得的难易程度等因素，认定权利人是否采取了保密措施。同时，根据《北京市高级人民法院关于审理反不正当竞争案件几个问题的解答(试行)》第 12 条的规定，采取保密措施是信息构成商业秘密的要件之一。这个要件要求，权利人必须对其主张权利的信息对内、对外均采取了保密措施；所采取的保密措施明确、具体地规定了信息的范围；措施是适当的、合理的，不要求必须万无一失。

本案中，玉联公司主张其通过制定《关于保密工作的几项规定》、《关于技术秘密管理的具体措施》等保密制度、《销售管理制度》及与于某某签订的《劳动合同协议书》、《营销服务责任书》等方式对商业秘密采取了保密措施。

上述规定无法让该规定针对的对象即所有员工作知悉玉联公司作为商业秘密保护的信息范围即保密客体，仅此不属于切实可行的防止技术秘密泄露的措施，在现实中不能起到保密的效果。相关信息作为商业秘密受到保护，必须具备《反不正当竞争法》规定的要件，包括采取了保密措施，而不是单纯约定竞业限制就可以实现的。对于单纯的竞业限制约定，即便其主要目的就是保护商业秘密，但由于该约定没有明确用人单位保密的主观愿望和作为商业秘密保护的信息的范围，因而不能构成《反不正当竞争法》第 9 条规定的保密措施。《劳动合同协议书》为劳动人事局等部门制定的格式合同，其第 11 条第 5 项规定，乙方要保守甲方的技术经营机密，泄露甲方机密或利用厂技术机密与厂竞争者，甲方保留追究经济损失的权利。该规定同样不能认定为构成符合规定的保密措施。

综上,对于商业秘密保密措施主要从以下两个方面入手:主观上的保密意愿和客观上采取的保密措施。权利人对其合法拥有的商业秘密信息首先要有进行保护的主观意识;并在此基础上进一步采取一定的保护措施。关于一定保护措施的认定,只要权利人在商业秘密所处的特定环境和条件下,采取了具有防止一般人以正当手段获取商业秘密的可能性即可。

7. 经营信息的认定

——北京敦煌禾光信息技术有限公司诉方某侵害商业秘密纠纷案①

案例要旨

作为商业秘密的经营信息,应该是权利人在长期经营活动中不断积累所获得的信息,是较系统的、有相关数据支持或者形成一定模式的信息组,即使是经营数据,亦应有这些数据所产生的渠道、途径、基础,因而需要权利人提交证据证明。

案情简介

2007年9月9日,北京敦煌禾光信息技术有限公司(以下简称敦煌公司)作为甲方与作为乙方的方某签订劳动合同,约定方某的职位是技术总监(CTO),合同期限为2007年9月9日至2008年9月9日。该合同第6.5条约定:"本合同履行期间和期满或者因其他原因解除合同后两年内乙方均应严格保守甲方的秘密,不得将甲方的经营情况、客户资料、技术数据及资料、财务状况、正在开发的产品、项目等商业秘密泄露给第三方。否则,甲方有权追索和要求乙方赔偿经济损失。"另外,该合同第9.6条约定:"乙方从甲方获得的技术成果、资料、经营

① 北京市第一中级人民法院(2009)一中民初字第4760号、北京市高级人民法院(2009)高民终字第5380号。

信息等商业秘密,不得擅自转让或泄露给其他单位和个人。甲方所有的知识产权,在本合同终止后,乙方仍然有义务予以保密和保护”。

2007年9月11日,敦煌公司与方某签订《保密和发明转让协议》,其中第3条“保密”约定了如下内容:3.1,员工不得在聘用期间或在其聘用期终止后的任何时间,直接或间接地为个人目的或为其他任何人、公司、商业实体或其他任何形式组织的目的而使用;或向任何人、公司、商业实体或其他任何形式的组织披露属于或与公司集团或任何关联公司有关的任何商业秘密和保密信息,包括但不限于与客户、客户名单或需求、价格单或定价结构、销售和营销信息、商业计划或交易、员工或管理人员、源代码和电脑系统、软件、财务信息和计划、设计、配方、原型、产品线、服务、调查活动、任何标记为“保密”的文件、员工被告知其为保密或员工有理由认为公司将其视为保密的任何信息、客户或其他人基于信任交与公司集团或各关联公司的任何信息有关的任何该等信息。

2008年9月9日,敦煌公司与方某续签了劳动合同,其相关内容与前一份劳动合同相同。2008年10月9日,方某向敦煌公司递交辞职申请。2008年11月25日,方某与敦煌公司办理交接手续完毕。

敦煌公司明确主张的商业秘密类型是经营信息,成交额不是其主张的商业秘密,其融资的情况是公开的,但融资额是不公开的。但敦煌公司并未举证证明其实际融资额。在本案的诉讼中,敦煌公司提交了一张视频光盘,称该光盘中录制的内容既包括敦煌公司主张的商业秘密的内容,也包括方某未经敦煌公司许可向案外人泄露商业秘密的侵权事实,主要是以方某向案外人介绍情况的方式体现的,对于该份证据,方某对时间予以认可,但认为该份证据的来源不具有合法性,是在其不知情的情况下获得的,不应予以采信。另外,该份证据所涉及的敦煌公司的信息包括三类情况:客观事实、一般做法、融资情况,这些信息基本为公知的内容,不具有实用性、秘密性,不构成商业秘密。

另外,敦煌公司在本案中还提交了一份自称是2008年8月27日方某提供给案外主体“沱沱网”的PPT文件的一部分,并称“沱沱网”利用该文件已经建立了与“敦煌网”具有竞争性的网站。方某对该份证据的真实性、合法性、关联性均不认可。

方某在本案中提交了一些网页的复印件,主要内容是关于敦煌公司的报道性文章,涉及敦煌公司创办情况、融资情况、盈利模式、业务情况。其中,最早的时间是2008年10月30日,涉及敦煌公司的创办情况、融资情况、交易费用,其目的是证明敦煌公司主张的商业秘密内容均是公开的,不符合不为公众所知悉的要件。敦煌公司认为方某并未提交这些证据的原件,因此对真实性不认可。另外,这些证据中体现的信息与敦煌公司主张的商业秘密不完全相同。

法院认为

北京市第一中级人民法院认为,对于敦煌公司提供的证明其商业秘密内容的光盘,首先,该份证据系在方某不知情的情况下录制的,并且没有明确显示方某与何人谈话以及为何与该人谈话,即该份证据来源不明;其次,经营信息之所以能够成为商业秘密,需要权利人在长期经营活动当中付出不懈努力不断积累获得,因此,仅凭方某口头陈述的一些与敦煌公司有关的内容就认为是应作为商业秘密获得保护的经营信息缺乏事实依据;再次,敦煌公司也并未提交证据证明方某在录像中陈述的内容系不为公众所知悉且敦煌公司已针对此内容采取了相关保密措施明确确定其系不能对外披露的信息;最后,敦煌公司也未举证证明上述内容的披露将给公司造成何种损失,即该内容的经济价值性。因此,该光盘不能证明敦煌公司主张的商业秘密的具体内容。另外,敦煌公司举证的方某提供给"沱沱网"的内容系打印件,无法证明该份证据的来源与真实性,亦不予采信。敦煌公司并未举出充分证据证明其主张的商业秘密符合相关法律规定的要件,因此对于敦煌公司主张的商业秘密,不予支持。驳回敦煌公司的全部诉讼请求。

敦煌公司不服一审判决,向北京市高级人民法院提起上诉,二审法院认为,敦煌公司主张方某向案外人泄露了该公司的商业秘密,故敦煌公司应对其所主张的商业秘密的内容、该信息符合商业秘密的构成条件、方某泄露的内容等承担举证责任。

作为商业秘密的经营信息,应该是权利人在长期经营活动中不断积累所获得的信息,是较系统的、有相关数据支持或者形成一定模式的信息组,即使是经营数据,亦应有这些数据所产生的渠道、途径、基础,因而需要权利人提交证据证明。敦煌公司主张方某在视听资料中所透露的内容即为其商业秘密。但在本案中,敦煌公司并未举证证明其采取了保密措施的相关经营信息的内容、范围,仅笼统指出方某所透露的内容就是其商业秘密,但是,对于方某所透露的内容是否有相关数据与之相佐证、是否属实,并未提交证据加以证明。此外,结合方某提交的证据，早在2008年10月，在相关网站上即刊载了敦煌公司的创办情况、融资情况、交易费用等信息，这些信息与方某透露的内容有相同之处，因此，敦煌公司仅凭方某陈述的一些与敦煌公司有关的内容就认为是应作为商业秘密获得保护的经营信息，缺乏事实依据。鉴于敦煌公司并未举证证明其主张的商业秘密的具体内容，因此，一审法院对于敦煌公司主张的商业秘密不予支持正确。

由于敦煌公司并未举证证明其主张的商业秘密的具体内容，因此其有关方某披露、使用以及允许他人使用敦煌公司商业秘密的主张不能得到支持。敦煌公司的上诉主张及理由均不能成立，判决驳回上诉，维持原判。

律师点评

根据《反不正当竞争法》《国家工商行政管理局关于禁止侵犯商业秘密行为的规定》及相关规定，经营信息主要是指除技术信息外，用于经营、管理和贸易等能够为权利人带来竞争优势的信息，主要是指管理诀窍、客户名单、有秘密性的经营情报和信息、企业的营销策略、产品营销计划、广告计划材料价格、供应链、流通渠道、企业的资信情况等。

《最高人民法院关于审理不正当竞争民事案件应用法律若干问题的解释》第14条规定："当事人指称他人侵犯其商业秘密的，应当对其拥有的商业秘密符合法定条件、对方当事人的信息与其商业秘密相同或者实质相同以及对方当事人采取不正当手段的事实负举证责任。其中，商业秘密符合法定条件的证据，包括商业秘密的载体、具体内容、商业价值和对该项商业秘密所采取的具体保密措施等。"依据上述规定，只有具备法定条件的经营信息才能作为商业秘密获得法律保护，具体包括秘密性、商业价值性并应采取保密措施，并且应当举证证明商业秘密的具体内容。

因此，明确相关信息构成商业秘密的举证责任在原告方。此外，对于涉案的经营信息是否符合法定条件需要从商业价值和保密措施等方面进行证明。在商业秘密的秘密性方面，主要是指商业秘密不为公众所知悉，不为其所属领域的相关人员普遍知悉和容易获得。在商业秘密的价值性方面，只要存在具有价值的潜力或竞争优势即可，同时，该信息即便对权利人没有了直接的价值，但只要该信息处于秘密状态就可以阻止其竞争对手减少成本，保持自身的竞争优势也是该信息具有价值性的体现。在商业秘密的保密措施方面，采取适当的保密措施能有效维护有关信息的秘密性即可。

《反不正当竞争法》第32条第2款规定："商业秘密权利人提供初步证据合理表明商业秘密被侵犯，且提供以下证据之一的，涉嫌侵权人应当证明其不存在侵犯商业秘密的行为：（一）有证据表明涉嫌侵权人有渠道或者机会获取商业秘密，且其使用的信息与该商业秘密实质上相同；（二）有证据表明商业秘密已经被涉嫌侵权人披露、使用或者有被披露、使用的风险；（三）有其他证据表明商业秘密被涉嫌侵权人侵犯。"本案中，首先，敦煌公司并未能提供证据证明其所主张的商业秘密的内容；其次，方某是通过相关网站获取敦煌公司的创办情况、融资情况、交易费用等信息的；最后，对于方某所透露的内容是否有相关数据与之相佐证、是否属实等，敦煌公司也没有提交证据加以证明。因而，敦煌公司的诉讼请求并未获得法院的支持。

8. 教学方案作为商业秘密保护的构成要件

——上海百花教育信息咨询服务有限公司与上海卓基文化传播有限公司、胡某某等侵害经营秘密纠纷案①

案例要旨

技术信息和经营信息等商业信息满足不为公众所知悉、具有商业价值、权利人采取保密措施三个要件时，即可将信息作为商业秘密加以保护。本案原告主张的教学方法、教学体系和教学内容等信息是否能够作为商业秘密保护的前提条件要看其是否符合上述构成要件。但本案原告主张的涉案部分内容属于公有领域范围，原告对其余内容也未能采取合理有效的保密措施，导致其内容已被公开，故其主张的信息不符合作为商业秘密保护的构成要件。

---

① 上海市浦东新区人民法院（2014）浦民三（知）初字第1045号、上海知识产权法院（2015）沪知民终字第643号。

案情简介

上海百花教育信息咨询服务有限公司(以下简称百花公司)成立于2007年3月,注册资本100万元,经营范围为教育信息咨询(不得从事教育培训、中介、家教),办公用品、玩具的销售。上海卓基文化传播有限公司(以下简称卓基公司)成立于2013年10月,注册资本100万元,经营范围为文化艺术交流与策划、市场营销策划、企业管理咨询(除经纪)等。胡某某、徐某某为卓基公司的股东。百花公司和卓基公司均从事幼升小的培训行业。

2010年2月至2013年9月及2009年8月至2013年9月,胡某某、徐某某在百花公司担任主讲教师。徐某某在百花公司任教期间还负责从各任教老师处回收学员的花名册和评分表。胡某某、徐某某与百花公司均签订有劳动合同、保密协议。其中保密协议约定,乙方(胡某某、徐某某,下同)对甲方(百花公司,下同)的客户名单、技术资料等经营信息、技术信息及依照法律规定和有关协议约定对外承担保密义务的事项负有保密义务。胡某某、徐某某在办理离职手续时均向百花公司出具誓约书,誓约书中两人保证在百花公司处任职期间和离职之后,对于工作期间所获知的所有商业秘密、业务信息遵守保密规定。在离职前,确认已归还所有教案、教学资料等所有公司物品,并保证不持有教案、教学信息等有关公司资料的任何形式的存档。徐某某的交接表中记载,其离职时向百花公司移交了点名册、课程表、报名表、成长记录表、成绩表、纸上题、联络册、评分表、会员信息表、教案等相关材料。胡某某的交接表中记载,其离职时向百花公司移交了大、中、小班的教案、课程表等材料。

百花公司主张的商业秘密共分为两部分:第一部分为百花公司所有的教学方法、教学体系和教学内容,体现在:(1)百花公司内部使用,只发放给学生家长的联络册、《学习习惯&集体活动记录》、《学习状况报告表》;(2)不对外公开仅限于老师使用的大班第六周教案内容,包括该教案中的纸上题27~30题及教案中使用的生活用品卡片。第二部分为客户名单。

法院认为

一审法院认为,本案百花公司主张作为商业秘密保护的信息为经营信息,涉案信息是否能够作为商业秘密保护的前提条件要看其是否符合上述构成要件。

关于教学方法、教学体系和教学内容。作为商业秘密保护的信息的构成要件之一为需审查百花公司是否对这些信息采取了保密措施。《最高人民法院关于审理不正当竞争民事案件应用法律若干问题的解释》第11条亦明确了判断保密措施合理性的操作标准。因此权利人采取的保密措施必须明确具体,这样才能起到判断商业秘密保密措施合理性的作用。本案百花公司将其所有的教学内容、资料均作为其商业秘密,要求学员家长承担保密义务,该条款约定的保密范围过于宽泛,导致学员家长无法履行该保密义务。况且,百花公司对这些资料并未采取特别的保密措施,这些资料是百花公司教学过程中必须使用的,每位学员家长都会获得。百花公司仅凭入学协议就要求所有学员家长对这些定期获得的资料承担保密义务并不合理,实际上也是不可能实现的,相关内容也属公知范围,故不能作为商业秘密予以保护。

故一审法院认定百花公司主张的教学方案并不属于商业秘密。百花公司不服一审判决,上诉至上海知识产权法院。二审中,百花公司确认其二审中主张的商业秘密变更为联络册中明确的教什么的教学内容、第六周教案的具体内容和客户名单。

二审法院认为:(1)百花公司主张的联络册不属于《反不正当竞争法》保护的商业秘密。首先,现有证据不能证明百花公司对联络册采取的保密措施具有合理性,足以防止相关信息泄露。百花公司仅在入学协议中约定,未征得百花公司同意,禁止在百花公司处拍照、摄像、录音。百花公司的课堂资料、学习内容及其他商业秘密信息系商业秘密,学员及家长同意并保证不以任何形式将其给予任何第三方。百花公司主张的联络册系提供给学员家长、并由学员家长控制的资料,在百花公司没有对联络册标明保密标志,也没有对学员家长特别说明联络册属于保密信息的情况下,学员家长无从知悉哪些资料属于入学协议约定的保密范围,而且学员家长在获得联络册后,百花公司亦没有采取限制学员家长使用范围、是否回收等措施,不足以防止学员家长泄露、分享联络册的内容。故百花公司对联络册采取的保密措施不具有合理性。

其次,联络册的具体内容系较为常见的知识点,这些知识点反映的内容本身并不属于不为公众所知悉和容易获得的信息。虽然百花公司对这些知识点进行编排形成的教学体系或方法具有一定的独创性,但卓基公司的教学体系与百花公司的体系安排并不相同。仅部分知识点相同并不能证明卓基公司使用了百花公司的教学体系或方法。

(2)关于百花公司主张的第六周教案内容。法院认为,首先,百花公司主张的第六周教案内容中的相关教学卡片涉及的内容均为生活中较为常见的用品,不属于不为所属领域的相关人员普遍知悉和容易获得的信息。其次,百花公司对其主张的第六周教案内容并没有采取合理保密措施。一方面,百花公司第六周教案中的教学流程、练习题等与百花公司网站及其公开出版的《思维训练365天》简介中介绍的教学流程、练习题基本一致;另一方面,百花公司的教学场地允许其他人进行免费试听,且有的教学点的教室的外墙系透明玻璃,其他人可以透过玻璃墙了解百花公司的教学内容。因此,百花公司主张的第六周教案内容不构成《反不正当竞争法》保护的商业秘密。最终二审法院驳回百花公司的上诉,维持原判。

律师点评

《反不正当竞争法》第9条规定,商业秘密是指不为公众所知悉,具有商业价值并经权利人采取相应保密措施的技术信息、经营信息等商业信息。据此可知,用于经营、管理和贸易等信息,不为相关领域内的人员普遍知悉,能为权利人带来竞争优势,并且权利人对信息采取了足以防止其泄露的措施,该信息就属于商业秘密,从而获得法律保护。

教学方案作为教育培训机构的重要资源,能够为培训机构带来经济利益,亦能使其在竞争激烈的教育培训机构市场获得竞争优势。因此,如果教学方案的内容不属于公知范围,权利人亦对此采取了有效合理的保密措施,是可以作为商业秘密予以保护的。

本案中,原告主张的商业秘密是其所有的教学方法、教学体系和教学内容等。但在原告与学员家长签订的入学协议中,原告将其所有的教学内容、资料均作为其商业秘密,要求学员家长承担保密义务。但该条款约定的保密范围过于宽泛,没有明确具体的保密信息,导致学员家长无法履行该保密义务。另外,原告对这些资料也未采取特别的保密措施,况且,这些资料是原告在教学过程中必须使用的,每位学员家长都会获得。原告仅凭入学协议就要求所有学员家长对这些定期获得的资料承担保密义务并不合理,实际上也是不可能实现的。因此,原告主张的教案及课堂资料,部分内容属于公知范围,其余内容亦已被原告以公开出版、开设免费试听课等形式予以公开。鉴于原告对不属于公知范围内的信息未能采取有效合理的保密措施，因而，原告主张的信息不能作为商业秘密予以保护。

9. 客户名单是否构成商业秘密的认定

——鹤壁市反光材料有限公司与宋某某、鹤壁睿明特科技有限公司、李某某侵害商业秘密纠纷案①

案例要旨

客户名单中的客户与涉案公司形成稳定的供货渠道，保持着良好的交易关系，在生产经营中具有实用性，能够为涉案公司带来经济利益、竞争优势，涉案公司为经营信息制定了具体的保密制度，对客户及潜在客户信息采取了必要的保密措施，并与员工明确约定了保密条款、竞业限制条款，因此，认定涉案公司制作的客户名单构成商业秘密。员工明知公司的相关管埋规定及客户名单的非公开性和商业价值，仍私自与公司的客户进行交易，属于披露、使用、允许他人使用经营信息的行为，构成商业秘密侵权。

案情简介

鹤壁市反光材料有限公司（以下简称反光材料公司）成立于1996年4月4日，经营范围为反光材料及应用反光材料制品、镀膜制品、加工销售等。宋某某自2006年起在反光材料公司任业务员，主要负责黑龙江省、吉林省、辽宁省及内蒙古自治区的销售及客户拓展工作。

宋某某自2006年起在反光材料公司任业务员，主要负责部分省份的销售及客户拓展工作。反光材料公司与宋某某先后签订两份劳动合同，并约定有保密条款和竞业限制条款。反光材料公司对其经营信息制定有保密制度，对客户及潜在客户信息采取了必要的保密措施，同时向宋某某及其他业务员支付了保密费用。

---

① 河南省鹤壁市中级人民法院（2015）鹤民初字第96号、河南省高级人民法院（2016）豫民终347号。

鹤壁市睿欣商贸有限公司(以下简称睿欣公司,即鹤壁睿明特科技有限公司的前身)成立于2011年6月22日,经营范围为钢材、建材、五金交电、涂板、反光护栏。在睿欣公司经营期间,宋某某以宋某名义参与办理睿欣公司工商登记手续的相关工作。睿欣公司的银行往来账目显示,自2011年8月1日至2015年7月31日,睿欣公司与反光材料公司的多笔交易客户重合,宋某某以个人名义从睿欣公司账户取款多次。反光材料公司遂以侵害商业秘密为由,将宋某某等诉至法院。

法院认为

一审法院认为,反光材料公司的客户名单构成商业秘密,宋某某、睿欣公司对反光材料公司的商业秘密构成共同侵权。二审法院认为,根据反光材料公司所提供的交易记录及客户来往票据,其中"品种""规格""数量"能够说明客户的独特需求,"成交日期"能够反映客户要货的规律,"单价"能够说明客户对价格的承受能力和价格成交底线,"备注"反映了客户的特殊信息。这些内容构成了反光材料公司经营信息的秘密点。上述经营信息涉及的客户已与反光材料公司形成了稳定的供货渠道,保持着良好的交易关系,在生产经营中具有实用性,能够为反光材料公司带来经济利益、竞争优势。反光材料公司为上述经营信息制定了具体的保密制度,对客户及潜在客户信息采取了必要的保密措施,并与宋某某明确约定了保密条款、竞业限制条款,向宋某某及其他业务员支付了相应的保密费用,可以证明反光材料公司为上述经营信息采取了合理的保密措施。

综上,可以认定反光材料公司制作的客户名单构成商业秘密。宋某某负有对反光材料公司的忠实义务,其中包括对工作中接触到的经营信息进行保密的义务,其明知公司的相关管理规定及客户名单的非公开性和商业价值,但仍私自与反光材料公司的客户进行交易,且与睿欣公司来往频繁,构成披露、使用、允许他人使用反光材料公司经营信息的行为,侵害了反光材料公司的商业秘密。睿欣公司不正当地获取、使用了宋某某所掌握的反光材料公司拥有的商业秘密。宋某某、睿欣公司对反光材料公司的商业秘密构成共同侵权。因睿欣公司已变更为睿明特公司,故侵权责任应由睿明特公司承担。

律师点评

根据《江苏省高级人民法院侵犯商业秘密纠纷案件审理指南》的规定，法院对侵犯商业秘密纠纷案件一般遵循逐段审理的思路。

第一步：对原告是否有权就该商业信息主张权利、该商业信息是否符合商业秘密构成要件进行审查和认定；

第二步：在商业秘密成立且原告有权主张权利的前提下，对被告是否实施了侵权行为进行审查和认定；

第三步：在被告构成侵权的情况下，对被告应承担的民事责任进行审查和认定。

当事人主张客户名单符合商业秘密的，需要提供证据予以证明，再由法院对客户名单是否符合商业秘密进行认定。本案中，二审法院从商业秘密的"不为公众所知悉""价值性""保密措施"三个构成要件方面论述了反光材料公司主张的客户名单构成商业秘密。

首先，本案中，反光材料公司向东北地区客户出具的增值税发票、发货清单、与其客户资金往来的汇款凭证、要货通知单、包裹票，能够证明反光材料公司与交易记录中的客户发生了实际交易，有的已发展成为有长期业务往来的客户，有的虽未建立业务关系但亦是反光材料公司获得交易机会的重要资源，能够证明反光材料公司与交易记录中的客户建立了相对稳定的交易关系以及潜在的交易关系网。反光材料公司将获取的客户信息整理后输入电脑数据库以及将向东北地区客户出具的增值税发票、发货清单、与其客户资金往来的汇款凭证、要货通知单、包裹票、出差工作日程表及出差计划上载明的信息予以汇总、整理，最终形成了客户名单及相关载体上记录的信息，由此证明反光材料公司通过花费时间、金钱和劳动等代价才获得了相关客户的经营信息。反光材料公司所提供的交易记录及客户来往票据，其中"品种""规格""数量"能够说明客户的独特需求，"成交日期"能够反映客户要货的规律，"单价"能够说明客户对价格的承受能力、价格成交的底线，"备注"反映了客户的特殊信息，这些内容构成了反光材料公司经营信息的秘密点，体现了反光材料公司掌握的客户信息的特有，不能从公开的信息中获取。因此，以上证据符合《最高人民法院关于审理不正当竞争民事案件应用法律若干问题的解释》第 13 条第 1 款的客户名单以及第 9 条第 1 款关于商业秘密"不为公众所知悉"的认定条件。

其次,本案中,反光材料公司提供的交易记录及客户来往票据,涵盖时间长,包含客户众多,这些经营信息具有现实的或者潜在的商业价值,有的已发展成为有长期业务往来的客户,有的虽未建立业务关系但亦是反光材料公司获得交易机会的重要资源,经营信息中的客户已与反光材料公司形成了稳定的供货渠道,保持着良好的交易关系,这些经营信息在生产经营中具有实用性,能够为反光材料公司带来经济利益、竞争优势。因此,以上证据符合《最高人民法院关于审理不正当竞争民事案件应用法律若干问题的解释》第 10 条"价值性"的认定条件,即"具有商业价值"。

最后,本案中,反光材料公司为上述经营信息制定了具体的保密制度,对客户及潜在客户信息采取了必要的保密措施,同时其与宋某某签订的劳动合同中明确约定了保密条款、竞业限制条款,反光材料公司向宋某某及其他业务员支付了相应的保密费用,由此证明了反光材料公司为上述经营信息所采取的合理保密措施。因此,以上证据符合《最高人民法院关于审理不正当竞争民事案件应用法律若干问题的解释》第 11 条"保密措施"的认定条件。

综上所述,可以认定反光材料公司制作的客户名单构成商业秘密。一审法院的认定并无不当,宋某某、睿明特公司关于"一审法院认定反光材料公司所述的相关客户经营信息构成商业秘密,无证据支持和法律依据"的上诉理由不能成立,被二审法院予以驳回。

10. 单一客户名单构成商业秘密的认定标准

——北京万岩通软件有限公司诉陈某等侵害商业秘密纠纷案①

案例要旨

仅包含一个特定客户的单一客户名单,如果其上附着的客户信息属于在长

① 北京市海淀区人民法院(2016)京 0108 民初 7465 号、北京知识产权法院(2017)京 73 民终 1776 号。

期稳定交易关系中形成的包含客户需求类型、特殊经营规律、交易习惯、交易倾向、验收标准、利润空间、价格承受能力，以及相关负责人联络方式、性格特点等难以从公共渠道获得，或者正当获得需要投入一定人力、物力、时间成本的信息，则属于深度信息。如上述深度信息同时具备价值性、秘密性、保密性，对其按照商业秘密进行保护能够遏制不劳而获、促进公平有序竞争的，则应认定该单一客户名单属于商业秘密。

案情简介

2012 年 7 月，陈某、石某入职北京万岩通软件有限公司（以下简称万岩通公司），签署了包括保密协议等一系列具有保密性质的协议。二人在职期间受万岩通公司指派，参与了与中石油管道分公司（以下简称管道公司）的合作项目，涉及移动应用平台项目。2014 年 5 月 7 日，陈某的配偶李某与石某（后变更为石某之母韩某）作为自然人股东成立北京恰行者科技有限公司（以下简称恰行者公司）。2014 年 6 月，陈某、石某从万岩通公司离职。

陈某、石某以恰行者公司名义与管道公司开展合作。2014 年 12 月，恰行者公司与管道公司签订移动应用平台技术服务合同。2015 年 11 月，管道公司信息中心出具移动应用平台项目任务书，邀请恰行者公司作为单一来源方谈判采购，恰行者公司报价为 235 万元。

恰行者公司与管道公司合作期间，其接触的管道公司项目负责人有曹某、安某、张某等人，上述人员同为陈某、石某在万岩通公司任职期间接触到的管道公司相关项目人员。

万岩通公司主张恰行者公司、陈某、石某侵犯其商业秘密即客户名单，其内容包括管道公司的交易习惯、需求、价格承受能力、项目负责人的性格特点、联系方式、地址，而且万岩通公司与其形成稳定的交易关系，故起诉至法院，要求三被告恰行者公司、陈某、石某停止侵害原告商业秘密的行为，公开赔礼道歉、消除影响，共同赔偿原告经济损失 50 万元及合理费用 2 万元，并承担本案诉讼费用。

法院认为

北京市海淀区人民法院经审理认为，原告和被告恰行者公司的经营范围、服务对象均存在重合,已构成竞争关系。原告主张应作为商业秘密保护的涉案客户名单,系与其保持长期稳定合作关系的特定客户管道公司,包括客户的交易习惯、需求、价格承受能力、项目负责人的性格特点、联系方式、地址等信息,具有秘密性、价值性和保密性,属于商业秘密。被告陈某、石某利用在原告任职的职务便利获取涉案商业秘密,在离职后通过关联关系人恰行者公司,与原告涉案特定客户签订相关技术服务合同,其行为构成《反不正当竞争法》(1993 年)第 10 条第 1、2 项规定的侵犯商业秘密。据此判决三被告停止侵害原告涉案商业秘密的行为,共同赔偿原告经济损失 20 万元、律师费 1.6 万元,并消除影响。

宣判后,三被告提起上诉。北京知识产权法院认为,对于存在长期稳定合作关系的特定客户,有关该客户的特定信息能够构成商业秘密;陈某、石某作为实际控制人发起成立恰行者公司之后,接续其在万岩通公司的工作经历,利用其作为核心人员掌握的万岩通公司与管道公司之间的具体项目内容、服务运营标准、价格承受能力、相关负责人联络方式、性格特点、交易习惯、交易倾向等深度信息,抢夺万岩通公司与管道公司的交易机会,挤占万岩通公司的市场空间,其行为违背公认的商业秩序与商业道德,构成对万岩通公司商业秘密的侵犯。综上,判决驳回上诉,维持原判。

律师点评

本案的主要争议焦点为管道公司是否属于商业秘密范畴的“特定客户”。在客户名单中仅有一个特定客户的情形下,能否将其作为商业秘密加以保护。

依照新修正的《反不正当竞争法》第 9 条第 4 款的规定,商业秘密具有三个基本特征:秘密性、价值性、保密性。《最高人民法院关于审理不正当竞争民事案件应用法律若干问题的解释》第 13 条第 1 款规定,商业秘密中的客户名单,一般是指客户的名称、地址、联系方式以及交易的习惯、意向、内容等构成的区别于相关公知信息的特殊客户信息,包括汇集众多客户的客户名册,以及保持长期稳定交易关系的特定客户。

首先,关于秘密性。本案中,管道公司作为中石油系统的企业,考虑到其开展业务的准入门槛和市场化程度,虽然在相关网络媒体上有相关项目的概括性介绍,但所属领域的相关人员通过公开渠道无从得知具体项目内容、审批资金来源、前期服务的运营标准、项目验收标准、价格承受能力等核心信息,也无从知晓相关负责人的联络方式、性格特点、交易习惯、交易倾向等深度信息,而这些信息是把握商业机遇和取得竞争优势的关键,特别是在软件开发运维服务这类更新换代快、时限性要求较高的领域。涉案客户信息不为其所属领域的相关人员普遍知悉和容易获得,具有秘密性;相关信息能为权利人带来竞争优势,具有现实的或者潜在的商业价值,故具备价值性。

其次,关于价值性。商场如战场,在具体的商业项目中,客户的交易需求、特殊偏好、实际验收标准、价格承受能力,往往是极为重要的核心信息,特别是价格承受底线等敏感信息,往往需要在长期的商业合作、商务谈判、市场调研中才能获得,也是商业主体争取竞争优势、成功获取项目的关键。掌握客户的核心需求、特殊偏好以及价格底线,能够使得竞争者在最短的时间、以最低的代价在竞争中把握机遇,成功获得合作机会,赚取商业利润,显然具有重要的商业价值。本案中,陈某、石某在万岩通公司任职期间,作为核心人员长期参与万岩通公司与管道公司之间的移动平台运维项目,完全有机会通过参加相关商业谈判、审查合同中的技术细节等渠道接触上述信息。

最后,关于保密性。保密性的要求应当根据涉密载体的特性、权利人保密的意愿、保密措施的可识别程度、保密信息的知悉人员范围等因素,根据具体情况予以判断。本案中,万岩通公司与陈某、石某签署了包括保密与竞业禁止的劳动合同、竞业限制协议、员工知识产权承诺协议、保密协议,通过多重书面形式强调了保守商业秘密的要求。虽然陈某辩称竞业禁止协议因万岩通公司未向其发送书面竞业限制告知书而未生效,但查阅该竞业禁止协议的条款可知,该协议明确了万岩通公司有权在二人离职之前的任何时间发送竞业限制告知书,而二人在离职之前约一个月即发起成立了与万岩通公司有直接竞争关系的恰行者公司,实际上否决了万岩通公司依据竞业禁止协议所享有的在二人离职之前的任何时间发送竞业限制告知书的选择权。万岩通公司与管道公司签订的商业合同等信息,限制在本公司一定范围内的人员知悉,结合陈某、石某以上的主观状态与客观行为,最终法院认定万岩通公司对涉案商业秘密基本上采取了相应的保密措施。

11. 商业秘密与国家秘密的区分

——北京一得阁墨业有限责任公司与高某某、北京传人文化艺术有限公司侵害商业秘密纠纷案[①]

案例要旨

国家秘密中的信息由于关系国家安全和利益，是处于尚未公开或者依照有关规定不应当公开的内容。被列为北京市国家秘密技术项目的“一得阁墨汁”“中华墨汁”在技术出口保密审查、海关监管、失泄密案件查处中均有严格规定。既然涉及保密内容，北京市国家秘密技术项目通告中就不可能记载“一得阁墨汁”“中华墨汁”的具体配方以及生产工艺。涉密人员离、退休或调离该单位时，应与单位签订科技保密责任书，继续履行保密义务，未经本单位同意或上级主管部门批准，不得在任何单位从事与该技术有关的工作，直到该项目解密为止。

案情简介

1956 年，“一得阁”实现公私合营，组建了一得阁墨汁厂。2004 年，一得阁墨汁厂改制为“北京一得阁墨业有限责任公司”（以下简称一得阁公司），一得阁公司生产的“一得阁墨汁”以及“中华墨汁”于 1995 年 11 月被列为北京市国家秘密技术待审项目，并于 1996 年 5 月被列为北京市国家秘密技术项目，保密期限为长期。1997 年 7 月 14 日，一得阁工贸集团成立了保密委员会，高某某任副组长。一得阁公司采取主料、辅料分别提供的办法对墨汁配方进行保密。

高某某在 1978 年进入一得阁墨汁厂工作，1984～1985 年担任副厂长，主管墨汁新产品的研究开发及生产车间的设计，1995～1996 年高某某担任副厂长期间提出研制高档墨汁，此后研制高档墨汁的工作一直进行，研制工作情况均向高某某汇报。2001 年高某某被聘任为副经理任职期限三年，自 2000 年 11 月 16 日

① 北京市高级人民法院（2005）高民终字第 440 号、最高人民法院（2011）民监字第 414 号。

起算。高某某在一得阁公司的工作领域涉及生产、技术、市场以及检测、技术革新等方面。

北京传人文化艺术有限公司（以下简称传人公司）成立于2002年1月29日，系家族式企业，共有股东13人，高某某是该公司的最大股东，其妻为法定代表人。2002年年底，传人公司生产出了“国画墨汁”“书法墨汁”“习作墨汁”三种产品。2003年7月24日，一得阁公司公证购买了传人公司生产的三种产品。一得阁公司认为上述产品的品质、效果指标与其生产的“一得阁墨汁”“中华墨汁”“北京墨汁”相同或非常近似，遂起诉传人公司和高某某侵害其商业秘密。

法院认为

北京市第一中级人民法院一审认为，一得阁公司主张权利的相关墨汁配方符合商业秘密构成条件，高某某和传人公司侵犯了一得阁公司的商业秘密，故判决两被告承担停止侵权和连带赔偿损失的民事责任。传人公司、高某某不服，共同提起上诉。北京市高级人民法院二审判决驳回上诉，维持原判。高某某向最高人民法院申请再审。

最高人民法院认为，国家秘密是关系国家的安全和利益，依照法定程序确定，在一定时间内只限一定范围的人员知悉的事项。国家秘密中的信息由于关系国家安全和利益，是处于尚未公开或者依照有关规定不应当公开的内容。被列为北京市国家秘密技术项目的“一得阁墨汁”“中华墨汁”在技术出口保密审查、海关监管、失泄密案件查处中均有严格规定。既然涉及保密内容，北京市国家秘密技术项目通告中就不可能记载“一得阁墨汁”“中华墨汁”的具体配方以及生产工艺。“一得阁墨汁”“中华墨汁”产品配方和加工工艺在解密前，该配方信息不为公众所知悉。

一得阁公司的涉案墨汁被列为国家秘密，其配方的组分、比例及（或）加工工艺必有不为公众所知悉，能够给其带来竞争优势的信息。虽然高某某提交的1959年出版的《墨汁制造》以及其他文献中记载了有关一得阁生产墨汁的制造工艺和配方，但并不意味着一得阁公司生产的墨汁配方于1959年被公众知悉。否则，也与1996年一得阁公司的相关墨汁被列为国家秘密的事实相矛盾。商业秘密的技术信息和经营信息关乎企业的竞争力，其内容是可以在原有的基础上进行改进和完善的，只要信息内容不为公众所知悉，具有实用性并能为权利人带来经济利益,同时,权利人采取了保密措施,就应当依法予以保护。

传人公司出具的《传人牌墨汁初步研制阶段的记录材料》,研制人员为传人公司的法定代表人及股东,与本案有直接利害关系,在没有证据佐证下,其真实性无法证实。通过公知资料中对生产墨汁的配方组分进行有机的排列组合,生产出符合市场需要的高质量的墨汁必定需要大量的劳动和反复的实验,而传人公司在成立后的短短时间内凭借几个没有相关技术背景的个人,就很快生产出产品,并在北京、深圳等地销售,在没有现成的成熟配方前提下是不可能的。根据一得阁公司的相关墨汁作为国家秘密的事实,高某某有接触一得阁公司商业秘密的条件,结合传人公司设立及主张独立研发的证据,依据日常生活经验法则,一审、二审法院关于高某某向传人公司披露了一得阁公司生产墨汁的配方,传人公司非法使用了高某某披露的墨汁配方的认定,并无不当。最终最高人民法院裁定驳回高某某的再审申请。

律师点评

《保守国家秘密法》第 2 条规定:“国家秘密是关系国家安全和利益,依照法定程序确定,在一定时间内只限定一定范围的人员知悉的事项。”《反不正当竞争法》第 9 条第 4 款规定:“本法所称的商业秘密,是指不为公众所知悉,具有商业价值并经权利人采取相应保密措施的技术信息、经营信息等商业信息。”从上述规定可以看出,国家秘密与商业秘密所保护的特定事项或信息都限定了知悉人员的范围,该特定事项或信息能为权利人带来经济利益,且权利人都采取了相应的保密措施。在一定程度上,二者可以相互包含、相互转化。

与此同时,国家秘密和商业秘密也存在明显的区别。

首先,权利主体和法律属性不同。国家秘密的主体是国家、相关主管部门或经授权的机构、组织,体现的是公权利,保护的是国家安全和利益,受《保守国家秘密法》《保守国家秘密法实施条例》等法律法规的保护。商业秘密的主体既可以是自然人,也可以是法人或其他组织,体现的是一种私权利,保护的是商业秘密权利人的合法权益,主要受《反不正当竞争法》的保护,还可由自然人、法人或其他组织自行决定是否以商业秘密的方式予以保护。

其次,保护范围和取得方式不同。根据《保守国家秘密法》第 9 条的规定,国家秘密的范围涉及的是国家的政治、经济、国防、外交等领域安全和利益的事项;而商业秘密的范围主要是生产经营、科研开发等活动中的涉及的技术信息和经营信息。受到《保守国家秘密法》保护的事项首先是关系国家安全和利益,依照法定的程序确定,限定时间和知悉人员范围;而商业秘密获得法律保护则无须履行特定的法律程序,商业秘密权利人所拥有的技术信息和经营信息满足秘密性、价值性、保密性时即可自动获得保护。

最后,被披露后的危害性和法律责任不同。国家秘密关系国家安全和利益,泄露会使国家的安全和利益受到损害,危害后果一般比较严重,产生的主要是刑事责任;商业秘密是仅涉及权利人经济利益和竞争优势的信息,损害的是公平的市场竞争秩序及商业秘密权利人的利益,产生的主要是民事责任,以经济赔偿为主,以行政责任和刑事责任为辅。

综上所述,国家秘密和商业秘密具有一定程度的相似性,但也在存在明显的差异,受不同的法律调整。明确区分国家秘密和商业秘密,既有利于保护国家安全和利益,也有利于保护商业秘密权利人的权益。

专题二　侵害商业秘密民事诉讼应注意的基本问题

1. 侵犯商业秘密应当承担的民事责任

——曹某与南京环正企业管理咨询有限公司侵害商业秘密纠纷案①

案例要旨

关于赔礼道歉、消除影响的适用。尽管一般情况下侵犯商业秘密的行为损害的主要是权利人的经济利益，因此侵权人一般无须承担赔礼道歉、消除影响的民事责任，但是如果有证据证明侵权行为导致了权利人的商誉损害，且权利人明确要求侵权人承担赔礼道歉、消除影响民事责任的，人民法院可以予以支持。

案情简介

南京环正企业管理咨询有限公司（以下简称环正公司）成立于2004年2月20日，公司类型为有限责任公司，经营范围包括企业管理咨询、企业登记代理、企业投资咨询、商务咨询、企业形象策划、市场营销策划。

曹某从2004年2月20日起任职于环正公司，担任副经理职务，2009年9月

---

① 江苏省南京市中级人民法院（2009）宁民三初字第434号、江苏省高级人民法院（2010）苏知民终字第0154号。

28 日,曹某向环正公司递交书面辞职信。

南京海阔企业管理咨询有限公司(以下简称海阔公司)成立于 2009 年 7 月 31 日,公司类型为有限公司(自然人控股),法定代表人为杨某,股东为杨某、曹某,系夫妻关系。海阔公司的经营范围包括企业管理咨询、企业投资咨询、企业登记代理、知识产权代理、企业形象策划、市场营销策划。

环正公司认为曹某向海阔公司披露了其客户信息,海阔公司通过不正当竞争的手段夺取其部分客户,使这些客户的法人团体秘书由环正公司的合作者香港注册公司更改为海阔公司的合作者海风注册有限公司,令环正公司失去了原有的客户。环正公司提供的一份《档案记录表》打印件记载了 22 家客户的相关信息,具体包括以下内容:公司名称以及以"JN"或"NJ"打头的序号、记录日期、经手人、联系人、联系电话、传真号码、注册日期、通讯地址。环正公司陈述其与案外人香港注册税计专业有限公司(以下简称香港注册公司)合作为上述客户提供服务,包括在香港或境外实施注册行为、提供秘书服务、代为提交年报和报税等。

环正公司主张上述客户信息系其商业秘密,并提供相应客户档案证明其联系客户和提供服务的过程。此外,环正公司还提供《证明信》和《确认书》各一份作为证据。环正公司主张其为保守商业秘密采取了适当的保密措施,包括制定规章制度、员工手册和签订保密协议。环正公司所提供的《公司规章》首页有"曹某"签名,根据第 40 条规定,"窃取公司资料、以任何方式泄露客户资料给第三方"的行为,属于违反公司规章制度的行为。根据环正公司所提供的其与被告曹某签订的《劳动合同书》的约定,环正公司依法制定的规章制度、员工手册为合同附件,与合同具有同等法律效力,曹某不得以任何形式泄露客户资料给第三方。环正公司还提供了由环正公司职员赵某云签名的《关于我公司客户档案记录表保密的说明》一份,记载:"自公司成立之日起,我公司客户档案记录表就一直采取保密措施,指定专人保管。客户档案记录表只保存在专用的 U 盘中,由专人负责更新。并且保存档案记录表的 U 盘平时上班由专人保管,每天下班后都锁在公司保险柜中。保管人为赵某云。"赵某云到庭证明上述证言的真实性,并接受了双方当事人的质询。

法院认为

一审法院认为,环正公司在本案中所主张的商业秘密范围包括22家客户及其联系方式、联系人、联系地址、特定服务需求等相关的经营信息。这些经营信息具有秘密性、价值性、实用性,且环正公司采取了合理的保密措施,上述客户名单符合法律规定的商业秘密的构成要件。两被告具有接触环正公司商业秘密的可能,曹某获知并向海阔公司披露了环正公司的商业秘密,海阔公司不当利用了该商业秘密,两被告均侵犯了环正公司的商业秘密,应承担相应的民事责任。

理由如下:(1)环正公司提供的业务类型和内容并不为普通公众所熟悉,其所从事的行业本身具有一定的特殊性,其客户群具有特定性和相对固定性。更关键的还包括特定客户的特定需求等普通公众通过公共渠道难以获得的特有信息,而这些信息具有一定的商业价值,能为环正公司带来竞争优势。(2)环正公司在员工手册和规章制度中均规定了有关保守公司商业秘密的内容,且环正公司与曹某在劳动合同中约定环正公司依法制定的规章制度、员工手册为劳动合同附件,与合同具有同等法律效力;同时,劳动合同中亦约定曹某不得以任何形式泄露客户资料给第三方;环正公司一直对客户档案设专人严格保管。(3)两被告具有接触环正公司商业秘密的客观条件。(4)两被告实际实施了侵犯环正公司商业秘密的行为。天然公司给环正公司的传真件内容证明,曹某曾故意误导该公司将与环正公司的交易款项打入"SEAWIND(CHINA)LIMITED"的深圳发展银行账户,而SEAWIND(CHINA)LIMITED的股东正是曹某、杨某二人,开立账户的联系人系杨某。曹某虽称该笔款项与环正公司业务无关,但其以涉及商业秘密为由拒绝对该笔款项产生的背景情况作出合理解释,亦未提供任何证据加以证明,现环正公司主张该笔款项即环正公司为天然公司提供代理服务的业务交易款,一审法院对该主张予以采信。同时,环正公司的另一个客户默达公司与环正公司之间的往来函件亦证明曹某、海阔公司曾意图误导该公司将与环正公司的交易款项打入上述深圳发展银行账户,该往来函件与天然公司的传真件均系在南京市内形成且能够相互印证,证明被告曹某、海阔公司确实不当使用了其所获知的环正公司商业秘密,并意图以此获取不当利益。

一审法院认为,两被告的行为影响了环正公司在客户心目中的信誉,扰乱了环正公司的正常经营秩序,应当向环正公司出具书面道歉函,消除影响;同时,两被告共同实施了侵权行为,给环正公司造成了实际损失,故应当承担连带赔偿责任。

曹某和海阔公司不服一审判决,提起上诉。两上诉人认为环正公司主张的商业秘密不成立;上诉人不构成侵权;一审判决上诉人向环正公司出具书面道歉函亦缺乏依据。二审法院认为,环正公司与香港注册公司是合作关系,也是涉案22家客户信息的权利人;环正公司主张的涉案19家客户信息符合商业秘密的构成要件;曹某违反约定披露、使用、允许海阔公司使用其所掌握的商业秘密,海阔公司明知上述违法行为,仍获取、使用或者披露他人的商业秘密,其行为构成对环正公司商业秘密的侵犯。本案中,因曹某和海阔公司的侵权行为影响了环正公司在部分客户中的信誉,一审法院根据环正公司的请求,判决曹某和海阔公司出具书面道歉函消除影响并无不当。综上,对一审判决认定曹某和海阔公司侵犯了涉案22家客户名单的判决内容予以改判,对判决其余部分予以维持。

律师点评

根据《民法典》第179条的规定,承担民事责任的方式主要有:停止侵害;排除妨碍;消除危险;返还财产;恢复原状;修理、重作、更换;继续履行;赔偿损失;支付违约金;消除影响、恢复名誉;赔礼道歉。法律规定惩罚性赔偿的,依照其规定。承担民事责任的方式,可以单独适用,也可以合并适用。从《反不正当竞争法》第17条、第21条及《最高人民法院关于审理不正当竞争民事案件应用法律若干问题的解释》第15条、第16条的规定来看,对于侵害商业秘密的,侵权人承担的民事责任主要是停止侵权和赔偿损失。

一些地方法院对侵害商业秘密应当承担民事责任的范围作出明确规定,如《江苏省高级人民法院侵犯商业秘密纠纷案件审理指南》规定,侵犯商业秘密的民事责任范围主要包括停止侵权和赔偿损失。《河南省高级人民法院商业秘密侵权纠纷案件审理的若干指导意见(试行)》规定,侵权行为人应承担的民事责任主要有停止侵权、赔偿损失、赔礼道歉等。对于赔礼道歉、消除影响的民事责任,江苏省高级人民法院持有不同意见,《江苏省高级人民法院关于审理商业秘密案件有关问题的意见》第19条规定,商业秘密侵权案件一般不适用赔礼道歉、消除影响的民事责任。《江苏省高级人民法院侵犯商业秘密纠纷案件审理指南》规定,由于侵害商业秘密的侵权行为一般不会导致原告商誉受损害,因此对于原告要求被告赔礼道歉的诉讼请求一般不应支持。

因此,在司法实践中,对于侵害商业秘密的行为,如对权利人的商誉没有造成损害,对权利人要求侵权人赔礼道歉、消除影响的诉讼请求法院一般不会支持。正如本案,因曹某和海阔公司的侵权行为影响了环正公司在部分客户中的信誉,所以,一审法院和二审法院根据环正公司提供的其商誉遭受损害的证据,判决曹某和海阔公司出具书面道歉函消除影响。

2. 侵犯商业秘密民事损失的认定标准

——北京海淀中通科技开发公司与北京中体奥峰体育用品有限公司、马某侵害商业秘密纠纷案①

案例要旨

本案存在违约和侵权的竞合问题,由于原告选择以侵犯商业秘密而非违约为由提起本案诉讼,因此应根据被告侵权行为给其造成的损失,并参照被告获得的利润及原告丧失销售机会导致获利减少和参考被告在正常情形下的获利状况,以及项目实际完成所需除设备之外的购买配件、装修、人工等较高的成本费用等综合因素确定赔偿数额。

案情简介

北京海淀中通科技开发公司(以下简称中通公司)是室内高尔夫模拟系统的经销商。2007 年 10 月 1 日,中通公司与马某签订劳动合同,聘请马某担任该公司总经理助理,职责是协助进行业务管理,配合营销部进行产品销售,负责 4 种产品的销售规划,除基本工资外,销售可以提成。该合同第 26 条约定了关于

① 北京市海淀区人民法院(2008)海民初字第 28998 号、北京市第一中级人民法院(2009)一中民终字第 7791 号。

违反保守商业秘密的违约赔偿责任,为赔偿中通公司由此造成的损失。同时签订的还有保密协议,明确马某对经营信息和技术信息等商业秘密负有保密义务,如违约需支付违约金,并赔偿中通公司由此造成的损失,具体为下降的销售数量涉及的利润,或者为马某获取的利润。

2008 年 1 月 23 日,北京中体奥峰体育用品有限公司(以下简称中体奥峰公司)成立,马某为该公司的法定代表人,经营范围亦为体育器材和用品等。此时该公司注册资金为 10 万元,实收 3 万元。同年 5 月 15 日,公司变更注册内容,将注册资金变更为 120 万元,实收 120 万元。9 月 17 日,公司变更注册内容,将法定代表人变更为陶某。

中通公司表示,马某在该公司工作期间,了解公司的进货渠道、产品配置、销售价格、销售渠道和潜在客户名单等商业秘密,以降低报价等方式,代表中体奥峰公司与中通公司交给他办理的文津国际酒店、西山阳光俱乐部和云溪宾馆三个项目的客户签订销售协议,销售 6 套高尔夫单屏和三屏的模拟设备。

中通公司提交了其与高尔力夫(北京)科技发展有限公司(以下简称高尔力夫公司)签订的订货合同和中通公司对外的报价单,证实该公司一直从高尔力夫公司进货,有明确的进货成本。单屏的模拟器进货价格约 24 万元,对外报价 45 万元;三屏的进货价格约 33 万元,对外报价 60 万元。中通公司提供了其与许某村及新疆石油管理局测井公司签订的两份合同,证实其单屏产品销售价格为 43 万~49 万元,均价约为 45 万元。中通公司制作了利润损失统计单,根据以上利润计算,中体奥峰公司及马某销售的 6 套高尔夫模拟系统给其造成的损失为1,645,940元。

马某对进价没有异议,但对销售价格和利润计算提出异议,表示一般单屏最高销售价格为 40 万元,最低为 34 万元,三屏的尚未卖出过。中通公司称三屏是新推出的型号,已经实际销售,价格是 68.8 万元,没有折扣,但其未就此提交证据。

中体奥峰公司及马某称针对文津国际酒店的销售价格共计 200 万元,除设备外,还包括进货价格之外的打击笼、装修、视频分析系统等添置设备的款项,该设备的其他配件亦价格较高,加上安装服务等人工费用,最后实际获利约为 10 万元,本来可以赚到 30 万元,但因中通公司得知销售情况后找过文津国际酒店,中体奥峰公司只能调低价格。中体奥峰公司及马某对上述情况没有提交相关证据。

法院认为

一审法院认为,中通公司是室内高尔夫模拟系统的经销商,马某应聘到该公司,担任总经理助理职务,负责部分销售工作,并签订保密协议,明确其对经营信息和技术信息等商业秘密负有保密义务。此后不到3个月的时间,马某即注册成立中体奥峰公司,并担任该公司的法定代表人,经营范围与中通公司基本相同。此时马某并未离开中通公司,具有双重身份。

中通公司经营的高尔夫模拟系统客户针对性较强,销售利润较高,公司针对有购买意向的潜在客户,指派销售人员向其介绍产品,察看安装场地,制定安装方案,获得客户的认可和签约。上述潜在客户的需求信息是商家竞争获利的重要因素,能为商家带来经济利益。中通公司将潜在客户名单等经营信息和技术信息作为商业秘密进行保护,与下属员工签订保密协议,约定员工不得泄露上述信息。马某作为中通公司的业务人员,与该公司签订了保密协议,对该公司的经营信息和技术信息等商业秘密负有保密义务。但马某到中通公司工作后不久,即注册成立了经营相同业务的中体奥峰公司,并将其了解并经办的客户信息交给中体奥峰公司,由该公司与客户实际签约。马某的上述行为违反了与中通公司的保密协议,其与中体奥峰公司使用中通公司的客户信息,获得商业利益,侵犯了中通公司的商业秘密,并使中通公司丧失销售机会,利益受损。上述侵权行为的主观故意明显,中体奥峰公司作为与马某关联密切的公司,且为直接销售获益的主体,应针对上述行为,与马某共同承担侵权的连带责任,并赔偿中通公司的经济损失。

关于赔偿数额的确定,保密协议中约定马某如违约,应承担违约金并赔偿中通公司的经济损失。中通公司未以违约为由提起合同之诉,而是以侵犯商业秘密作为起诉案由。赔偿应首先考虑中通公司因侵权造成的损失,同时参考侵权人由此获得的利润。中体奥峰公司对文津国际酒店的销售数量为3台单屏和1台三屏设备,中通公司称其单屏设备进价约24万元,售价约45万元;三屏设备进价33万元,售价约60万元,并提交了两份单屏的销售合同。马某表示一般情形下单屏最高销售价格为40万元,最低34万元,三屏的尚未卖出过。中通公司未就三屏设备的销售提供证据。中体奥峰公司提交的与高尔力夫公司签订的订货合同中明确单屏的销售价格不能低于40万元，佣金为15%，其称文津国际酒店的项目销售价格为200万元，获利10万元，但未就此提交相关证据。即便其实际获利即为上述金额，亦因其压价销售，恶意竞争造成。原审法院综合以上情形，以中通公司丧失销售机会造成的获利减少的数额为主，参考中体奥峰公司在正常情形下的获利状况，以及项目实际完成所需除设备之外的购买配件、装修、人工等较高的成本费用等因素，确定赔偿数额。据此，一审法院判决：中体奥峰公司、马某共同赔偿中通公司经济损失40万元。

中通公司不服原审判决，在法定期限内向北京市第一中级人民法院提起上诉称：关于赔偿数额应当严格按照双方约定执行。中体奥峰公司及马某共同侵犯了中通公司的商业秘密，应当承担连带赔偿责任。请求二审人民法院撤销原审判决，依法判决中体奥峰公司及马某共同赔偿中通公司经济损失人民币1,645,940元。

二审法院认为，在确定本案具体赔偿数额时，根据中通公司因马某和中体奥峰公司侵权行为给其造成的损失，并参照中体奥峰公司获得的利润及中通公司丧失销售机会导致获利减少和参考中体奥峰公司在正常情形下的获利状况，以及项目实际完成所需除设备之外的购买配件、装修、人工等较高的成本费用等综合因素确定的赔偿数额并无不当，判决驳回中通公司的上诉。

律师点评

对于侵犯商业秘密的民事赔偿额，新修订的《反不正当竞争法》将侵犯商业秘密的民事赔偿金额上限由300万元提高为500万元，经营者恶意实施侵犯商业秘密行为，情节严重的，可以在确定数额的1倍以上5倍以下确定赔偿数额，加重了侵权行为的民事责任。

《最高人民法院关于审理不正当竞争民事案件应用法律若干问题的解释》第17条规定："确定反不正当竞争法第十条规定的侵犯商业秘密行为的损害赔偿额，可以参照确定侵害专利权的损害赔偿额的方法进行。……因侵权行为导致商业秘密已为公众所知悉的，应当根据该项商业秘密的商业价值确定损害赔偿额。商业秘密的商业价值，根据其研究开发成本、实施该项商业秘密的收益、可得利益、可保持竞争优势的时间等因素确定。"《专利法》第71条第2款规定："权利人的损失、侵权人获得的利益和专利许可使用费均难以确定的，人民法院可以根据专利权的类型、侵权行为的性质和情节等因素，确定给予三万元以上五百万元以下的赔偿。”

2019 年《反不正当竞争法》第 17 条规定：“经营者违反本法规定，给他人造成损害的，应当依法承担民事责任。经营者的合法权益受到不正当竞争行为损害的，可以向人民法院提起诉讼。因不正当竞争行为受到损害的经营者的赔偿数额，按照其因被侵权所受到的实际损失确定；实际损失难以计算的，按照侵权人因侵权所获得的利益确定。经营者恶意实施侵犯商业秘密行为，情节严重的，可以在按照上述方法确定数额的一倍以上五倍以下确定赔偿数额。赔偿数额还应当包括经营者为制止侵权行为所支付的合理开支。经营者违反本法第六条、第九条规定，权利人因被侵权所受到的实际损失、侵权人因侵权所获得的利益难以确定的，由人民法院根据侵权行为的情节判决给予权利人五百万元以下的赔偿。”

根据上述法律规定，确定侵权人因侵犯商业秘密应当承担民事赔偿额的认定标准是：(1)按照其因被侵权所受到的实际损失确定。(2)实际损失难以计算的，按照侵权人因侵权所获得的利益确定。(3)被侵害的经营者因调查该经营者侵害其合法权益的不正当竞争行为所支付的合理费用由侵权人承担。(4)因侵权行为导致商业秘密已为公众所知悉的，应当根据该项商业秘密的商业价值确定损害赔偿额。商业秘密的商业价值，根据其研究开发成本、实施该项商业秘密的收益、可得利益、可保持竞争优势的时间等因素确定。(5)如果权利人因被侵权所受到的实际损失、侵权人因侵权所获得的利益难以确定的，由人民法院根据侵权行为的情节判决给予权利人 500 万元以下的赔偿。(6)如果经营者恶意实施侵犯商业秘密行为，情节严重的，可以在确定数额的 1 倍以上 5 倍以下确定赔偿数额。

本案中，由于中通公司选择以侵犯商业秘密而非违约为由提起本案诉讼，就此法院根据中通公司因马某和中体奥峰公司侵权行为给其造成的损失，并参照中体奥峰公司获得的利润及中通公司丧失销售机会导致获利减少和参考中体奥峰公司在正常情形下的获利状况，以及项目实际完成所需除设备之外的购买配件、装修、人工等较高的成本费用等综合因素确定的赔偿数额并无不当。

3. 兼职员工侵犯商业秘密的责任承担主体

——上海海晟文化用品有限公司、郭某与上海天狐礼品制作有限公司侵害商业秘密纠纷案①

案例要旨

我国《反不正当竞争法》规定,违反保密义务或者违反权利人有关保守商业秘密的要求,披露、使用或者允许他人使用其所掌握的商业秘密以及教唆、引诱、帮助他人违反保密义务或者违反权利人有关保守商业秘密的要求,获取、披露、使用或者允许他人使用权利人的商业秘密的行为是侵犯他人商业秘密的行为;第三人明知或者应知上述违法行为,获取、使用或者披露他人的商业秘密,视为侵犯商业秘密。郭某作为海晟公司的兼职员工,以海晟公司名义实施的行为应属于职务行为,海晟公司应当承担相应的法律后果。因此,郭某与海晟公司的行为均侵犯了被上诉人的商业秘密,应当承担相应的民事责任。

案情简介

上海天狐礼品制作有限公司(以下简称天狐公司)成立于2002年3月14日,经营范围包括日用百货、办公用品、工艺礼品(除金银)等。上海海晟文化用品有限公司(以下简称海晟公司)成立于2001年3月23日,经营范围包括文化用品、教育仪器、办公用品、日用百货、工艺品(除金银)等。2004年2月1日,原告天狐公司与被告郭某签订《劳动合同》,合同有效期间为2004年2月1日至2005年1月31日,郭某在天狐公司担任业务员工作。该《劳动合同》约定:员工应保守公司的商业秘密,不得利用公司的商业秘密和资源为本人或其他经济组织和个人谋取不正当的经济利益。此后,郭某于2004年6月从天狐公司处离

① 上海市第二中级人民法院(2005)沪二中民五(知)初字第208号、上海市高级人民法院(2006)沪高民三(知)终字第1号。

职。2004年4月,郭某通过天狐公司员工李某某的电子邮箱与英国英中贸易协会上海代表处(以下简称英中上海代表处)联系定制护照夹、名片夹、徽章、领带的业务。2004年7月7日,海晟公司与英中上海代表处签订《购销合同》,该合同约定订购的产品包括护照夹430只,名片夹920只,领带440条,徽章1300只,合同总价款人民币92,070元。合同签订后,英中上海代表处向海晟公司支付货款人民币46,035元。该笔货款以支票形式支付,由郭某代海晟公司至英中上海代表处领取。2004年7月23日,天狐公司与英中上海代表处签订《购销合同》,该合同约定订购的产品、数量、价格均与英中上海代表处和海晟公司签订的《购销合同》的内容一致。英中上海代表处与天狐公司签订的合同还在货款结算方式(第六项)项下作了特别说明:(1)英中上海代表处在不知情的情况下,被郭某与海晟公司以欺骗手段获取订货合同,但英中上海代表处的真实意向是与天狐公司合作签约。(2)英中上海代表处已付给郭某及海晟公司的款项无须重付,该部分款项抵作天狐公司的预付款。合同第7项补充条款还载明:该合同签订之日,英中上海代表处不再履行其与郭某及海晟公司签订的合同,由于该合同可能引起的英中上海代表处与郭某及海晟公司之间的违约责任,由天狐公司承担。

郭某承认其与海晟公司签订过《兼职员工工作合约》,该合约载明的工作期限为2003年12月20日至2004年12月20日,他也确实到英中上海代表处领取过金额为人民币46,035元的支票,该支票是英中上海代表处支付给海晟公司的。

法院认为

一审法院认为,本案中,原告天狐公司主张其与英中上海代表处就定制护照夹、名片夹、领带、徽章等物品进行洽谈,双方欲签订合同过程中形成的信息,包括交易的商品、数量、价格、对象等内容是原告享有的商业秘密。上述信息是原告与其特定的客户,就某项特定的业务进行洽谈而形成的信息,直接与原告的竞争优势及经济利益相关,原告为此也采取了合理的保密措施,他人无法从公开渠道获悉上述信息,因此原告主张的经营信息符合法律规定的商业秘密的构成要件,应当受到法律保护。被告郭某曾是原告的员工,并在原告处工作期间掌握了原告的商业秘密。事实上,被告郭某除为原告工作外,同时又为被告海晟公司工作。最终与英中上海代表处签订《购销合同》的并非原告而是海晟公司,对此,郭某是知情的。而英中上海代表处认为其真实意向是与原告签订合同,并认为被告郭某及海晟公司相互串通，欺骗了英中上海代表处，才致使英中上海代表处与海晟公司签订了合同。事后，英中上海代表处不再履行其与海晟公司的合同，与原告签订了合同。对于上述情况两被告均未递交任何证据进行反驳。尤其是被告海晟公司，未到庭参加诉讼，也未递交证据说明其与英中上海代表处签订合同的缘由及经过。因此，综合上述因素，根据现有证据，原审法院认为被告郭某向被告海晟公司披露了其所掌握的原告的商业秘密，被告海晟公司明知上述情况，仍使用了郭某披露的信息，故两被告的行为均侵犯了原告的商业秘密，依法应当承担停止侵权、赔偿损失的民事责任。原告在本案中主张的损失是由于两被告实施侵权行为，而致使原告履行其与英中上海代表处签订的《购销合同》的义务后，少收的合同款项为人民币46,035元，该笔款项确系两被告的侵权行为致使原告遭受的损失。因此，判决：被告海晟公司、郭某共同赔偿原告天狐公司经济损失人民币46,035元。案件受理费人民币1851元，由海晟公司、郭某共同承担。

判决后，海晟公司、郭某均不服，向上海市高级人民法院提起上诉，请求撤销一审判决，上诉费由被上诉人承担。上海市高级人民法院经审理认为，上诉人的上诉理由不能成立，判决驳回上诉，维持原判。

律师点评

本案中，郭某曾是天狐公司的员工，掌握了天狐公司的相关商业秘密，同时又为海晟公司工作，双方之间签订有《兼职员工工作合约》。我国《反不正当竞争法》规定，违反约定或者违反权利人有关保守商业秘密的要求，披露、使用或者允许他人使用其所掌握的商业秘密的行为是侵犯他人商业秘密的行为；第三人明知或者应知上述违法行为，获取、使用或者披露他人的商业秘密，视为侵犯商业秘密。郭某向海晟公司披露了其所掌握的天狐公司的商业秘密，海晟公司亦确认其是自郭某处获知了英中上海代表处的该笔业务，海晟公司应当知道郭某披露了天狐公司的商业秘密而仍然使用了上述商业秘密。况且郭某是海晟公司的兼职员工，郭某以海晟公司名义实施的行为应属于职务行为，海晟公司应当承担相应的法律后果。因此，郭某与海晟公司的行为均侵犯了被上诉人的商业秘密，应当承担相应的民事责任。

《民法典》第170条第1款规定："执行法人或者非法人组织工作任务的人员，就其职权范围内的事项，以法人或者非法人组织的名义实施民事法律行为，对法人或者非法人组织发生效力。”《民法典》第1191条第1款规定：“用人单位的工作人员因执行工作任务造成他人损害的，由用人单位承担侵权责任。……”本案中，二审法院依据《反不正当竞争法》认定海晟公司应承担因侵犯天狐公司商业秘密造成的责任，又从职务行为的角度认为海晟公司应承担因郭某的行为造成的侵权责任。

员工职务行为的法律属性，从上述《民法典》的规定来看属于代理行为。员工的行为被认定为职务行为，应当符合以下构成要件：首先，应当为组织的工作人员。职务行为的身份要件是认定职务行为的前提和基础，行为人应当是组织的工作人员。其次，应当是为行使职权的行为。员工为法律行为系基于特定职权，组织与工作人员在签署劳动合同之际已经对其工种、职权作了明确约定。只要工作人员所做行为系履行工作职责，就具有法律效力，可以作为司法机关认定的依据。最后，应当是为组织的利益。一般以员工的行为是否以组织名义作出为判断标准。

综上，如果员工因履行职务行为侵犯了他人的商业秘密，其承担责任的主体是用人单位；如果员工非因职务行为侵犯他人商业秘密的，由其自己承担侵权责任。

对此，企业为避免侵犯他人商业秘密，在聘用员工时应要求受聘人员提供原单位解除劳动关系证明等文件，同时通过与受聘员工签订保证书等方式，保护企业自身的利益。

4. 侵犯商业秘密案件中民事管辖法院的确定

——郑州润达电力清洗有限公司与湖北洁达环境工程有限公司等侵害商业秘密纠纷管辖权异议案[①]

案例要旨

因侵权行为提起的诉讼，由侵权行为地或者被告住所地人民法院管辖。侵

① 最高人民法院(2013)民提字第16号。

权行为地包括侵权行为实施地、侵权结果发生地。侵权结果地应当理解为侵权行为直接产生的结果发生地，不能以权利人受到损害就认为原告所在地就是侵权结果发生地。

案情简介

2011年9月，湖北洁达环境工程有限公司（以下简称湖北洁达公司）以吴某某、陈某某和郑州润达电力清洗有限公司（以下简称郑州润达公司）侵害商业秘密为由，向湖北省荆州市中级人民法院提起诉讼，请求法院判令该三被告连带赔偿经济损失45万元，承担本案全部诉讼费用及律师费用。吴某某、陈某某、郑州润达公司对管辖权提出异议，认为本案应由被告住所地人民法院管辖。湖北省荆州市中级人民法院一审认为，本案系湖北洁达公司以吴某某、陈某某、郑州润达公司侵害其商业秘密为由提起的诉讼，三被告的住所地及侵权行为地法院均有管辖权。湖北洁达公司有权选择向侵权行为地法院提起诉讼。三被告提出的管辖权异议不能成立，遂依法裁定驳回吴某某、陈某某、郑州润达公司的管辖权异议。

郑州润达公司、陈某某、吴某某不服该一审裁定，向湖北省高级人民法院提起上诉，请求撤销一审裁定，改判其管辖权异议成立。湖北省高级人民法院二审认为，陈某某、吴某某曾经是湖北洁达公司的员工，涉嫌在湖北洁达公司工作期间掌握涉案商业秘密，其侵害商业秘密的行为发生在湖北洁达公司住所地湖北省荆州市，因此，湖北省荆州市中级人民法院作为侵权行为地法院对本案享有管辖权。又据《民事诉讼法》（2012年）第35条的规定，两个以上人民法院都有管辖权的诉讼，原告可以向其中一个人民法院起诉。因此，湖北洁达公司有权选择向侵权行为地法院即湖北省荆州市中级人民法院提起诉讼，遂依法裁定驳回上诉，维持原裁定。

法院认为

最高人民法院认为，本案是侵害商业秘密纠纷，应当按照《民事诉讼法》及其司法解释关于侵权纠纷的规定确定管辖。《民事诉讼法》（2012年）第28条规定，因侵权行为提起的诉讼，由侵权行为地或者被告住所地人民法院管辖。《最高人民法院关于适用〈中华人民共和国民事诉讼法〉若干问题的意见》第28条规定,侵权行为地包括侵权行为实施地、侵权结果发生地。湖北洁达公司在起诉状中指控吴某某和陈某某违反劳动合同关于保密义务和竞业限制的约定,违法利用其在工作期间获取的商业秘密,为郑州润达公司开展业务。因此,湖北洁达公司指控的侵权行为是,吴某某和陈某某使用或者允许他人使用其所掌握的商业秘密,以及陈某某作为法定代表人的郑州润达公司明知陈某某和吴某某的非法行为仍然使用他人商业秘密的行为。

对于吴某某和陈某某使用或者允许他人使用其所掌握的商业秘密这一被诉侵权行为而言,其侵权行为实施地应是涉案商业秘密的使用行为地。本案中,被诉使用该商业秘密实施清洗行为的行为地是深能和合电力(河源)有限公司、湖北黄石电厂、襄阳电厂、宁夏大唐国际大坝电厂所在地,均不位于荆州市。对于陈某某作为法定代表人的郑州润达公司明知陈某某和吴某某的违法行为却使用他人商业秘密这一被诉侵权行为而言,其行为实施地与前述吴某某和陈某某的被诉侵权行为实施地重合,亦不位于荆州市。因此,湖北洁达公司关于荆州市是侵害商业秘密的预备实施地的主张不能成立。侵权结果地应当理解为侵权行为直接产生的结果发生地,不能以权利人受到损害就认为原告所在地就是侵权结果发生地。本案中,侵权结果地与上述侵权行为实施地重合,不位于荆州市。因此,湖北洁达公司关于荆州市是侵权结果地的主张亦不能成立。

吴某某和陈某某作为湖北洁达公司的员工,涉嫌在工作中获知湖北洁达公司的商业秘密,不属于《反不正当竞争法》第10条规定的侵害商业秘密的具体行为种类。况且,湖北洁达公司在起诉时也未将该行为列入其指控的侵权行为。因此,原二审裁定以陈某某、吴某某涉嫌在湖北洁达公司工作期间掌握涉案商业秘密为由,认定侵害商业秘密的行为发生在湖北洁达公司住所地湖北省荆州市,适用法律有误,应予纠正。

因吴某某、陈某某和郑州润达公司的住所地均不位于荆州市,且湖北洁达公司亦未举证证明吴某某、陈某某的经常居住地位于荆州市,故湖北省荆州市不是被告住所地。

综上,最高人民法院认为,本案被诉侵权行为的实施地、结果地以及被告住所地均不位于湖北省荆州市,湖北省荆州市中级人民法院对本案没有管辖权。因襄阳电厂所在地是本案被诉侵权行为地之一,故湖北省襄阳市中级人民法院可以管辖并审理本案。依照《民事诉讼法》的相关规定,裁定如下:(1)撤销湖北省荆州市中级人民法院(2011)鄂荆中民四初字第20－2号民事裁定及湖北省高级人民法院(2012)鄂民三终字第14号民事裁定;(2)本案移送湖北省襄阳市中级人民法院审理。

律师点评

民事案件的管辖,一般应先确定级别管辖,在此基础上再根据地域管辖确定审理案件的具体法院。

关于级别管辖。依据《最高人民法院关于审理不正当竞争民事案件应用法律若干问题的解释》第18条的规定,侵犯商业秘密的不正当竞争民事第一审案件,一般由中级人民法院管辖。例外情形是,各高级人民法院根据本辖区的实际情况,经最高人民法院批准,可以确定若干基层人民法院受理涉及侵害商业秘密的不正当竞争民事第一审案件。商业秘密作为知识产权的组成部分,对于侵害商业秘密的民事案件也可由已经批准可以审理知识产权民事案件的基层人民法院管辖。

此外,2014年8月31日,全国人大常委会通过了《关于在北京、上海、广州设立知识产权法院的决定》,该决定明确,涉及技术秘密等专业性较强的第一审知识产权民事和行政案件由知识产权法院管辖。2018年10月26日,全国人民代表大会常务委员会通过《关于专利等知识产权案件诉讼程序若干问题的决定》,规定当事人对发明专利、实用新型专利、植物新品种、集成电路布图设计、技术秘密、计算机软件、垄断等专业技术性较强的知识产权民事、行政案件第一审判决、裁定不服,提起上诉的,由最高人民法院审理。由此,从级别管辖上来看,侵犯商业秘密民事案件的管辖一般由中级人民法院或知识产权法院管辖,针对技术秘密案件的上诉案件由最高人民法院审理。

关于地域管辖。依据《民事诉讼法》第29条的规定,侵害商业秘密案件由侵权行为地或被告人住所地人民法院管辖。《最高人民法院关于适用〈中华人民共和国民事诉讼法〉若干问题的意见》第28条规定,侵权行为地包括侵权行为实施地、侵权结果发生地。针对同一诉讼中有多名被告的,依据《民事诉讼法》第22条的规定,同一诉讼的几个被告住所地、经常居住地在两个以上人民法院辖区的,各地人民法院都有管辖权。

本案中,三被告的住所地和经常居住地不在湖北省荆州市,本案被诉侵权行为的实施地、结果地也不位于湖北省荆州市，因此，湖北省荆州市中级人民法院对本案没有管辖权。又因襄阳电厂所在地是本案被诉侵权行为地之一，故湖北省襄阳市中级人民法院对本案具有管辖权。

如果商业秘密权利人以侵权人违反《保密协议》中的保密义务为由控告侵权行为人侵犯其商业秘密的，则属于合同纠纷。依据《民事诉讼法》第 24 条的规定，因合同纠纷提起的诉讼，由被告住所地或者合同履行地人民法院管辖。第 35 条规定，合同的双方当事人可以在书面合同中协议选择被告住所地、合同履行地、合同签订地、原告住所地、标的物所在地的人民法院管辖，但不得违反本法对级别管辖和专属管辖的规定。

另外，侵犯商业秘密的刑事案件的管辖权和民事案件的管辖权有所不同，从管辖权法院的级别上来说，侵犯商业秘密的刑事案件一般由基层人民法院管辖；从地域管辖上来说，则一般由犯罪行为发生地，即犯罪预备地、犯罪行为实施地、犯罪结果发生地和销赃地人民法院管辖。

根据 2019 年 1 月 1 日实施的《全国人民代表大会常务委员会关于专利等知识产权案件诉讼程序若干问题的决定》的规定，商业秘密中的技术秘密的民事案件二审由最高人民法院审理；其民事案件适用审判监督程序时可以由最高人民法院审理，也可以由最高人民法院指令的下级人民法院审理。

5. 商业秘密侵权案件中的举证责任分配

——邹城兖煤明兴达机电设备有限公司、吴某某、何某某与兖州市量子科技有限责任公司侵犯商业秘密纠纷案①

案例要旨

1. 鉴定机构的鉴定结果中认为系争技术中部分属于非公知技术，而被控侵权人认为系争技术秘密全为通用技术的，被控侵权人应举证证明系争技术已成

① 山东省济宁市中级人民法院(2011)济民三初字第 165 号、山东省高级人民法院(2016)鲁民终 1364 号。

为通用技术,否则应承担举证不能的后果。

2. 被控侵权人擅自转移、拆卸人民法院保全的被控侵权设备,导致法院无法确定现有设备与保全的设备一致,又不能完整展现保全时的生产工艺过程,从而破坏法院对被控侵权产品与系争技术秘密进行同一性比对的,应承担不利后果。若被控侵权人不能证明其在权利人主张的侵权日期之前已可生产与被控侵权产品相同的产品,即可认定其侵害了权利人的商业秘密。

3. 权利人实际损失难以确定的,可以按照侵权人因侵权所获得的利益确定损害赔偿额。权利人根据侵权人的投标文件证明侵权人的销售情况,侵权人否认该销售数额但不能提出相应证据反驳的,应承担举证不能的不利后果。

案情简介

兖州市量子科技有限责任公司(以下简称量子公司)系专业生产甲带式给料机的公司,量子公司研究出最佳的甲带式给料机工装工艺等机密技术。量子公司对于涉案商业秘密采取了一系列的保密措施。量子公司2006年颁发的《员工手册》《兖州市量子科技有限责任公司保密制度》以及与职工签订的《劳动合同书》《承诺书》《量子科技人员在离职保密协议书》等都设有保密条款,规定了职工的保密义务。其中,《量子科技人员在离职保密协议书》对商业秘密的范围、保密措施、禁止行为及处罚等作了具体规定;《兖州市量子科技有限责任公司保密制度》对商业秘密的范围、密级分类、保密措施、保密环节、保密责任、罚则等作了详细规定;《承诺书》明确要求职工"决不与他人勾结,利用、出卖兖州量子科技有限公司技术秘密、商业秘密、经营秘密及商业信息";《劳动合同书》第39条规定,"泄露商业、管理、技术、经营、信息机密等行为,甲方有权立即开除";量子公司的生产车间门口也挂有"生产重地谢绝参观"的牌子。

2004年2月,吴某某到量子公司工作,系量子公司车间及供应科第一负责人,长期负责车间生产及采购生产物质等管理工作,其中包括甲带式给料机技术图纸的接收、甲带式给料机的制造、外协外购件的采购等工作。吴某某与量子公司签订了《劳动合同书》《量子科技人员在离职人员保密协议书》,两份协议书均约定了保密义务。吴某某曾长期从量子公司领取并掌管甲带式给料机图纸,其中很多图纸并未归还。2006年3月,何某某到量子公司工作,担任销售部区域经理,后与量子公司签订了《劳动合同书》《量子科技人员在离职人员保密协议书》,两份协议书均约定了保密义务。2009 年 7 月,吴某某、何某某离开量子公司,后到邹城兖煤明兴达机电设备有限公司(以下简称明兴达公司)分别担任副总经理、销售副总,负责生产、销售工作。

2011 年 12 月 2 日,山东省济宁市中级人民法院依量子公司申请对明兴达公司进行了诉前证据保全,在明兴达公司厂房内对 3 台涉案给料机进行了查封,对可能涉及密点的部件贴上了封条,并当场告知明兴达公司要妥善保管查封设备等义务及相应法律后果,当场制作了证据保全笔录,并对保全过程进行了拍照、录像。2012 年 8 月 17 日,一审法院依量子公司申请对诉前证据保全的涉案给料机进行现场勘验,发现明兴达公司擅自撕毁了封条,并转移、拆卸了保全查封的给料机。对此,对明兴达公司作出罚款 20 万元的决定。

后量子公司以明兴达公司、吴某某、何某某侵犯商业秘密为由,向山东省济宁市中级人民法院起诉。

法院认为

山东省济宁市中级人民法院经审理认为:(1)量子公司主张的商业信息(包括技术信息和经营信息)属于商业秘密。北京紫图知识产权司法鉴定中心作出的北京紫图[2013]知鉴字第 08 号鉴定意见书的鉴定意见指出:“……2. 专用加工工艺及工装设备中以下六点属于不为公众所知悉的技术信息(即为非公知技术)”。《科技查新报告》中第 2、3、8、9、10、11 共 6 项技术信息,明兴达公司、吴某某、何某某认为该 6 项技术信息系通用技术或可以通过反向工程的方式获得。吴某某、何某某本是量子公司的职工,分别负责生产、销售,依工作职责完全具备掌握量子公司商业秘密的条件和可能,二人后到明兴达公司分别担任副总经理、销售副总,负责生产、销售工作,将其掌握的商业秘密非法披露给明兴达公司进行甲带式给料机的生产、销售。另外,明兴达公司、吴某某、何某某以“反向工程”作为抗辩理由,依法应当承担相应的举证责任,提供其“反向工程”的证据。明兴达公司、吴某某、何某某未能提交其主张的通过拆解同类产品获取相关技术信息的实际测绘、分析所获的技术数据,且明兴达公司已经通过非法的方式获得了量子公司的涉案商业秘密,故其“反向工程”的抗辩理由无事实和法律依据,一审法院不予支持。

量子公司通过与靖远煤业、王家山煤矿、郑州煤电等客户长期、多次地进行甲带式给料机的买卖，建立了持续、稳定的交易关系，上述客户的范围无法从公开的信息渠道或通过简单的劳动所能获悉，因此具有秘密性。对于量子公司与上述客户进入实质性磋商、签订买卖合同相应的交易意向、交易需求、交易习惯等信息，有赖于通过参加行业展会、市场开拓等途径予以掌握，亦无法从公开的信息渠道或简单的劳动可以获悉，具有秘密性。量子公司采取了严格的保密制度并采取了相关的保密措施，且明兴达公司、吴某某、何某某对其价值性亦无异议。综上，量子公司主张的上述经营信息具备《反不正当竞争法》规定的商业秘密的构成要件，应当受法律保护。

(2)量子公司对其主张的商业秘密采取了保密措施。量子公司提交的其于2006年颁发的《员工手册》《兖州市量子科技有限责任公司保密制度》及与职工(包括吴某某、何某某)签订的《劳动合同书》《承诺书》《量子科技人员在离职保密协议书》均设有保密条款。《量子科技人员在离职保密协议书》对商业秘密的范围、保密措施、禁止行为及处罚等事项作了具体规定；上述证据能够证明量子公司详尽规定了职工应当保密的行为准则，且严格执行，对其商业秘密采取了保密措施。

(3)明兴达公司、吴某某、何某某的行为侵犯了量子公司的商业秘密。明兴达公司对一审法院诉前保全的证据给料机擅自撕毁封条，进行转移、拆卸，实施了实质性破坏行为，致使无法与量子公司的技术秘密进行同一性比对，其依法应当承担相应的不利后果。吴某某、何某某基于其在量子公司的工作职责，完全具备掌握商业秘密信息的条件和可能，其与明兴达公司相互协作，生产、销售与量子公司涉案商业秘密相关的产品，且明兴达公司不能举证证明该产品系其独立研发或通过“反向工程”获得，可以认定吴某某、何某某非法披露了其掌握的量子公司的商业秘密给明兴达公司。故一审法院依法认定明兴达公司、吴某某、何某某侵犯了量子公司的商业秘密。

一审判决后，明兴达公司、吴某某、何某某不服，共同向山东省高级人民法院提出上诉，二审法院经审理驳回上诉，维持原判。

律师点评

根据《最高人民法院关于审理不正当竞争民事案件应用法律若干问题的解

释》第 14 条的规定，当事人指称他人侵犯其商业秘密的，应当对其拥有的商业秘密符合法定条件、对方当事人的信息与其商业秘密相同或者实质相同以及对方当事人采取不正当手段的事实负举证责任。其中，商业秘密符合法定条件的证据，包括商业秘密的载体、具体内容、商业价值和对该项商业秘密所采取的具体保密措施等。根据《最高人民法院关于民事诉讼证据的若干规定》第 2 条的规定，当事人对自己提出的诉讼请求所依据的事实或者反驳对方诉讼请求所依据的事实有责任提供证据加以证明。没有证据或者证据不足以证明当事人的事实主张的，由负有举证责任的当事人承担不利后果。最新修订的《反不正当竞争法》第 32 条规定："在侵犯商业秘密的民事审判程序中，商业秘密权利人提供初步证据，证明其已经对所主张的商业秘密采取保密措施，且合理表明商业秘密被侵犯，涉嫌侵权人应当证明权利人所主张的商业秘密不属于本法规定的商业秘密。商业秘密权利人提供初步证据合理表明商业秘密被侵犯，且提供以下证据之一的，涉嫌侵权人应当证明其不存在侵犯商业秘密的行为：（一）有证据表明涉嫌侵权人有渠道或者机会获取商业秘密，且其使用的信息与该商业秘密实质上相同；（二）有证据表明商业秘密已经被涉嫌侵权人披露、使用或者有被披露、使用的风险；（三）有其他证据表明商业秘密被涉嫌侵权人侵犯。"

本案中，量子公司主张保护的技术信息和经营信息具有秘密性、实用性、价值性，且采取了保密措施，均提供了相应的证据予以证明。法院认定量子公司主张的技术信息和经营信息符合商业秘密的法定构成要件，构成我国《反不正当竞争法》保护的商业秘密，依法应予保护。明兴达公司虽主张其信息均系通过公开渠道投标获得，但并未提供证据证明其从何种渠道获得的客户信息，且明兴达公司提供的 2010 年前的合同均不包含量子公司主张保护的特定客户，因此该客户名单不属于商业秘密。另外，在一审法院确定赔偿数额 300 万元的情形下，明兴达公司消极举证，并未提供证据证明实际销售情况，在法院多次释明下，其仍未积极提供真实的财务资料来证明其真实的销售情况，该怠于举证的行为也能够证明其实际获利大于一审法院确定的赔偿数额。因此二审法院认为原审法院确定的责任承担方式和赔偿数额是适当的，明兴达公司应承担因举证不能而造成的不利法律后果。

6. 商业秘密案件中域外证据的法律效力

——株式会社晓星侵害商业秘密纠纷案[①]

案例要旨

当事人向人民法院提供的证据系在中华人民共和国领域外形成的,该证据应当经所在国公证机关予以证明,并经中华人民共和国驻该国使领馆予以认证,或者履行中华人民共和国与该所在国订立的有关条约中规定的证明手续。该规定的制定目的在于保证域外证据的真实性和合法性。本案中晓星公司提供的域外证据虽然履行了上述规定要求的公证认证手续,但该公证认证手续本身并不能证明域外证据的真实性,人民法院应当根据域外证据的性质和双方当事人的举证质证情况,审查判断域外证据本身的真实性和合法性。

案情简介

原告株式会社晓星(以下简称晓星公司)诉称:晓星公司是韩国著名氨纶生产厂商,晓星公司的连续二次反应聚合器(以下简称二次反应器)系生产氨纶的一种核心技术装置。该装置具有极高的技术含量和巨大的商业价值。晓星公司对二次反应器及其技术图纸采取了严格的保密措施;另外,氨纶生产工厂的设备布置图也是晓星公司花费大量人力、财力研究形成的,并且同样采取了严格的保密措施。因此,晓星公司的二次反应器及其技术图纸和工厂设备布置图属于商业秘密。1997 年,晓星公司委托案外人韩国一津机械公司(以下简称一津公司)根据晓星公司提供的图纸制造二次反应器,并与一津公司签订了保密协议。2002 年 3 月,一津公司原开发设计部部长崔某某从一津公司非法获取了晓星公司的二次反应器技术图纸。韩国法院已对崔某某侵犯涉案商业秘密的行为作出刑事判决,认定崔某某构成侵犯商业秘密罪。2003 年 5 月,桑某东控制的郑州

---

① 山东省高级人民法院(2008)鲁民三初字第 3 - 2 号、最高人民法院(2013)民三终字第 3 号。

中远氨纶工程技术有限公司(以下简称中远工程公司)与崔某某控制的三星公司(SAMSUNGSYSTEC. CO. ,LTD)签订设备供应合资协议,约定由三星公司向中远工程公司供应二次反应器,为了掩盖其非法目的,三星公司先向日本睿光株式会社(以下简称睿光公司)供货,然后再通过睿光公司向中远工程公司等供货。从2003年1月至今,崔某某及其三星公司共向桑某东及其控制的中远工程公司、中远机械公司、中原纤维公司供应了19台二次反应器,上述公司又为山东如意公司、济宁鲁意公司配备了2台二次反应器,且各被告明知涉案商业秘密系他人通过不正当手段获取而仍获取、披露、使用。各被告在使用了涉案二次反应器后,极大提高了氨纶生产质量和产能,获取了巨额利润,给晓星公司造成了巨大的经济损失。综上,根据《反不正当竞争法》及相关司法解释的规定,各被告的行为侵犯了涉案二次反应器及其技术图纸和工厂设备布置图等商业秘密,请求法院判令:(1)各被告立即停止侵权行为,不得继续获取、销售、使用、披露或允许他人使用侵犯涉案商业秘密的二次反应器及其技术图纸;不得继续获取、使用、披露或允许他人使用侵犯涉案商业秘密的工厂设备布置图。(2)各被告向晓星公司返还其占有的侵犯涉案商业秘密的二次反应器及其技术图纸、工厂设备布置图。(3)各被告共同向晓星公司赔偿经济损失5300万元,各被告承担连带责任。(4)各被告承担本案的全部诉讼费用。

中国与韩国均为《保护工业产权巴黎公约》的成员国。

法院认为

一审法院认为,根据《保护工业产权巴黎公约》第2条和第10条之二的规定,晓星公司作为韩国公司就知识产权保护在中国享有国民待遇,其可以在中国主张制止不正当竞争的保护。参照我国《涉外民事关系法律适用法》第50条的规定,本案双方当事人均同意本案适用中国法律进行审理,本案应适用中国相关法律。一审判决主要处理当事人争议的以下焦点问题:涉案二次反应器及其技术图纸、工厂设备布置图反映的技术信息是否构成商业秘密;各被告的被诉侵权行为是否侵害了涉案商业秘密;各被告应如何承担责任。

一审法院认为,晓星公司提交的证据无法证明其主张,理由如下:(1)《最高人民法院关于民事诉讼证据的若干规定》(2002年)第12条规定,当事人向人民法院提供外文书证或者外文说明资料,应当附有中文译本。本案中,晓星公司未能提交涉案域外证据公证文书正文的中文译本，各被告也对涉案域外证据公证文书正文没有中文译本的情况提出了异议，虽经一审法院释明，晓星公司也未能提交涉案域外证据公证文书正文的中文译本。所以，晓星公司提交的证据不符合法律规定，无法作为有效证据使用。(2)上述域外证据虽经公证认证程序，但其公证内容是对所附域外证据的中文翻译件与原件内容一致的公证，对原件的真实性并未作出公证。因此，上述域外证据虽经公证，但无法证明原件的真实性，不能作为有效证据使用。(3)关于韩国法院的刑事判决书，中国法律没有承认外国刑事判决的规定，中国与韩国之间也没有相互承认刑事判决的条约，所以，韩国法院的刑事判决书不能作为证据使用。

由于晓星公司未能证明其主张保护的二次反应器及其技术图纸反映的技术信息的内容不为公众所知悉，晓星公司认为涉案二次反应器及其技术图纸反映的技术信息构成商业秘密的主张不能成立。又因晓星公司未提供与工厂设备布置图有关的任何证据，因此其关于工厂设备布置图反映的信息构成商业秘密的主张也不能成立。驳回晓星公司的诉讼请求。

晓星公司不服一审判决，提起上诉，被最高人民法院依法予以驳回。

律师点评

本案中，晓星公司是一家韩国企业，依据我国《民事诉讼法》的规定，本案具有涉外因素，应适用涉外民事诉讼程序，优先适用国际条约的规定。中国与韩国均为《保护工业产权巴黎公约》的成员国。根据该公约的规定，晓星公司在我国享有国民待遇，可在知识产权保护方面请求我国给予制止不正当竞争的保护。依照我国《涉外民事关系法律适用法》第50条的规定，知识产权的侵权责任，适用被请求保护地法律，当事人也可以在侵权行为发生后协议选择适用法院地法律。参照上述规定，本案应当适用我国法律。

本案中，晓星公司提交的证据除鉴定意见书外，其他证据均为域外证据，根据《最高人民法院关于民事诉讼证据的若干规定》第11条、第12条的规定，当事人向人民法院提交的证据系在我国领域外形成的，该证据应当经过公证并提供相应的中文译本。在一审中，晓星公司经法院释明后仍然没有提交上述域外公证文书正文的中文译本。被一审法院认为提交的上述域外证据不符合法律规定、无法作为有效证据使用。

晓星公司在二审程序中向法院补充提交了上述域外公证文书正文的中文译本。由于上述域外证据的公证内容仅是所附译文与原文一致,仅以上述公证认证并不能证明上述域外证据的真实性。对上述域外证据的真实性,二审法院认为应当综合考虑双方当事人提供的证据予以认定。

因此,在我国域外形成的证据需满足以下两个要件才能具有证明效力:其一,形式要件,即在境外形成的外文书证或资料等证据,应当履行公证认证或其他证明手续,并提供中文译本;其二,实质要件,即域外证据满足上述形式要件后还需人民法院根据域外证据的性质和双方当事人的举证质证情况认定该域外证据的真实性、合法性、关联性。

7. 商业秘密侵权的认定规则

——马格内梯克控制系统(上海)有限公司与李某某、朱某某侵害商业秘密纠纷案[①]

案例要旨

《反不正当竞争法》规定,违反保密义务或者违反权利人有关保守商业秘密的要求,披露、使用或者允许他人使用其所掌握的商业秘密以及教唆、引诱、帮助他人违反保密义务或者违反权利人有关保守商业秘密的要求,获取、披露、使用或者允许他人使用权利人的商业秘密的,属于侵害他人商业秘密的不正当竞争行为。当事人指称他人侵犯其商业秘密的,应当对其拥有的商业秘密符合法定条件、对方当事人的信息与其商业秘密相同或者实质相同以及对方当事人采取不正当手段的事实负举证责任。在审判实践中,将上述判断是否侵害权利人商业秘密的相关规则,总结为“接触 + 相同或实质相同 - 合法来源”。

---

① 上海市杨浦区人民法院(2016)沪0110民初788号、上海知识产权法院(2017)沪73民终249号。

案情简介

马格内梯克控制系统(上海)有限公司(以下简称马格内梯克上海公司)成立于1997年5月15日,系德国马格内梯克自动控制有限公司(以下简称马格内梯克德国公司)的全资子公司。经营范围为生产销售挡车自动臂及零部件和配套控制件,出入控制器及零部件和配套控制件、线性电机驱动系统零部件。公司章程第27条规定,总经理的职责为实施和完成董事会决议,组织领导公司的经营活动并领导公司的日常行政工作。

李某某于2004年4月至2015年8月在马格内梯克上海公司担任销售经理。MAX英国公司于2011年2月17日在英国设立,为私人股份有限公司,朱某某为该公司董事及股东。

2010年12月23日,马格内梯克上海公司出具一份《设备制造商出具的授权函》,载明:马格内梯克上海公司指派中软公司为其代理人,代表马格内梯克上海公司办理中机国际招标公司投标邀请中要求提供的由马格内梯克上海公司制造的货物的有关事宜。

2011年1月24日,武汉地铁官网发布:2号线一期、4号线工程AFC系统自动检票机及辅助设备采购项目的中标单位是中软公司。

2011年6月8日,马格内梯克上海公司向中软公司出具《设备制造商出具的授权函》一份。载明:马格内梯克上海公司是KPR行人快速通道机芯的制造商,授权MAX英国公司就武汉地铁2号、4号线项目所需KPR行人快速通道机芯采购事宜与中软公司进行后续合同谈判和签订合同。

同日,马格内梯克上海公司向MAX英国公司出具《设备制造商出具的承诺书》一份。该承诺书载明:"马格内梯克上海公司是KPR行人快速通道机芯的制造商,就武汉地铁2号、4号线项目所需KPR行人快速通道机芯采购事宜作出如下承诺:……4.授权MAX英国公司为唯一授权代理商与集成商进行合同谈判并签订合同……6.按照项目进度及集成商要求,积极配合MAX英国公司并保证货物及时交付;7.严守双方合作商业秘密,不向第三方透露任何合作内容,全力配合MAX英国公司进行商业洽谈和项目执行。"该承诺书上加盖了马格内梯克上海公司的公章,总经理叶某在授权代表处签字。

后中软公司香港子公司中国计算机软件与技术服务(香港)有限公司(以下

简称中软香港公司)作为买方、MAX英国公司作为卖方,就武汉地铁2号、4号线项目签订《购货合同》(合同编号WHM201/401 - MA01,以下简称涉案合同)。合同约定,中软香港公司向MAX英国公司购买设备。MAX英国公司在合同上的签署日期为2012年1月3日。

2012年1月12日,MAX英国公司作为买方、马格内梯克上海公司作为卖方,就武汉地铁2号、4号线项目签订《购货合同》(合同编号亦为WHM201/401 - MA01)。

马格内梯克上海公司表示其要求保护的商业秘密为中软公司就武汉地铁2号、4号线项目向马格内梯克上海公司采购马格内梯克德国公司生产的行人通道产品的意向,具体包含以下内容:(1)客户中软公司的公司名称、地址、联系人及联系方式、采购意向及结算习惯;(2)马格内梯克上海公司行人通道产品的报价、采购渠道、销售利润、产品性能数据、业绩证明。

法院认为

一审法院认为,当事人指称他人侵犯其商业秘密的,应当对其拥有的商业秘密符合法定条件、对方当事人的信息与其商业秘密相同或者实质相同以及对方当事人采取不正当手段的事实负举证责任。在审判实践中,将上述判断是否侵害权利人商业秘密的相关规则,总结为“接触 + 相同或实质相同 - 合法来源”。

因马格内梯克上海公司现有证据不能证明李某某、MAX英国公司侵害马格内梯克上海公司的涉案商业秘密,马格内梯克上海公司基于上述前提对朱某某提出承担连带责任的相关诉讼请求法院均不予支持。

马格内梯克上海公司不服一审判决,上诉至上海知识产权法院。二审法院认为,马格内梯克上海公司主张其向MAX英国公司签发《设备制造商出具的授权函》和《设备制造商出具的承诺书》系李某某欺骗和误导的结果,应当举证予以证明。根据查明的事实,李某某是以马格内梯克上海公司员工的身份与中软公司接洽并向中软公司提供由马格内梯克上海公司出具的《设备制造商出具的授权函》,从而获取了“中软公司在武汉地铁2号、4号线项目中的采购意向”这一涉案商业秘密。叶某作为马格内梯克上海公司的总经理,担负组织领导公司的经营活动、日常行政工作等重要职责,知道或者应当知道系李某某代表马格内梯克上海公司从中软公司处获取了涉案商业秘密。现没有证据表明李某某欺骗叶某或向叶某隐瞒了涉案商业秘密系李某某代表马格内梯克上海公司从中软公司取得的事实,故法院对于马格内梯克上海公司关于叶某是在完全不知情的情况下,因李某某欺骗和误导才向MAX英国公司出具《设备制造商出具的授权函》和《设备制造商出具的承诺书》的上诉主张不予采纳。据此,二审法院驳回马格内梯克上海公司的上诉请求,维持原判。

律师点评

根据《江苏省高级人民法院侵犯商业秘密纠纷案件审理指南》对侵犯商业秘密行为的审查和认定采取的是"实质性相同加接触"的原则,其基本内容是:原告如果证明了被告使用的商业信息与原告商业秘密相同或实质性相同,且被告接触了商业秘密,则由被告对其获得该信息的正当性进行举证,若被告不能举证,则推定其构成侵权。根据最新修订的《反不正当竞争法》第32条第2款的规定:"商业秘密权利人提供初步证据合理表明商业秘密被侵犯,且提供以下证据之一的,涉嫌侵权人应当证明其不存在侵犯商业秘密的行为:(一)有证据表明涉嫌侵权人有渠道或者机会获取商业秘密,且其使用的信息与该商业秘密实质上相同;(二)有证据表明商业秘密已经被涉嫌侵权人披露、使用或者有被披露、使用的风险;(三)有其他证据表明商业秘密被涉嫌侵权人侵犯。"因此,在司法实践中,也将上述规定称为"接触+相同或实质相同-合法来源"原则。

首先,关于接触。本案中,李某某在审理中确认其在马格内梯克上海公司处工作期间,知晓中软公司为武汉地铁2号、4号线项目向马格内梯克上海公司采购商品的意向;李某某在马格内梯克上海公司出具的《设备制造商出具的授权函》上作为销售经理签字的行为等相互印证,足以证明李某某在马格内梯克上海公司处工作期间,已经掌握了马格内梯克上海公司的涉案商业秘密。

其次,关于相同或实质相同。中软公司与MAX英国公司签订的涉案合同约定中软公司向MAX英国公司购买马格内梯克德国公司生产的标准通道机芯(德国原装进口,KPR-111C)、宽通道机芯(德国原装进口,KPR-121C)等行人通道产品;MAX英国公司为履行上述合同,与马格内梯克上海公司签订《购货合同》购买标准通道机芯(德国原装进口,KPR-111C)、宽通道机芯(德国原装进口,KPR-121C)等行人通道产品。上述证据表明MAX英国公司在武汉地铁2号、4号线项目中向中软公司提供的行人通道产品,与马格内梯克上海公司的涉案商业秘密经营信息的内容相一致。

最后,关于合法来源。一审审理中,MAX英国公司对其从何处获知中软公司在武汉地铁2号、4号线项目中采购行人通道扇门模块产品的意向，又如何与中软香港公司签订涉案合同进行解释时表示，其知晓中软公司的采购意向并与中软香港公司签订合同基于MAX英国公司的马格内梯克上海公司代理商身份及该公司的授权。现有证据证明，2011年6月，马格内梯克上海公司分别向MAX英国公司与中软公司出具函件，授权MAX英国公司进行武汉地铁2号、4号线项目的后续合同谈判和签订合同，并承诺向MAX英国公司提供必要的协助、技术支持及售后服务等，这与中软公司"项目中标后，我公司联系厂商授权代表进行商务谈判，确定价格、货期等进行合同签订，然后按合同执行付款、供货及相关售后工作""我公司签订合同均与产品代理商进行签订""中软万维公司在项目的招投标阶段仅选择产品制造厂商。涉案武汉地铁2号、4号线项目中软万维公司选择MAX英国公司作为合同的签约方，选用马格内梯克德国公司产品"的陈述相印证，故MAX英国公司掌握的中软公司在武汉地铁2号、4号线项目中采购马格内梯克德国公司生产的标准通道机芯(KPR－111C)，宽通道机芯(KPR－121C)行人通道产品的意向，系源于马格内梯克上海公司的授权，MAX英国公司使用上述涉案商业秘密具有合法来源。

综上，因马格内梯克上海公司现有证据不能证明李某某、MAX英国公司侵犯马格内梯克上海公司的涉案商业秘密，马格内梯克上海公司基于上述前提对朱某某提出承担连带责任的相关诉讼请求均未能获得法院的支持。

8. 商业秘密中"客户名单"的理解

——新疆国环投资管理有限公司与邢某、乌鲁木齐国华新誉农业技术咨询有限公司等侵害经营秘密纠纷案①

案例要旨

商业秘密中的客户名单，系从大量普通民事主体信息中筛选、分离出具有交

① 新疆维吾尔自治区乌鲁木齐市中级人民法院(2017)新01民初497号、新疆维吾尔自治区高级人民法院(2018)新民终149号。

易机会的少量客户，需要花费时间、资金与劳动，尤其是汇集众多客户的客户名单，需要更高的成本，与容易获取的普通民事主体信息是不同的概念。

案情简介

2011 年 10 月，邢某入职新疆国环投资管理有限公司（以下简称国环公司），在有机技术岗位从事业务服务工作。

其间，国环公司（甲方）与邢某（乙方）签订了《保密协议》约定：第 1 条商业秘密的内容……经营秘密包括但不限于客户名单、营销计划、采购资料、定价政策、财务资料、进货渠道、人力资源信息等。

第 5 条：保密期限。甲乙双方确定，乙方的保密义务自甲方对协议第 1 条所述的商业秘密采取适当的保密措施时开始，到该商业秘密由甲方公开时止。无论乙方由于何种原因离职，乙方离职之后（自离职之日起）仍应当保守在甲方任职期间接触、知悉的属于甲方或者虽属于第三方但甲方承诺有保密义务的商业秘密，承担同在甲方任职期间一样的保密义务和不擅自使用有关秘密信息的义务。乙方自离职之日起三年内不得从事甲方存在的竞争关系的工作，国家规定的保密补偿已经包括在双方协商的任职期间工作待遇之中，乙方不得另行再向甲方提出补偿请求。

第 6 条：从事第二职业的限制。乙方承诺在甲方任职期间，不从事第二职业。特别是未经甲方的书面同意，不得在与甲方生产、经营同类产品或提供同类服务的其他企业内任职。

第 7 条：秘密信息的载体。乙方因职务上的需要所持有或保管的一切记录有甲方秘密信息的文件、资料、图表、笔记、报告、信件、传真、磁带、仪器以及其他任何形式的载体均归甲方所有，无论这些秘密信息有无商业上的价值。乙方应当于离职时，或者于甲方提出要求时，返还属于甲方的全部财物和载有甲方秘密信息的一切载体，不得将这些载体及其复制件擅自保留或交给其他任何单位或个人。

邢某在国环公司工作期间，于 2014 年代表国环公司与阿尔泰冰川鱼公司签订了《有机产品认证咨询合同书》，认证咨询费为 38,000 元。

2014 年 8 月 4 日，邢某与案外人于某共同出资设立乌鲁木齐国华新誉农业技术咨询有限公司（以下简称国华新誉公司），邢某为该公司执行董事兼任公司经理，系国华新誉公司的法定代表人，国华新誉公司的经营范围为“农业技术推广服务;家禽养殖及销售;肥料、农畜产品销售(依法须经批准的项目,经相关部门批准后方可开展经营活动)”。2015 年 1 月 10 日,邢某与国环公司解除劳动合同。

法院认为

乌鲁木齐市中级人民法院认为,根据本案查明的事实,邢某自 2011 年 10 月入职国环公司后在有机技术岗位从事国环公司的有机产品认证业务服务工作。2014 年,邢某代表国环公司与阿尔泰冰川鱼公司签订了《有机产品认证咨询合同书》,在有机产品管理体系覆盖产品、服务范围、咨询、培训服务价格、结算方式等方面达成合意。上述信息不为相关领域的经营者所普遍知悉,亦无法通过网络或其他公开渠道轻易获得,故其具有秘密性;上述信息共同组合形成了关于特定客户阿尔泰冰川鱼公司的一整套经营信息,国环公司由此获得竞争优势,能够给国环公司带来经济利益,具有实用性;国环公司与邢某签订了《保密协议》,明确约定了经营秘密包括但不限于客户名单、营销计划、定价政策、人力资源信息等,还约定了保密规章制度,可见国环公司对其主张的经营秘密采取了合理的保密措施,故其还具有保密性。因此,国环公司主张的阿尔泰冰川鱼公司的涉案相关信息符合法律规定的要件,属于商业秘密中的经营秘密。

判决邢某、国华新誉公司立即停止侵犯国环公司经营秘密的行为;并承担损害赔偿责任。邢某、国华新誉公司不服判决上诉至新疆维吾尔自治区高级人民法院。二审裁判驳回上诉,维持原判。

律师点评

本案中,邢某、国华新誉公司主张一审判决对商业秘密的认定错误,涉案客户的信息可以在公众平台和渠道获取,属于公众可以知悉并容易获取的信息,应认定“有关信息不构成不为公众所知悉”。该主张是对商业秘密中的客户名单这一概念的误解,商业秘密中的客户名单,区别于普通民事主体的名称、地址、联系方式等公知信息。“客户”概念有别于普通民事主体概念,包含着存在某种交易机会的内容。普通民事主体的公知信息确实容易从公开渠道获取,但认定交易机会诸如有无交易需求、分析价格接受程度以及交易习惯等,需要付出成本。

换言之,从大量普通民事主体信息中筛选、分离出具有交易机会的少量客户,需要花费时间、资金与劳动,尤其是汇集众多客户的客户名单,需要更高的成本,与容易获取的普通民事主体信息是不同的概念。有关司法解释明确规定,商业秘密中的客户名单,除了客户的名称、地址、联系方式之外,还包括交易的习惯、意向、内容等构成的区别于相关公知信息的特殊客户信息。

因此,仅有民事主体的名称、地址、联系方式等信息可以从公开渠道获取不等同于客户名单为公众所知悉。同时,从全案证据以及邢某本人的陈述看,邢某获取涉案客户名单的来源,是国环公司相应工作岗位,邢某并无充分证据证明其系从网络、黄页等材料中,通过某种劳动,分析交易需求,了解客户交易习惯,制定价格策略,最终筛选出涉案客户名单。因此,邢某在原审提交的证据并不足以证实涉案客户信息为公众所知悉。国环公司通过付出时间、资金和劳动形成的客户名单,能够节约交易成本,增加交易机会,带来经济利益。国环公司对涉案客户名单采取了保密措施,邢某亦与国环公司签订了《保密协议》。因此,涉案客户名单属于商业秘密。

关于侵犯商业秘密的认定。《反不正当竞争法》(2019 年修正)第 9 条第 1 款第 3 项规定,违反保密义务或者违反权利人有关保守商业秘密的要求,披露、使用或者允许他人使用其所掌握的商业秘密。该条第 3 款规定,第三人明知或者应知商业秘密权利人的员工、前员工或者其他单位、个人实施前款所列违法行为,仍获取、披露、使用或者允许他人使用该商业秘密的,视为侵犯商业秘密。本案中,首先,邢某在国环公司任职期间,负责国环公司与阿尔泰冰川鱼公司的相关业务,必然知悉涉及该客户的经营信息。其次,邢某在国环公司任职期间,与他人共同出资成立了国华新誉公司,并担任法定代表人。国华新誉公司显然具有利用邢某所掌握之经营秘密的有利条件,且国华新誉公司向南京认证中心推荐认证阿尔泰冰川鱼公司。结合上述认定的事实,应推定国华新誉公司使用了邢某披露的经营秘密。

9. 客户名单中“个人信赖抗辩”的适用条件

——上海多巨信息科技有限公司、岳某某与上海拓软计算机科技有限公司侵害商业秘密纠纷案①

案例要旨

“客户名单”须同时具备“不为公众所知悉”“价值性”“保密措施”三项条件，判断客户名单“不为公众所知悉”性，可从客户的特有性以及获取客户名单的难易程度两个角度分析。

个人信赖抗辩的适用需满足以下两个条件：其一，客户是基于与职工个人之间的特殊信赖而与职工所在单位发生交易；其二，该职工从原单位离职后，客户系自愿与其或其所属新单位发生交易，该职工不得主动联络客户，将自己在原单位服务的客户撬到自己的新单位。

案情简介

上海拓软计算机科技有限公司（以下简称拓软公司）成立于2003年2月，经营范围为从事计算机领域内技术开发、技术咨询、技术服务，计算机、软件及辅助设备（除计算机信息系统安全专用产品），电子产品，办公文化用品，机电设备及配件，五金交电销售。

岳某某于2007年入职拓软公司，至2010年5月双方签订无固定期限劳动合同。至迟自2013年7月起，岳某某担任服务部经理。劳动合同中约定，岳某某对拓软公司自签订合同时已有效的各项规章、规则表示已知，确认无异议，并承诺全面履行。2014年10月，岳某某主动离职。

上海多巨信息科技有限公司（以下简称多巨公司）成立于2012年1月，法定

① 上海市徐汇区人民法院（2016）沪0104民初28981号、上海知识产权法院（2018）沪73民终79号。

代表人岳某某，经营范围为从事计算机信息(除互联网信息服务)等领域内的技术开发、技术咨询、技术服务，计算机系统集成，计算机网络工程，计算机软件开发，网页设计制作，网站建设，计算机维修等。2014 年 11 月 20 日，多巨公司变更为岳某某为股东的一人有限责任公司，在此之前多巨公司的股东为包括岳某某在内的 4 人。

后拓软公司以多巨公司、岳某某侵犯其商业秘密为由，向上海市徐汇区人民法院起诉，要求二被告立即停止侵害拓软公司享有的与客户间经营信息商业秘密；共同赔偿拓软公司的经济损失。

法院认为

一审法院认为，本案存在以下争议焦点：(1)涉案客户名单是否构成商业秘密；(2)多巨公司与岳某某是否实际披露或使用了涉案客户名单而侵害了拓软公司的商业秘密；(3)若构成侵权，多巨公司、岳某某应承担的民事责任。

一、涉案客户名单系商业秘密

首先，涉案客户名单不为公众所知悉。多巨公司和岳某某主张涉案客户名单可以通过黄页查询、网络检索等方式获取，并非有别于公知信息的特殊信息。涉案客户名单确实包含有客户名称、地址、电话等简单信息，但拓软公司通过联络、洽谈，从众多公司中发展成为形成交易关系的客户，已从不特定的公司中分离出来，并非如多巨公司和岳某某所称系简单可以从公开领域获知的信息。何况涉案客户名单不仅包含上述信息，还包含软件产品及服务的交易信息，包括软件产品交易的加密狗号、版本、历史版本、销售日期、销售金额、模块、标准价、折扣率、成本、毛利，软件服务交易的销售日期、生效日期、到期日期、销售金额、标准价、折扣率、成本、毛利等。上述内容系由客户交易习惯、意向、内容等构成的深度客户信息，信息量较大，更不可能通过简单搜索或联想即可获得，不为相关人员普遍知悉。

其次，涉案客户名单中的客户基本信息可供拓软公司联络涉案客户；交易信息如销售价格、折扣率、加密狗号、版本等信息，无论业务员如何变更，都能准确定位客户所享受的优惠待遇及需要的服务内容；销售日期、到期日期等信息为拓软公司在合同到期前及时开展续约谈判提供了商机。故涉案客户名单能够积极提高拓软公司的竞争优势以获取经济利益，具有商业价值。

最后，拓软公司在载有涉案客户名单的服务通软件系统中给工作人员账号设置了不同权限，在内部管理系统中公布了拓软知识产权及保密制度，并两次发布对拓软公司及客户信息保密的要求。可见拓软公司有保护涉案客户名单的意愿，并且采取了限定涉密信息的知悉范围、提出保密规范等与其商业价值相适应的合理保密措施。综上，涉案客户名单构成商业秘密。

二、多巨公司与岳某某侵害了涉案客户名单的商业秘密

《反不正当竞争法》并不禁止离职人员与原单位客户发生交易，但前提是离职人员未不正当地利用在原单位任职期间获取的商业秘密。岳某某系拓软公司前服务经理，工作期间可以接触到涉案客户名单，且涉案客户与以岳某某为唯一股东和法定代表人的多巨公司至少发生一次交易。拓软公司与多巨公司的主营业务均为计算机软件销售和服务，在岳某某从拓软公司离职后的两年多时间里，与多巨公司发生交易的近半数客户，曾经与拓软公司发生类似业务关系，在多巨公司与岳某某未提供令人信服的事实和理由的情况下，实难以商业规律和生活经验予以解释。故一审法院认定岳某某违反拓软公司关于保守商业秘密的要求，披露、使用了涉案客户名单，多巨公司使用了岳某某披露的上述商业秘密。

三、多巨公司与岳某某应当承担停止侵权、赔偿损失等民事责任

商业秘密是一项特殊的知识产权，权利人不具有排他的独占权。客户名单中的信息是个变化的信息聚合体，随着时间的延续，相应信息必然会发生变化。一审法院综合本案情况，认为要求多巨公司与岳某某在一年内不得使用涉案客户名单，已足以保护拓软公司关于涉案客户名单具有的竞争优势。鉴于多巨公司与岳某某系共同侵权，应当为下述赔偿金额承担连带责任。

一审判决：多巨公司、岳某某于一审判决生效之日起一年内停止侵害拓软公司享有的涉案客户名单商业秘密；连带赔偿拓软公司经济损失 18 万元、拓软公司律师代理费 3 万元和公证费 2 万元。

一审判决后，多巨公司、岳某某不服，共同向上海知识产权法院提起上诉。二被告上诉的主要理由为：拓软公司的客户名单不构成商业秘密。拓软公司涉诉的内容没有任何商业秘密，上诉人也没有获取、披露和使用任何拓软公司的商业秘密。请求二审法院依法改判驳回拓软公司的全部诉讼请求，或发回重审。

上海知识产权法院经审理认为，拓软公司对外提供用友软件维护、更新和耗

材销售业务,通过互联网营销方式发展客户,岳某某在拓软公司工作期间担任服务部经理,向副总经理报告工作,所在部门负责与用友软件维护、更新相关的客户服务。岳某某在拓软公司工作期间接触且获取了拓软公司的客户信息,在离职后的两年多时间内利用其获得的客户信息以多巨公司的名义对外开展与拓软公司相竞争的业务,侵犯了拓软公司客户名单的商业秘密。

关于两上诉人主张的个人信赖抗辩。个人信赖抗辩一般发生在医疗、法律服务等较为强调个人技能的行业领域,除职工与原单位另有约定外,还需同时满足以下两个条件:(1)客户是基于与职工个人之间的特殊信赖而与职工所在单位发生交易。如果职工是利用所在单位所提供的物质条件、交易平台,才获得与客户进行交易机会的,则不适用个人信赖抗辩。(2)该职工从权利人处离职后,客户系自愿与其或其所属新单位发生交易,该职工不得主动联络客户,将自己在原单位服务的客户撬到自己的新单位。岳某某主张的个人信赖抗辩不能成立。综上,判决驳回上诉,维持原判。

律师点评

关于个人信赖抗辩,《最高人民法院关于审理不正当竞争民事案件应用法律若干问题的解释》第 13 条第 2 款规定,客户基于对职工个人的信赖而与职工所在单位进行市场交易,该职工离职后,能够证明客户自愿选择与自己或者其新单位进行市场交易的,应当认定没有采用不正当手段,但职工与原单位另有约定的除外。《江苏省高级人民法院侵犯商业秘密纠纷案件审理指南》中也对“个人信赖抗辩”理由的适用作出了界定:(1)该种抗辩的适用一般发生在医疗、法律服务等较为强调个人技能的行业领域。(2)该客户是基于与原告职工之间的特殊信赖关系而与原告发生交易,即客户是基于该职工才与原告发生交易的。如果职工是利用原告所提供的物质条件、交易平台,才获得与客户进行交易机会的,则不应适用本条规定。(3)该职工从原告处离职后,客户系自愿与其或其所属新单位发生交易。

就本案而言,首先,岳某某主张涉案客户名单中有 27 家系由其带入拓软公司的,并无证据予以印证。其次,根据法院查明的事实,岳某某与拓软公司签订的劳动合同中约定,岳某某对拓软公司自签订合同时已有效的各项规章、规则表示已知,拓软公司存在关于保护商业秘密的内部规章制度和公告,岳某某应当在受聘期间和聘用终止后,都不得使用拓软公司的任何商业秘密。最后,岳某某称系客户主动自愿选择与其进行交易,但未能提供证据予以证明。所以,两上诉人主张的个人信赖抗辩,未能获得法院的支持。

10. 违反竞业限制约定与商业秘密侵权行为不构成请求权竞合

——杭州恒生网络技术服务有限公司诉王某某竞业限制纠纷案①

案例要旨

劳动者与用人单位签订竞业限制约定,后劳动者违反约定进入具有竞争关系的单位就职且将原单位的商业秘密泄露给现单位使用的,其行为并不符合请求权竞合。关于行为人的行为须同时符合两种或者两种以上的民事责任的构成要件且给付内容相同的要求,劳动者违反竞业限制并不以泄露商业秘密为条件,因此原用人单位可以基于不同的法律事实起诉劳动者。

案情简介

杭州恒生网络技术服务有限公司(以下简称恒生公司)与王某某签订《劳动合同》一份,约定王某某的合同期限从2010年6月1日起至2012年1月2日止。恒生公司(甲方)与王某某(乙方)签订《保密及竞业限制协议》,约定:甲方在解除或者终止劳动协议后,在竞业限制期限内按月给予劳动者经济补偿。甲乙双方约定竞业禁止补偿金总额为乙方离职前一年工资收入的50%。并约定了相应的违约责任。王某某离职后,恒生公司依约向王某某发放自2011年6月至2011年12月的补偿金。自2012年1月开始,恒生公司停止向王某某发放竞

① 浙江省杭州市滨江区人民法院(2012)杭滨民初字第14号、浙江省杭州市中级人民法院(2014)浙杭民终字第62号。

业限制补偿金。

2011 年 6 月 16 日，天津市工商行政管理局核准成立企业名称为天骄文韵软件（天津）有限责任公司，其中王某某作为占比 10% 的投资人，并被聘用为该公司经理。该公司与恒生公司存在竞争关系。后双方发生争议，恒生公司提起仲裁，后提起本案诉讼，请求：(1) 判令王某某支付违约金 242,875 元；(2) 判令王某某立即停止违反竞业限制的行为；(3) 判令王某某承担本案诉讼费。

法院认为

浙江省杭州市滨江区人民法院经审理认为，用人单位与劳动者可以在劳动合同中约定保守用人单位的商业秘密和与知识产权有关的保密事项。对负有保密义务的劳动者，用人单位可以在劳动合同或者保密协议中与劳动者约定竞业限制条款，并约定在解除或者终止劳动合同后，在竞业限制期限内按月给予劳动者经济补偿。劳动者违反竞业限制约定的，应当按照约定向用人单位支付违约金。本案中，恒生公司与王某某签订的《保密及竞业限制协议》系双方自愿签订，其约定合法有效，法院予以确认。王某某的抗辩未提供有效证据证明，法院不予采纳。王某某离职后与他人共同投资了天骄文韵软件（天津）有限责任公司，并担任该公司经理，其行为违反了双方的竞业限制协议，王某某应停止竞业限制行为，并支付相应的违约金。双方约定的违约金标准明显高于恒生公司支付给王某某的补偿金金额，法院依法将违约金调整为按补偿金的标准计算 24 倍为 78,600 元，对该部分诉讼请求，法院予以支持；超过部分，法院不予支持。综上，依据原《民法通则》、《劳动合同法》和《民事诉讼法》之规定判决：(1) 王某某停止违反竞业限制的行为；(2) 王某某于判决生效之日起 10 日内支付恒生公司违约金 78,600 元；(3) 驳回恒生公司的其他诉讼请求。

宣判后，王某某不服一审判决，提起上诉。浙江省杭州市中级人民法院经审理查明，恒生公司曾以王某某、天骄文韵软件（天津）有限责任公司等为被告，向杭州市西湖区人民法院提起侵害商业秘密纠纷诉讼，案号为（2011）杭西民知初字第 935 号，要求王某某、天骄文韵软件（天津）有限责任公司等立即停止侵犯商业秘密的行为并赔偿经济损失及合理费用 1,000,000 元。杭州市西湖区人民法院于 2013 年 8 月 12 日作出该案一审判决，认为王某某以不正当手段获取恒生公司的商业秘密，并提供给天骄文韵软件（天津）有限责任公司使用，其行为已经侵犯了两原告的商业秘密，判决王某某、天骄文韵软件（天津）有限责任公司等立即停止侵权行为并赔偿经济损失（含合理费用）200,000万元。天骄文韵软件（天津）有限责任公司不服该判决，向杭州市中级人民法院提起上诉，该院于2013年11月29日作出（2013）浙杭知终字第95号民事判决：驳回上诉，维持原判。

浙江省杭州市中级人民法院认为，首先，关于恒生公司提起本案诉讼是否属于重复诉讼的问题。竞业限制约定是针对负有保密义务的劳动者在劳动关系结束后的一定期限内不得到与原用人单位有竞争关系的其他单位任职，或者自己开业生产或者经营同类产品、从事同类业务的行为而言的，限制的是负有保密义务的劳动者在离职后的工作领域范围。认定劳动者是否构成违反竞业限制约定的违约行为，仅需考察该劳动者离职后的工作单位以及工作性质与原用人单位的生产经营是否存在竞争关系，不以该劳动者是否侵害原用人单位的商业秘密为条件。在浙江省杭州市西湖区人民法院（2011）杭西知初字第935号案件及浙江省杭州市中级人民法院（2013）浙杭知终字第95号案件中，恒生电子公司、恒生公司的诉讼请求所针对的是王某某以不正当手段获取恒生电子公司、恒生公司的商业秘密，并提供给天骄文韵软件（天津）有限责任公司使用的侵权行为。两案中的诉讼请求所依据的法律事实并不相同，并不存在请求权竞合的问题。王某某违反竞业限制的约定，即应承担违约责任。这与其是否另行存在侵害恒生电子公司及恒生公司的商业秘密的侵权行为无关。王某某就此提出的上诉理由不能成立。

其次，关于王某某与恒生公司之间的竞业限制约定的效力问题。法院认为，根据王某某先后与恒生电子公司、恒生公司签订的劳动合同、保密协议以及离职承诺书，可以认定王某某在恒生公司从事的是研发工作，系直接接触公司商业秘密的人员。同时，在原审第一次庭审中，王某某自认，其离职前为恒生公司的项目经理；二审中，王某某自认其属于恒生公司事业部下属的单个项目部的小组负责人。因此，应当认定王某某系属于《劳动合同法》第24条规定的负有保密义务的人员。此外，王某某与恒生公司签订的竞业限制条款，系双方自愿协商约定，符合《劳动合同法》第23条的规定，王某某关于竞业限制约定自始无效的上诉理由不能成立。

最后，关于是否应当判决王某某停止违反竞业限制行为的问题。根据王某某与恒生公司签订的《保密及竞业限制协议》以及王某某于2011年6月15日离职时签署的《离职员工承诺书》，王某某的竞业限制期限为自离职之日起两年，即2011年6月16日至2013年6月15日。虽然恒生公司提起本案诉讼时在该两年竞业限制期限内，但是至案件一审判决时，该竞业限制期限已经届满，故原审法院再行判决王某某停止违反竞业限制行为不妥，二审法院予以纠正。

综上，杭州市中级人民法院判决，上诉人王某某支付恒生公司违约金78,600元；撤销一审法院判决王某某停止违反竞业限制行为，驳回杭州恒生公司的其他诉讼请求。

律师点评

侵犯商业秘密民事责任竞合，是指侵犯商业秘密的行为同时符合两种以上民事责任的构成要件，从而引起这些责任冲突的情形。当侵害行为同时符合侵害商业秘密的侵权责任与违约责任构成要件时即产生这两项责任的竞合，这种责任竞合的主要要件包括：(1)基于有效的合同行为人负有保密义务；(2)行为人实施了违反保密义务侵犯商业秘密的行为；(3)行为人主观具有过错，虽然违约责任无须有过错，但只有过错的存在才产生侵权责任从而引起二者的竞合。

根据我国《合同法》(已失效)第122条(《民法典》第186条)的规定，因当事人一方的违约行为，侵害对方人身、财产权益的，受损害方有权选择依照本法要求其承担违约责任或者依照其他法律要求其承担侵权责任。因此，权利人只能选择主张追究侵权人的违约责任或侵权责任。但在侵犯商业秘密民事案件中，这对于保护权利人权益而言存在不足，所以一般而言允许权利人同时或者分别向行为人主张侵权责任与违约责任。

本案中，恒生公司于2011年11月23日起诉王某某等人侵犯其商业秘密，并于同年11月26日起诉王某某违反竞业限制约定义务，两个案件基于不同的事实分别追究王某某的侵权责任和违约责任并不存在请求权竞合的问题，因此恒生公司的诉讼行为并不属于重复起诉。

实践中，对因员工离职而引起侵犯商业秘密的，如员工同时违反了竞业限制协议所约定的义务时，权利人可同时追究侵权人的侵权责任和违约责任，但在两项主张得以同时保护的利益已经因行使一项主张而得到了补救时，为另一项主张时即不得重复请求补救。

11. 商业秘密侵权诉讼中技术鉴定问题

——兰州正丰石油化工技术装备有限责任公司与无锡奋图过滤材料有限公司等侵害商业秘密纠纷案①

案例要旨

《最高人民法院关于审理反不正当竞争民事案件应用法律若干问题的解释》第9条第2款列举了有关信息“不为公众所知悉”的6种情形,司法部的《司法鉴定程序通则》是司法鉴定的程序性规范,两部规范均没有对知识产权司法鉴定取样及鉴定的程序做强制性要求。因此上诉人称鉴定取样少于司法解释规定的6种情形,违反程序的上诉理由缺乏法律依据。

案情简介

2000年8月16日,兰州正丰石油化工技术装备有限责任公司(以下简称正丰公司)与颇尔公司签订《订货合同》,约定由正丰公司为颇尔公司生产网孔管,双方分别于2003年、2006年签订了《长期合作协议》,同时约定了技术开发费及技术保密条款。2005年5月,正丰公司《流体过滤用不锈钢螺旋焊接网孔管》企业标准在甘肃省兰州市质量技术监督局备案。2005年12月正丰公司制定保密制度。长期经营中,正丰公司以网孔管系列产品形成了主要生产支柱并以颇尔公司为特殊客户发展了相对固定的客户群。

2005年1月,王某某正式在正丰公司工作。同年4月,王某某受聘为正丰公司企业标准的评审专家,2005年11月以后,王某某分别担任正丰公司工程技术部经理、质检部经理、供销部副经理等职务。2008年1月,王某某与正丰公司签订了《保守商业秘密和竞业限制制度》。2009年8月29日,王某某以请假名

① 甘肃省兰州市中级人民法院(2011)兰法民三初字第45号、甘肃省高级人民法院(2013)甘民三终字第0005号。

义自动离职，未办理辞职手续。之后，王某某经余某某介绍在网业公司和过滤材料公司从事网孔管生产技术指导工作并领取报酬，参与了有关生产设备的制造。

无锡奋图网业进出口贸易有限公司(以下简称网业公司)设立于2003年7月；无锡奋图过滤材料有限公司(以下简称过滤材料公司)成立于2010年1月。网业公司和过滤材料公司系关联企业，同一生产面向不同市场，网业公司主要面向海外市场营销。余某某曾在被告网业公司负责技术工作，余某某知道王某某精通网孔管生产技术并介绍王某某到二被告公司解决有关生产难题。2011年1月，过滤材料公司与颇尔公司签订合同为其生产不锈钢网孔管，此后陆续与颇尔公司发生网孔管业务。

正丰公司于2011年10月31日以侵犯商业秘密为由向兰州市中级人民法院(以下简称兰州中院)提起诉讼，2012年2月8日，兰州中院组织当事人依法进行了证据交换，被告余某某经传票传唤未到庭。证据交换中，被告过滤材料公司向兰州中院提出申请，要求对本案所涉技术信息进行司法鉴定并申请中止本案审理。兰州中院依法裁定中止审理，并委托北京国威知识产权司法鉴定中心进行鉴定。

法院认为

兰州中院经审理认为，本案鉴定程序依被告过滤材料公司申请启动，原告正丰公司与被告过滤材料公司为本案鉴定当事人。双方协商确定鉴定机构未果后，兰州中院依法指定并委托有鉴定资质的北京国威知识产权司法鉴定中心依法对原告拥有的技术是否不为公众所知悉和本案诉争设备技术点是否与原告技术核心秘点构成相同或等同进行鉴定，同时向鉴定机构提交了相关资料，鉴定双方当事人对鉴定机构的选择均无异议。鉴定过程中，兰州中院要求鉴定机构对鉴定人员的资质进行书面说明并征询鉴定双方当事人的意见，原告正丰公司与被告过滤材料公司均书面表示对鉴定人无异议。2012年5月25日，兰州中院组织鉴定机构和鉴定双方当事人在过滤材料公司生产车间现场进行了鉴定检材的确定和拍照。鉴定程序合法，鉴定过程公开透明，鉴定意见经过了庭审质证。庭后，针对当事人的异议，北京国威知识产权司法鉴定中心出具了答异书，兰州中院亦组织本案当事人进行了质证。后被告过滤材料公司向北京市司法局对鉴定单位进行投诉，北京市司法局经认真调查认定投诉不实，并向投诉人出具书面答复。综上,该鉴定意见程序合法、内容客观真实、结论科学严谨,法院予以采信。

兰州中院认为,原告正丰公司拥有网孔管生产设备商业秘密,包括技术秘密和与之相关的经营信息。经鉴定和依本案证据证实,能够认定被告王某某违反了保密约定,违法“跳槽”竞业,将原告的商业秘密披露给他人;二被告公司明知或应知被告王某某掌握原告的商业秘密而不当使用,主观故意明显并已造成损害后果。遂判决三被告停止侵权行为,并承担损害赔偿责任。宣判后,正丰公司、过滤材料公司、网业公司及王某某均不服,向甘肃省高级人民法院提出上诉。

网业公司、过滤材料公司和王某某上诉称:原审采信存在严重缺陷的鉴定意见书、依据未经质证的北京市司法局答复认定事实,采信证据错误。

二审法院经审理认为,关于原审的鉴定意见是否存在取样程序违法、能否作为定案依据的问题。经查,兰州中院审理期间,过滤公司提出鉴定申请,在双方就鉴定机构协商未果的情况下,由兰州中院依法指定北京国威知识产权鉴定中心为鉴定机构,双方认可签字确认,并同意以兰州市公安局经侦支队取得的证据材料作为本案的鉴定材料。2012 年 5 月 25 日,兰州中院工作人员、北京国威知识产权鉴定中心鉴定人员、原告技术人员共同到被告过滤公司,在四方在场下,鉴定人员进入生产车间提取鉴定材料,对涉案设备进行了拍照并全程录像。过滤公司的工作人员等人在现场。本案的其他当事人网业公司、王某某并非本案鉴定行为的当事一方,鉴定取样时没有通知其到场的义务。因此,过滤公司、网业公司及王某某关于鉴定取样未通知其到场的上诉理由与事实不符,二审法院不予采信。关于鉴定取样少于司法解释规定的 6 种情形,是否构成程序违法的问题。经查,《最高人民法院关于审理反不正当竞争民事案件应用法律若干问题的解释》第 9 条第 2 款列举了有关信息“不为公众所知悉”的 6 种情形,司法部的《司法鉴定程序通则》是司法鉴定的程序性规范,两部规范均没有对知识产权司法鉴定取样及鉴定的程序做强制性要求。因此上诉人称鉴定取样少于司法解释规定的 6 种情形,违反程序的上诉理由缺乏法律依据。北京国威知识产权鉴定中心鉴定资质合法,取样程序不违反规定,上诉人也未能提出充分的证据否定该中心作出的鉴定意见书。因此,鉴定意见应作为本案的定案依据。

上诉人的上诉理由均缺乏事实及法律依据,上诉所提供的证据明显不足,判决驳回上诉,维持原判。

律师点评

司法鉴定是指在诉讼活动中鉴定人运用科学技术或者专门知识对诉讼涉及的专门性问题进行鉴别和判断并提供鉴定意见的活动。在商业秘密侵权诉讼中,因技术秘密具有较强的专业性,对其是否符合商业秘密构成要件的分析往往需要依据专业人员的意见。

商业秘密的技术鉴定分为当事人自行委托鉴定和经过法定程序的鉴定。二者的鉴定意见经过法庭质证、审查后具有同等的证据主体地位,均可成为认定案件事实的依据。但法院指定鉴定所鉴定要根据法律规定的程序进行。

根据《民事诉讼法》及司法解释的相关规定,当事人可以就查明事实的专门问题向人民法院申请鉴定。当事人申请鉴定,可以在举证期限届满前提出。当事人申请鉴定的,由双方当事人协商确定具备主体资格的鉴定人;协商不成的由人民法院指定。此外,当事人未申请鉴定,人民法院对专门问题认为需要鉴定的,应当委托具备资格的鉴定人进行鉴定。如果当事人对鉴定意见有异议或者人民法院认为鉴定人有必要出庭的,鉴定人应当出庭作证。

本案中,由过滤公司向兰州中院申请鉴定,在与原告协商无果的情况下,兰州中院依法指定北京国威知识产权鉴定中心鉴定,并经原告与过滤公司签字确认。鉴定取样前,原告与过滤公司同意以兰州市公安局经侦支队取得的证据材料作为本案的鉴定材料。2012 年 5 月 25 日,兰州中院工作人员、北京国威知识产权鉴定中心鉴定人员、原告技术人员共同到被告过滤公司,在四方在场下,鉴定人员进入生产车间提取鉴定材料,有笔录及录音、录像。上诉人根据鉴定专家组的要求总结技术秘点只是为了更准确,而不是补充技术秘点。因此兰州中院的鉴定程序合法。另外,过滤公司针对北京国威知识产权鉴定中心的鉴定行为,向北京市司法局投诉,属于单方行为,北京市司法局的答复书不属于本案证据,兰州中院无义务组织质证,因此,过滤公司上诉所称原审依据未经质证的答复书认定事实,违反民事诉讼证据规则的上诉理由与事实不符。

专题三　商业秘密的保护

1. 竞业限制协议与保密协议的区分

——上海富日实业有限公司与黄某某、上海萨菲亚纺织品有限公司侵害商业秘密纠纷案[①]

案例要旨

相关信息作为商业秘密受到保护，必须具备《反不正当竞争法》规定的构成要件，包括采取了保密措施，而并不是单纯约定竞业限制就可以实现的。对于单纯的竞业限制约定，即便其主要目的就是保护商业秘密，但由于该约定没有明确用人单位保密的主观愿望和作为商业秘密保护的信息的范围，因而不能构成反不正当竞争法规定的保密措施。

案情简介

原告上海富日实业有限公司（以下简称富日公司）系由被告黄某某与案外人管某于1996年投资设立，被告黄某某出资人民币40万元，公司经营范围包括服装、针纺织品的加工制造、销售等。公司设立后，被告黄某某在公司担任监事、副总经理等职务，参与公司的经营管理。2002年4月30日，原告富日公司通过

① 上海市第一中级人民法院(2010)沪一中民五(知)初字第27号、上海市高级人民法院(2010)沪高民三(知)终字第45号、最高人民法院(2011)民申字第122号。

股东会决议，同意被告黄某某退出公司并辞去相关职务。2002 年 4 月，被告黄某某与案外人刘某宏共同投资组建了被告上海萨菲亚纺织品有限公司（以下简称萨菲亚公司），并于 4 月 27 日取得了工商行政管理部门核发的营业执照。该公司的经营范围包括纺织品、服装的制作、销售等。

2000 年年初，原告开始与案外人“森林株式会社”发生持续的交易。被告萨菲亚公司设立后，案外人“森林株式会社”基于对被告黄某某的信任，随即与之建立了业务关系。

此外，原告公司章程第 37 条规定，董事、监事、总经理依照法律规定或者经股东会同意外，不得泄露公司秘密。

以上事实，有原告提交的原告公司章程、设立登记申请书、股东会决议、职工退工通知书，被告萨菲亚公司的企业名称预先核准通知书、企业设立登记申请书、验资报告书，原告与案外人之间的合同等；两被告提交的《证明书》、被告萨菲亚公司的企业法人营业执照、被告黄某某的各种证书等；原、被告双方均提交了的（2006）沪黄一证经字第 5433 号公证文书；以及原、被告双方的陈述等证据在案佐证。

法院认为

上海市第一中级人民法院一审认为，根据《反不正当竞争法》的规定，作为商业秘密受法律保护的经营信息，须是不为公众所知悉、能为权利人带来经济利益、具有实用性并经权利人采取了保密措施的经营信息。在本案中，并无证据表明富日公司主张保护的特定客户信息属于不为公众所知悉，并经其采取了相应保密措施的经营信息。同时，虽有部分证据可以表明富日公司在与该特定客户进行交易时获得相应的营业利润，但该等证据还不足以说明富日公司系因其所拥有的特定客户信息而取得了竞争优势。因此，该特定客户的信息要作为富日公司的商业秘密受到法律保护，还欠缺事实依据。依照《最高人民法院关于审理不正当竞争民事案件应用法律若干问题的解释》第 13 条的规定，商业秘密中的客户名单包括保持长期稳定交易关系的特定客户，而本案中富日公司与日商“森林株式会社”确有一段时间的稳定交易关系。但是，该司法解释并非意指只要是有较长时间稳定交易关系的特定客户就应作为商业秘密给予保护，相反，只有进一步考察主张享有权利的经营者就该特定客户是否拥有区别于相关公知信息的特殊客户信息,并且考察是否符合前述构成商业秘密的一般条件之后,才能够决定是否应当认定为法律所保护的商业秘密。因此,本案中并不能仅以富日公司与日商“森林株式会社”有过一段时间的稳定交易关系就认为该特定客户已经属于富日公司的商业秘密。此外,日商“森林株式会社”系基于对黄某某的信任而主动选择与其交易,故而也难以认为黄某某和萨菲亚公司的行为违反了诚实信用的原则或者公认的商业道德。综上,依照《反不正当竞争法》第 10 条的规定,上海市第一中级人民法院于 2010 年 5 月 6 日作出(2010)沪一中民五(知)初字第 27 号民事判决:驳回富日公司的全部诉讼请求。

富日公司不服一审判决,向上海市高级人民法院提起上诉。上海市高级人民法院二审认为,商业秘密的权利人是否对其相关信息采取了保密措施,是认定商业秘密构成的前提条件之一。

本案中,富日公司主张黄某某、萨菲亚公司采取不正当手段利用了其与日商“森林株式会社”的特定交易信息,侵犯了其商业秘密,应首先证明其对上述信息采取了相应的保密措施。富日公司主张其与日商“森林株式会社”的特定交易信息为其商业秘密,并具体体现在双方的销售合同及相关附件中,应举证证明其对上述合同及相关附件采取了合理、具体而有效的保密措施,例如,限定知悉信息的相关人员范围、对涉密信息载体采取加锁等防范措施、在涉密信息的载体上标识保密标志、签订保密协议等措施,但本案中并无证据表明富日公司对上述合同及相关附件采取了相关保密措施。

富日公司虽辩称,其与黄某某签订的《劳动合同》第 11 条系其对本案主张的商业秘密采取的保密措施,但是,该合同第 11 条第 1 款约定:“乙方在与甲方解除本合同后,五年内不得与在解除本合同前与甲方已有往来的客户(公司或个人)有任何形式的业务关系。否则,乙方将接受甲方的索赔。”由此可见,该条款既没有约定富日公司(甲方)哪些信息是商业秘密,也没有约定黄某某(乙方)应对哪些商业秘密负有保守秘密的义务,故上述第 11 条第 1 款之约定应认定为竞业禁止条款。而且该条款仅约定了限制黄某某择业自由的内容,而未涉及因此限制而应支付的补偿费,在本案中,也没有证据证明富日公司曾支付给黄某某相关补偿费用。

因此,富日公司并不能援引上述条款主张黄某某侵犯了其商业秘密,进而富日公司与黄某某的另一个争议焦点即上述合同的真实性和合同到期后双方是否继续履行之事实,在本案中亦无进一步审查之必要。富日公司在本案中的主张体现在销售合同及其附件中的日商“森林株式会社”的特定交易信息,尚不能构成我国《反不正当竞争法》规定的商业秘密。综上,上海市高级人民法院驳回富日公司的上诉,维持一审判决。

后富日公司不服二审判决,向最高人民法院申请再审,被最高人民法院依法驳回。

律师点评

竞业限制是指对特定的人从事竞争业务的限制,分为法定的竞业限制和约定的竞业限制。法定的竞业限制主要是指公司法上针对公司董事、高级管理人员设定的竞业限制,属于在职竞业限制。约定的竞业限制,一般是指依据合同法和劳动合同法针对交易相对人或者劳动者通过协议约定的竞业限制,既包括离职竞业限制,也包括在职竞业限制。2008 年施行的《劳动合同法》对约定竞业限制作出明确规定,该法第 23 条规定:“用人单位与劳动者可以在劳动合同中约定保守用人单位的商业秘密和与知识产权相关的保密事项。对负有保密义务的劳动者,用人单位可以在劳动合同或者保密协议中与劳动者约定竞业限制条款,并约定在解除或者终止劳动合同后,在竞业限制期限内按月给予劳动者经济补偿。劳动者违反竞业限制约定的,应当按照约定向用人单位支付违约金。”

我国立法允许约定竞业限制,目的在于保护用人单位的商业秘密和其他可受保护的利益。但是,竞业限制协议与保密协议在性质上是不同的。前者是限制特定的人从事竞争业务,后者则是要求保守商业秘密。用人单位依法可以与负有保密义务的劳动者约定竞业限制,竞业限制约定因此成为保护商业秘密的一种手段,即通过限制负有保密义务的劳动者从事竞争业务而在一定程度上防止劳动者泄露、使用其商业秘密。

本案中,从富日公司提供的劳动合同可以看出,其与黄某某约定的内容符合竞业限制的规定,但是,相关信息作为商业秘密受到保护,必须具备《反不正当竞争法》规定的要件,包括采取了保密措施,而并不是单纯约定竞业限制就可以实现的。对于单纯的竞业限制约定,即便其主要目的就是保护商业秘密,但由于该约定没有明确用人单位保密的主观愿望和作为商业秘密保护的信息的范围,因而不能构成《反不正当竞争法》所规定的保密措施。

2. 竞业限制协议生效要件

——奥润德体育(北京)有限公司与张某、北京金地名士体育有限公司侵犯商业秘密纠纷案①

案例要旨

由于竞业禁止必然会限制劳动者的就业自由以及以自身优势谋生的权利,因此,提供补偿金是竞业禁止条款的一个效力要件。如果没有支付给员工相应的补偿金,则其竞业禁止的条款不能在员工离职后对其产生限制的效力。关于劳动者在任职期间的竞业禁止在出资人协议和保密承诺中一般均有明确约定,且在一般情况下,劳动者尤其是主要管理人员在劳动合同期间负有不得竞业的附随义务,否则必然会产生利益冲突问题。因此任职期间的竞业禁止约定有效。

案情简介

2008 年 11 月 30 日,奥润德体育(北京)有限公司(以下简称奥润德公司)与樊某某、张某、程某某签订出资人协议,约定共同出资合作经营奥润德公司高尔夫部,四方出资,共同经营,共担责任,共享利益;奥润德公司与樊某某各出资 40 万元,张某与程某某各出资 10 万元,担任副总经理;张某负责赛事部、招商部和销售二部,与银行合作推出球卡产品的销售,不得兼职,辞职或被解聘 3 年内不得从事与高尔夫相关的业务;张某月薪 1.5 万元,实际领取 7500 元,当月不亏损可领取另外 7500 元(风险薪酬),亏损则不得领取;连续 3 个月或年度出现亏损将被免职;每月可报销招待费、通讯费等,不超过分管部门营业额;半年度核发奖金为分管部门纯利的 10%,风险薪酬及奖金所得前 10 万元将作为出资投入运营,完成后可领取现金,也可入股最高到持有 20% 的股份。

---

① 北京市海淀区人民法院(2009)海民初字第 25510 号、北京市第一中级人民法院(2010)一中民终字第 4091 号。

2009年1月9日，张某向奥润德公司出具保密承诺，保证在合作期间不在其他单位任职，合作及离职后保守公司的技术秘密和商业秘密，合作终止3年内不得影响奥润德公司的正常经营和客户关系；如有违反，奥润德公司有权解除合同，并就损失要求赔偿。合同中没有约定针对张某离职后的竞业禁止的限制给予任何补偿。

张某自2008年12月开始在高尔夫部工作，领取工资到2009年4月，每月均为7500元。

2009年5月31日，北京金地名士体育有限公司（以下简称金地名士公司）注册成立，经营范围包括组织体育赛事，销售体育用品，张某担任该公司的法定代表人。

2009年6月11日，奥润德公司向张某发出解聘通知，称因张某违反出资人协议，经协商一致，已于6月8日解除张某依据协议在高尔夫部的职务和权力，同时要求张某办理交接手续，交还使用的汽车。上述通知中有樊某某签名，此时另一合作人程某某亦已离开高尔夫部。

法院认为

一审法院认为，在奥润德公司与张某等四方签订的出资人协议中，约定奥润德公司与樊某某实际出资，张某与程某某以自身的相关经验参与经营，两人风险薪酬和提成达到10万元时，完成其投资，正式作为高尔夫部的股东参与分红。前期奥润德公司给张某发工资、上保险，张某向奥润德公司承诺合同期内和合同终止后3年内不在其他相关单位任职，承担保密义务及不得影响奥润德公司的正常经营和客户关系。此时双方之间的法律关系具有劳动关系的性质。双方纠纷产生时，各方尚未确定张某完成投资，成为正式股东，出资人协议中所称的合作关系，尚未确定。故本案的审理系建立在张某与奥润德公司之间实际存在的劳动关系的基础上。

出资人协议以及张某向奥润德公司所作保密承诺中约定了竞业禁止条款，该条款并未明确在张某离职后的限制期限内给予其经济补偿，约定的解除合同后的限定时间亦超过《劳动合同法》规定的一般不得超过2年的上限。由于竞业禁止必然会限制劳动者的就业自由以及以自身优势谋生的权利，因此，提供补偿金是竞业禁止条款的一个效力要件。奥润德公司与张某之间约定的针对合同终止后3年内不得从事高尔夫相关业务的条款,没有支付给张某相应的补偿金,其竞业禁止的条款不能在张某离职后对其产生限制的效力。奥润德公司称在张某每月的7500元工资中已经包含了补偿金,但从出资人协议和涉案高尔夫球卡的销售业务内容可以看出,奥润德公司愿意投入资金与最初并不参与投资的张某合作,就是看重张某作为体育管理系毕业的研究生,有高尔夫球卡销售等相关经验,可以为高尔夫部的筹建和发展提供较大帮助,而高尔夫相关行业属高利润产业,同时考虑张某系作为未来合作人之一的身份参与经营管理,故上述工资并未超过一般该行业管理人员的工资水准,不包含对离职后竞业禁止的经济补偿。因此,奥润德公司针对张某签订的离职后的竞业禁止条款不具有法律效力。

关于张某在高尔夫部任职期间的竞业禁止在出资人协议和保密承诺中均有明确约定,且在一般情况下,劳动者尤其是主要管理人员在劳动合同期间负有不得竞业的附随义务,否则必然会产生利益冲突问题。因此任职期间的竞业禁止约定有效。张某在奥润德公司任职期间,即成立金地名士公司,经营与奥润德公司相同的业务,即从事了竞争性兼职。因此,张某尚未从奥润德公司离职时,在金地名士公司的就职行为,违反了与奥润德公司的合同约定,损害了奥润德公司的利益,双方对此应当向奥润德公司承担连带责任。关于张某与金地名士公司所称张某并未参与金地名士公司的经营,仅为借款一说,原审法院认为,张某为金地名士公司的法定代表人,上述身份与其所称仅为借款并不相符,且该公司经营的内容亦为张某所长,在奥润德公司提供的录音证据中其也表示金地名士公司经营状况很好,上述情形均不能支持其上述辩解内容。

一审判决后奥润德公司、张某、金地名士公司均不服,向北京市第一中级人民法院提起上诉。二审法院认为,出资人协议及张某所作的保密承诺中并未明确在张某离职后的限制期限内给予其经济补偿,且约定的解除合同后的限定时间亦超过《劳动合同法》规定的一般不得超过2年的上限。二审法院认为上诉人的上诉理由缺乏事实及法律依据,判决驳回上诉,维持原判。

律师点评

约定的竞业限制,一般是指依据《民法典》和《劳动合同法》针对交易相对人或者劳动者通过协议约定的竞业限制,既包括离职竞业限制,也包括在职竞业限制。《劳动合同法》第23条规定:“用人单位与劳动者可以在劳动合同中约定保守用人单位的商业秘密和与知识产权相关的保密事项。对负有保密义务的劳动者,用人单位可以在劳动合同或者保密协议中与劳动者约定竞业限制条款,并约定在解除或者终止劳动合同后,在竞业限制期限内按月给予劳动者经济补偿。劳动者违反竞业限制约定的,应当按照约定向用人单位支付违约金。"该法第 24 条规定:"竞业限制的人员限于用人单位的高级管理人员、高级技术人员和其他负有保密义务的人员。竞业限制的范围、地域、期限由用人单位与劳动者约定,竞业限制的约定不得违反法律、法规的规定。在解除或者终止劳动合同后,前款规定的人员到与本单位生产或者经营同类产品、从事同类业务的有竞争关系的其他用人单位,或者自己开业生产或者经营同类产品、从事同类业务的竞业限制期限,不得超过二年。"

由此可知,离职竞业限制协议产生法律效力需满足以下要件:首先,双方以书面形式对竞业限制作出约定。既可在劳动合同或者保密协议中约定竞业限制条款,也可单独订立《竞业禁止协议》。其次,竞业禁止主体限于用人单位的高级管理人员、高级技术人员和其他负有保密义务的人员。再次,竞业期限不得超过 2 年,且在竞业限制期限内按月给予劳动者经济补偿。最后,竞业限制的约定不得违反法律、法规的规定。

就本案而言,奥润德公司与张某签订的竞业限制条款并未对竞业限制补偿金作出约定和支付,此外,奥润德公司支付的工资中也不包含对离职后竞业禁止的经济补偿。因此,奥润德公司针对张某签订的离职后的竞业禁止条款不具有法律效力。

如果竞业限制协议约定的竞业期限超过 2 年,离职后竞业禁止的经济补偿以其他形式支付的是否影响竞业禁止的效力?根据北京市第一中级人民法院(2010)一中民终字第 18293 号民事判决,法院认为,约定竞业限制的期限为 3 年,超过了法律规定的最长期限,超过部分应属无效,但并不影响整个协议的效力,即竞业限制的期限为 2 年。星河公司以房产增值部分作为竞业限制补偿金,雷某涛并未提出异议,且与星河公司办理了相应的手续,取得了涉案房产,直至本案诉讼期间,其亦未要求退还房产。法律虽然要求用人单位按月给付补偿金,但并不排斥更有利于劳动者的补偿方法。

3. 如何防止离职员工泄露原用人单位的商业秘密

——孙某某、北京君和信达科技有限公司与同方威视技术股份有限公司侵害经营秘密纠纷案①

案例要旨

经营者的代理商是否属于保持长期稳定交易关系的特定客户，需结合多方因素综合考虑。虽然原告并非每年均通过代理商销售相关快检设备，但考虑到此类设备并非属于易耗品，以及马来西亚海关的潜在需求数量等客观因素，结合原告往年的销售业绩认定。而本领域相关人员获得与代理商之间的交易习惯、产品的实际交易价格、具体设备参数和产品最终用户马来西亚海关的具体采购需求等信息具有一定难度，属于原告的经营信息，能够帮助被告在与原告竞争马来西亚采购机会的过程中，获得现实及潜在的竞争优势。

员工利用职务行为知悉上述信息后，在原公司尚未与代理商实际达成交易之前，便离职成立被告公司，利用已知悉的信息参与竞争并成功，构成不正当竞争。同时，该员工是被告公司的法定代表人，被告公司应当知晓员工上述行为侵犯了原告的相关商业秘密，却仍然使用，依法也视为侵犯了原告的经营秘密。

案情简介

1998 年 10 月 19 日，孙某某与同方威视技术股份有限公司（以下简称同方威视公司）签订《劳动合同书》和《保守商业秘密协议书》，开始在同方威视公司国际业务本部工作。2003 年，孙某某开始负责同方威视公司在马来西亚的市场销售。2005 年 10 月 24 日至 2011 年年初，孙某某担任同方威视公司国际业务本部总经理。2011 年 1 月 28 日，同方威视公司撤销国际业务本部，任命孙某某为

① 北京市第一中级人民法院(2014)一中民(知)初字第 6248 号、北京市高级人民法院(2017)京民终 398 号。

西亚区域中心总经理。2011 年 3 月 28 日，孙某某向同方威视公司提交辞职报告。2011 年 4 月 28 日，同方威视公司批准了孙某某的辞职申请。

2011 年 5 月 27 日，孙某某注册成立了北京君和信达科技有限公司（以下简称君和信达公司），担任法定代表人、执行董事。

至迟从 2007 年 9 月起，马来西亚政府已经开始实施政府采购供应商本土化政策，只有 PAT 公司等符合相关要求的马来西亚本土企业才能与马来西亚的政府机关签订集装箱检查设备供货合同，以及直接向外国公司采购集装箱检查设备。

2009 年 9 月 15 日，清华同方威视技术（香港）有限公司（以下简称威视香港公司）与 PAT 公司签订了向 PAT 公司供应 1 台 FS6000DE 快速扫描集装箱/车辆检查系统的合同。

2011 年，马来西亚海关为了采购 CIQ 项目的货物扫描仪，向包括 PAT 公司和 WTC 公司在内的供应商发出采购需求信息。PAT 公司为了获得 CIQ 货物扫描仪的供货机会，向马亚西亚海关推荐了同方威视公司的 FS6000DE 型号产品。

2011 年，PAT 公司向马来西亚海关提交了供货申请，推荐了君和信达公司的 BT-SCAN P/X 型号货物扫描仪。2011 年 5 月 13 日，马来西亚财政部批准马来西亚海关向 PAT 公司购置 2 台货物扫描仪。2011 年 5 月 16 日，马来西亚财政部分别向 PAT 公司发布了意向书。同年 7 月 5 日，向 PAT 公司发布了同意证书。

2011 年 9 月 19 日，PAT 公司与君和信达公司签订了向 PAT 公司供应 2 台 BT-SCAN-P/X 门式 X 射线检查系统的销售合同，合同总价为 660 万美元。

法院认为

一审法院认为，在 2009 年签订的销售合同中，设备参数、销售价格等信息并未被公开，且该合同具有保密条款，在没有反证的情况下，应当认为合同双方履行了保密义务，此信息具有秘密性和保密性，且在本案中具有商业价值，构成本案中的商业秘密。基于同方威视公司的内部管理制度和其与员工签订的保密协议，包括孙某某在内的知晓相关信息的员工，应当对同方威视公司代理销售渠道的建立及运作模式的具体信息承担保密义务。因此，可以认定同方威视公司为防止上述信息泄露采取了保密措施。上述相关具体信息构成商业秘密。同方威视公司通过销售渠道掌握的客户特殊需求和交易习惯信息具有秘密性。在同方威视公司已采取保密措施的情况下,上述信息构成本案中的商业秘密。前述被认定构成商业秘密的经营信息能够帮助孙某某、君和信达公司在与同方威视公司竞争马来西亚采购机会的过程中,获得现实及潜在的竞争优势。孙某某于2010年6月即因从事同方威视公司的职务行为知悉了马来西亚海关的采购意向。在明知同方威视公司参与了2011年CIQ项目,而尚未与PAT公司实际达成交易之前,孙某某从同方威视公司辞职并成立了君和信达公司,参与了2011年CIQ项目的竞争,客观上利用了其掌握的同方威视公司相关商业秘密从而在该项目中获得了竞争优势并最终成功,孙某某的行为实际侵害了同方威视公司的相关商业秘密,构成了不正当竞争。同时,孙某某是君和信达公司的法定代表人,君和信达公司应当知晓孙某某的上述行为侵犯了同方威视公司的相关商业秘密,却仍然使用同方威视公司的相关商业秘密,依法也视为侵犯了同方威视公司的商业秘密。PAT公司的董事吴某龙出具证言属言词证据,且相关证人均未出庭作证,在同方威视公司对上述证言不予认可的情况下,上述证言不足以证明在2011年CIQ项目中,系PAT公司自愿选择与孙某某、君和信达公司进行交易。因此,对孙某某、君和信达公司据此提出的客户信赖抗辩主张不予支持。在2011年CIQ项目的交易中,君和信达公司和孙某某的行为侵犯了同方威视公司的商业秘密,应承担赔偿损失的民事责任。确定侵犯商业秘密的损害赔偿额,可以参照确定侵犯专利权的损害赔偿额的方法进行。综合考虑此次交易的数额、相关成本、费用及同方威视公司相关商业秘密在本案中的商业价值等因素,酌情确定君和信达公司的损害赔偿额,同方威视公司主张的合理开支亦依法予以考虑。对同方威视公司要求判令孙某某和君和信达公司立即停止侵害同方威视公司经营秘密的诉讼主张不予支持。判决君和信达公司、孙某某连带赔偿同方威视公司经济损失440万元,合理支出60万元。当事人对一审判决不服,均向北京市高级人民法院提起上诉。

北京市高级人民法院认为,2011年CIQ项目中涉及的PAT公司是同方威视公司在马来西亚的代理商,虽然同方威视公司并非每年均通过PAT公司销售相关快检设备,但考虑到此类设备并非属于易耗品,以及马来西亚海关的潜在需求数量等客观因素,结合同方威视公司2003~2009年的销售业绩,应当认定吴某龙及其担任董事的PAT公司属于同方威视公司保持长期稳定交易关系的特定客户。孙某某在同方威视公司任职期间,不仅掌握了 PAT 公司的交易习惯,而且掌握了该经营领域内不为相关人员普遍知悉的同方威视公司向马来西亚海关销售产品的实际交易价格、具体设备参数和产品最终用户马来西亚海关的具体采购需求等信息,而本领域相关人员获得这些信息具有一定难度。前述已被一审法院认定构成商业秘密的经营信息能够帮助孙某某和君和信达公司在与同方威视公司竞争马来西亚采购机会的过程中,获得现实及潜在的竞争优势。

本案中,孙某某于 2010 年 6 月即因从事同方威视公司的职务行为知悉了马来西亚海关的采购意向,其一直参与同方威视公司与马来西亚海关就 2011 年新交易机会的联络和谈判工作,其在同方威视公司任职期间,与 PAT 公司的沟通、洽商,均属于职务行为。在明知同方威视公司参与了 2011 年 CIQ 项目,而尚未与 PAT 公司实际达成交易之前,孙某某从同方威视公司辞职并成立了君和信达公司,参与了 2011 年 CIQ 项目的竞争,客观上利用了其掌握的同方威视公司相关经营秘密从而在该项目中获得了竞争优势并最终成功,孙某某的行为实际侵害了同方威视公司的相关经营秘密,构成了不正当竞争。同时,孙某某是君和信达公司的法定代表人,君和信达公司应当知晓孙某某的上述行为侵害了同方威视公司的相关商业秘密,却仍然使用同方威视公司的相关经营秘密,依法也视为侵害了同方威视公司的经营秘密。

在 2011 年 CIQ 项目的交易中,君和信达公司和孙某某的行为侵害了同方威视公司的经营秘密,应承担赔偿损失的民事责任。确定侵害商业秘密的损害赔偿额,可以参照确定侵害专利权的损害赔偿额的方法进行。一审法院根据此次交易的数额、相关成本、费用及同方威视公司相关商业秘密在本案中的商业价值等因素,酌情确定的孙某某和君和信达公司的损害赔偿额、同方威视公司主张的合理开支的数额是适当的。综上,二审法院驳回上诉,维持原判。

律师点评

侵害商业秘密的发生多由企业员工"泄密"导致,而泄密者大多为跳槽员工。商业秘密的重要性对于企业来说不言而喻,事前采取有效措施防止商业秘密的泄露相比事后采取补救措施要重要得多。

建立完善的商业秘密管理制度,是企业保护商业秘密行之有效的手段。一方面,建立完善的保密制度,可以表明企业对商业秘密采取了合理的保密措施;另一方面,也证明了企业商业秘密的存在。通常来讲,企业制定的保密规章制度应当包括以下几方面内容:(1)明确商业秘密的范围及保密等级;(2)确定商业秘密的管理者及责任;(3)建立商业秘密档案管理制度等。

另外,与涉密人员签订保密协议、在劳动合同及对外交易合同中增加保密条款。在与职工签订保密协议时,要明确有关商业秘密的范围和内容、保密期限、违约责任等内容。

再者,加强宣传教育,提高保密意识,提高员工素质。重视人力资源,营造和谐稳定的劳动关系。建立员工离职后的保密跟踪制度。特别是针对掌握企业核心商业秘密的离职员工而言,要高度关注离职人员新就职企业的产品生产情况和与本企业原有客户进行同类产品的交易动向。

4. 商业秘密的善意取得

——北京鑫万佳科技发展有限公司与南京海钛科技有限公司、朱某某侵害商业秘密纠纷案①

案例要旨

不具有民事主体资格的科研组织订立的技术合同,未经法人或者其他组织授权或者认可的,由该科研组织成员共同承担责任,但法人或者其他组织因该合同受益的,应当在其受益范围内承担相应责任。侵害他人技术秘密的技术合同被确认无效后,除法律、行政法规另有规定的以外,善意取得该技术秘密的一方当事人可以在其取得时的范围内继续使用该技术秘密,但应当向权利人支付合理的使用费并承担保密义务。

① 北京市海淀区人民法院(2008)海民初字第19803号、北京市第一中级人民法院(2009)一中民终字第15866号。

案情简介

1997年11月18日,公安部科技司出具公鉴字[1997]第74号《科学技术成果鉴定证书》,通过南京理工大学(以下简称南理工)与中国刑事科学技术协会完成的“万佳印鉴真伪自动识别系统”的成果鉴定。朱某某为该成果主要研制人员之一,工作单位为南理工。

1999年8月27日,朱某某等人注册成立镇江万佳公司,经营范围为计算机软件开发、销售及技术服务等。2006年8月7日,镇江万佳公司进行工商变更登记,朱某某转让股份,不再是该公司股东。2001年5月23日,南京海钛科技有限公司(以下简称海钛公司)注册成立,经营范围为计算机软件研制、开发、零售及技术咨询、服务。朱某某担任该公司的法定代表人。自2006年10月起,朱某某不再担任海钛公司的法定代表人。

北京鑫万佳科技发展有限公司(以下简称鑫万佳公司)成立于1999年8月2日,经营范围为计算机系统技术开发、技术服务、技术咨询、技术转让等。

2002年4月24日,朱某某与鑫万佳公司签订《劳动合同书》,约定:朱某某负责公司技术、产品、项目的研发工作;在协议期内主持开发的技术、项目软件归鑫万佳公司全体股东所有;未经董事会决议同意,不得向第三方透露或转让;负责全公司技术秘密的安全;应将公司开发的全部源代码定期备份并上交公司核心部门保存,且须附带相应的开发文档或说明书。2004年6月4日,双方签订《保密协议》,约定朱某某应保守在工作中知悉的鑫万佳公司的技术秘密等,不得将鑫万佳公司的技术资料带出办公区或用于非工作用途。双方的劳动合同关系于2006年10月解除。

关于南理工相关源代码,1999年9月18日,南理工计算机与工程系主任杨某某签发《聘书》,委托鑫万佳公司为南理工计算机系开发的万佳验印系列产品在北京地区的唯一销售单位,南理工计算机系将对鑫万佳公司提供全面的技术支持。同年11月24日、25日,鑫万佳公司向银行销售了验印系统。2008年5月28日,南理工计算机科学与技术学院出具《授权书》,称鑫万佳公司从1999年8月起享有无偿使用南理工自1988年以来研发的万佳验印软件等软件的算法、源代码及相关技术成果的权利;鑫万佳公司在南理工的上述技术基础上,进行的算法、源代码、软件改进及应用化调整产生的知识产权归鑫万佳公司所有;其对鑫万佳公司提供技术服务，支持该公司实现上述软件产品的市场化。

2008年7月29日，南理工计算机科学与技术学院出具《南理工验印算法源码证明》，表示南理工于1988年10月28日启动了印鉴真伪自动鉴别系统研发项目，1994年5月26日开发完成并通过工总行鉴定，于1997年11月18日通过公安部科学技术成果鉴定；该系统核心算法代码量9116行，该技术成果归南理工计算机学院所有，未经南理工授权，任何单位和个人不得用于营利和申报著作权等。

关于调用程序的源代码，2008年7月28日，中国大恒（集团）有限公司北京图像视觉技术分公司出具证明，称XWJ380彩色图像卡是在2002年该公司专门为鑫万佳公司开发定制的彩色模拟图像卡，以实现驱动彩色CCD摄像头获取彩色图像的功能。

鑫万佳公司称，朱某某2002年在鑫万佳公司工作期间开发了调用图像卡驱动程序的程序源代码，而且这些源代码的基本内容是通用的，要调用其他图像卡的驱动，只需要将这些源代码更换一些参数名和函数名即可。鑫万佳公司称，这些源代码采取了保密措施，属于鑫万佳公司的商业秘密，而海钛公司的0214软件中有鑫万佳公司开发的调用程序源代码，因此构成对鑫万佳公司商业秘密的侵犯。

法院认为

一审法院认为，鑫万佳公司主张被侵犯的商业秘密包括两个方面，即南理工源代码和图像卡驱动程序调用程序相关源代码。一审法院认为，鑫万佳公司并未证明其对上述两部分源代码享有权利，故主张海钛公司与朱某某侵犯其商业秘密，无事实依据，不予采信，其相应的诉讼请求，无事实和法律依据，一审法院不予支持。判决驳回鑫万佳公司的全部诉讼请求。

鑫万佳公司不服原审判决，提起上诉。二审法院认为，鑫万佳公司主张其商业秘密为南理工源代码和调用彩色图像卡驱动程序的源代码，符合商业秘密的构成要件，应依法予以保护。其中，对于南理工源代码的使用权，鑫万佳公司符合善意取得的构成要件，不属于侵权。

对于朱某某和海钛公司是否侵犯了鑫万佳公司的商业秘密。二审法院认为，根据《反不正当竞争法》第10条的规定，经营者不得违反约定或者违反权利人有关保守商业秘密的要求，披露、使用或者允许他人使用其所掌握的商业秘密。第三人明知或者应知前款所列违法行为，获取、使用或者披露他人的商业秘密，视为侵犯商业秘密。在原审过程中，原审法院对涉案软件与南理工源代码和调用社会上涉案驱动程序的源代码进行了比对，结果显示涉案软件包含了上述两部分源代码的内容，朱某某和海钛公司对此亦表示认可。如前所述，上述两部分源代码系鑫万佳公司的商业秘密，因此，海钛公司登记涉案软件的行为侵犯了鑫万佳公司的商业秘密，理应承担停止侵权、赔偿损失的民事责任。二审法院认为，原审法院认定鑫万佳公司对上述两部分源代码不享有权利，认定事实不清，适用法律不当，应予纠正。判决撤销一审判决，改判海钛公司和朱某某立即停止侵权行为并赔偿损失。

律师点评

商业秘密的善意取得是指如果第三人不知道也不应当知道其所受让或获取的商业秘密系他人通过不正当手段获得后转让或披露的，或者系他人违反对权利人的保密义务而擅自转让或披露的，则第三人有权披露和使用该商业秘密。根据我国《民法典》第311条和第313条的规定，一般物权的善意取得，是指动产或不动产占有人无权处分其占有的财产，但他将该财产转让给第三人，如果受让人取得该财产时系出于善意，且支付了合理的对价，则受让人将依法即时取得对该动产的所有权或其他物权。

商业秘密善意取得需符合以下条件才具有法律效力。

第一，行为人对权利人的商业秘密不享有转让、披露等处分权利。如果行为人对商业秘密享有处分权利，则第三人获得商业秘密不适用善意取得制度。

第二，第三人获取、披露、使用从无权处分人处取得的商业秘密主观上是善意的，即不知也不应当知道这是权利人的商业秘密，也不知道行为人是以不正当手段获取的或者行为人对权利人负有保密义务，也就是说第三人不知道也不应当知道“第二人”属无权处分人。

第三，行为人与第三人就商业秘密的转让达成合意并完成交易行为，且第三人已支付合理对价。

本案中，虽然鑫万佳公司与南理工1999年就南理工源代码并未签订相关授权合同，但南理工计算机与工程系主任杨某某签发《聘书》及其1999年11月销售发票均表明鑫万佳公司早于镇江万佳公司和海钛公司销售了万佳验印系统，南理工计算机与工程系作为该系统软件的具体研发单位，委托鑫万佳公司进行万佳验印软件的市场推广及销售，并向鑫万佳公司提供南理工源代码，现有证据不能证明南理工享有的上述软件合法权益受到损害，亦无证据表明南理工质疑鑫万佳公司的上述销售及持有南理工源代码的行为的成立。根据《最高人民法院关于审理技术合同纠纷案件适用法律若干问题的解释》第 7 条的规定，不具有民事主体资格的科研组织订立的技术合同，未经法人或者非法人组织授权或者认可的，由该科研组织成员共同承担责任，但法人或者非法人组织因该合同受益的，应当在其受益范围内承担相应责任。即使南理工计算机科学与技术学院的授权无效，根据《最高人民法院关于审理技术合同纠纷案件适用法律若干问题的解释》第 12 条的规定，侵害他人技术秘密的技术合同被确认无效后，除法律、行政法规另有规定的以外，善意取得该技术秘密的一方当事人可以在其取得时的范围内继续使用该技术秘密，但应当向权利人支付合理的使用费并承担保密义务。现有证据不能证明鑫万佳公司取得南理工源代码存在恶意，故鑫万佳公司可以继续使用南理工源代码并应当承担保密义务。

5. 员工对工作期间获得经验和知识的合法使用

——北京加华博库信息技术有限公司与北京智略同程信息技术有限责任公司、杨某某侵犯商业秘密纠纷案①

案例要旨

劳动者的确会因曾经从事某项工作而形成关于此种工作的经验、知识的积累，并且在工作中仍然可以使用这些知识和经验。但是这种使用应当限于合法的使用，特别是双方有明确约定时，不得违反。

① 北京市朝阳区人民法院(2010)朝民初字第 00512 号、北京市第二中级人民法院(2010)二中民终字第 16116 号。

案情简介

北京加华博库信息技术有限公司(以下简称加华博库公司)的业务范围主要为向房地产公司和银行提供广告营销等服务。北京智略同程信息技术有限责任公司(以下简称智略同程公司)成立于2009年4月15日,经营范围包括技术推广服务、经济贸易咨询、承办展览展示活动等。双方业务存在重叠部分。

2005年12月至2008年12月,杨某某在加华博库公司处工作,职位为总监助理,兼做销售工作,主要负责与客户联系。2006年,双方签订《保密及竞业协议》。该协议第1条约定了商业秘密的范围,第4条为竞业限制条款。此后,双方又签订了《劳动合同》,约定信息保密条款和竞业禁止及限制条款。

2008年12月,杨某某从加华博库公司离职。此后,杨某某进入智略同程公司工作。杨某某系智略同程公司的法定代表人程某某的女儿。

2009年,智略同程公司分别与北京嘉润鸿达置业有限公司、北京京大昆仑房地产开发有限公司签订了《服务协议》《数据库营销DM服务协议》,该两份协议的文字内容、表述方式、格式等与加华博库公司于2008年与案外三家房地产公司签订的《数据库营销服务协议》《数据库营销DM服务协议》基本一致。在加华博库公司与北京柏宏房地产开发有限公司签订的《数据库营销服务协议》《数据库营销DM服务协议》中双方约定有“本合同内涉及的所有内容均属于商业秘密范畴并受到保护,相关接触其内容的员工应遵守各自公司及对方关于商业秘密的规定”。

加华博库公司主张的营销策略和营销案例体现在智略同程公司制作的“长安驿项目推广方案”和“智略同程——专业的数据库营销公司”的PPT宣传文件中。经对比智略同程公司制作的“长安驿项目推广方案”与加华博库公司提交的自己制作的“长安驿项目推广方案”,两者基本一致。“智略同程——专业的数据库营销公司”的PPT宣传文件使用了加华博库公司的华彩国际项目、复地首府项目、凡尔赛河谷项目和天鹅湾项目案例作为介绍。

加华博库公司主张其商业秘密范围是DM服务协议、移动信息SMS执行确认单、项目反馈样表、短信服务报价单以及营销策略营销案例文件。

法院认为

一审法院认为,《数据库营销服务协议》《数据库营销 DM 服务协议》是加华博库公司与特定客户签订的,在没有相反证据能够证明这些商业文件的内容和格式系公知内容的情况下,可以认定上述商业文件的内容属于不为公众所知悉的内容。加华博库公司对上述协议采取了保密措施。另外,从协议的内容来看,是对数据库营销交易双方权利义务的界定,内容表述系根据实际需求作出的汇总和编辑,需要一定时间的积累以及投入一定的成本才能制作,具有一定的商业价值。使用协议内容签订的合同,可以在一定程度上减少交易风险,降低交易成本,从而获得一种竞争优势。智略同程公司在实际使用中复制了《数据库营销服务协议》《数据库营销 DM 服务协议》的内容,其使用的目的在于作为交易文本使用,损害了加华博库公司的经营利益。综上,加华博库公司主张的《数据库营销服务协议》《数据库营销 DM 服务协议》符合法律规定的条件,能够成为商业秘密保护的对象。由于从加华博库公司提交的证据看,上述商业文件是其对外签约时,反复使用的文件,在智略同程公司没有提交相反证据的情况下,可以确认加华博库公司对上述文件享有权利。

根据比对的结果,智略同程公司的《服务协议》《数据库营销 DM 服务协议》与加华博库公司的《数据库营销服务协议》《数据库营销 DM 服务协议》在内容和格式上基本一致,而作为智略同程公司的员工杨某某原在加华博库公司工作时,接触了上述商业文件。基于此,可以认定智略同程公司使用了加华博库公司享有权利的《数据库营销服务协议》《数据库营销 DM 服务协议》,侵犯了加华博库公司的商业秘密。由于杨某某与加华博库公司签有保密协议,约定对上述内容进行保密,智略同程公司对此约定是明知的,故智略同程公司和杨某某共同构成侵犯加华博库公司商业秘密的行为。

杨某某答辩称其对加华博库公司主张权利的文件的制作属于其对以前工作的经验和知识的使用,对此,一审法院认为,劳动者的确会因曾经从事某项工作而形成关于此种工作的经验、知识的积累,并且在工作中仍然可以使用这些知识和经验。但是这种使用应当限于合法的使用,特别是双方有明确约定时,不得违反。杨某某在加华博库公司工作时与其签订有保密条款和竞业禁止协议。故对上述答辩意见,一审法院并未采信,判决上述两被告停止侵权行为,并赔偿原告经济损失3万元。

智略同程公司和杨某某不服一审判决，上诉至北京市第二中级人民法院，被法院依法予以驳回。

律师点评

员工在工作期间所获得的经验、技能和知识已经被认为是其人格的一部分，不能作为商业秘密加以限制，否则会对员工的择业自由和生存等基本权利造成侵害。有学者将表现为剩留于雇员大脑中的技能和知识称为剩留知识。[①] 对于剩留知识该如何处理我国法律并未作出明确规定，不过可从最高人民法院的判例中看出司法实践的态度。

最高人民法院在山东省食品进出口公司、山东山孚集团有限公司、山东山孚日水有限公司与马某庆、青岛圣克达诚贸易有限公司不正当竞争纠纷案[(2009)民申字第1065号]中，认为：作为具有学习能力的劳动者，职工在企业工作的过程中必然会掌握和积累与其所从事的工作有关的知识、经验和技能。除属于单位的商业秘密的情形外，这些知识、经验和技能构成职工人格的组成部分，是其生存能力和劳动能力的基础。职工离职后有自主利用其自身的知识、经验和技能的自由，因利用其自身的知识、经验和技能而赢得客户信赖并形成竞争优势的，除侵犯原企业的商业秘密的情况外，并不违背诚实信用的原则和公认的商业道德。在既没有违反竞业限制义务，又没有侵犯商业秘密的情况下，劳动者运用自己在原用人单位学习的知识、经验与技能为其他与原单位存在竞争关系的单位服务的，不宜简单地以《反不正当竞争法》第2条的原则规定认定构成不正当竞争。

因此，一般来说员工在工作期间获得的经验、知识和技能，在不违反竞业限制和侵犯商业秘密的情况下也可以为与原单位存在竞争关系的单位提供服务。

本案中，加华博库公司与杨某某签订的《保密及竞业协议》第1条就约定了商业秘密的范围，即与甲方或甲方相关的信息、资料、电子文档、邮件、数据、图表、案例、文件，包括但不限于合同内容、商务条款、销售信息、产品定位、价格策略、推广方案、销售建议或草案、客户名单或联络方法、Microsoft Power Point展

① 黄武双：《商业秘密保护的合理边界研究》，法律出版社2018年版，第22页。

示文件等机密信息。此外,该协议第4条是竞业限制条款,即乙方同意在其受聘期间及终止本合同一年内,将不会直接或间接地与公司的任何竞争对手,包含但不限于数据挖掘、数据库营销(含咨询、设计、实施)、直复营销、DM、直邮、市场调查、电话营销、呼叫中心、市场分析研究的公司或潜在竞争对手发生劳动聘用关系,或向其提供专业意见或服务;(无论这种单位的名称是否包含但不限于科技、技术、广告、咨询、服务公司或研究所的字样)或向任何从事或欲从事与甲方或其关联公司相近似业务的公司或个人提供专业意见或服务。可见,双方在《保密及竞业协议》中对杨某某在工作期间获得的剩留知识的使用作出了限制,法院也正是基于此认定杨某某违反了竞业限制约定的义务,与智略同程公司共同侵犯了加华博库公司的商业秘密。

6. 商业秘密禁令的适用

——美国礼来公司、礼来(中国)研发有限公司与黄某某侵害商业秘密纠纷案①

案例要旨

人民法院对于可能由于当事人一方的行为或者其他原因,使判决难以执行或者造成当事人其他损害的案件,根据对方当事人的申请,可以裁定对其财产进行保全、责令其作出一定行为或者禁止其作出一定行为;当事人没有提出申请的,人民法院在必要时也可以裁定采取保全措施。人民法院采取保全措施,可以责令申请人提供担保,申请人不提供担保的,裁定驳回申请。人民法院接受申请后,对情况紧急的,必须在48小时内作出裁定;裁定采取保全措施的,应当立即开始执行。

① 上海市第一中级人民法院(2013)沪一中民五(知)初字第119号。

案情简介

美国礼来公司(以下简称礼来公司)于1901年在美国印第安纳州组建,系全球知名的制药公司。礼来(中国)研发有限公司(以下简称礼来中国公司)于2011年3月4日由外国法人发起成立,经营范围为医疗、药物、生物技术产品及相关技术的研发、自有技术成果转让并提供相关的技术咨询和技术服务。礼来中国公司为礼来公司的全资子公司。

2012年5月3日,礼来中国公司作为甲方与作为乙方的黄某某签订《劳动合同书》。甲方聘请乙方担任化学研发组主任研究员(Ⅰ级)。之后又签订《员工手册》《保密协议》《公司政策指南》《红皮书》《保护礼来》等文件,对公司的商业秘密的保护作出明确约定。

2013年1月,黄某某未经礼来中国公司同意私自从礼来中国公司的服务器上下载了公司的保密文件,事后拒不删除并提出辞职。礼来中国公司遂起诉黄某某,请求判令其立即停止侵犯礼来中国公司商业秘密的行为,赔偿礼来中国公司损失及为制止侵权行为支付的合理费用共计2000万元。同时,礼来中国公司提出保全申请,请求法院责令黄某某对已从其处盗取的21个商业秘密不得复制、披露、使用或者允许他人使用,并提供担保金10万元。

上海市第一中级人民法院经审查认为,申请人提交的证据能够初步证明被申请人获取并掌握了申请人的商业秘密文件,由于被申请人未履行允许检查和删除上述文件的承诺,致使申请人所主张的商业秘密存在被披露、使用或者外泄的风险,可能对申请人造成无法弥补的损害,符合行为保全的条件。2013年7月31日,该院作出民事裁定,禁止被申请人黄某某披露、使用或允许他人使用申请人礼来公司、礼来中国公司主张作为商业秘密保护的21个文件。之后,案件进入实体程序。

法院认为

上海市第一中级人民法院的观点如下。

一、关于原告主张的21个文件内容是否属于技术秘密的问题

本案中,被告对系争信息文件的内容并不否认,只是辩称其中涉及的基础化合物为公知信息,实验数据是一种简单组合,本领域技术人员容易获得。但是,被告对该辩称未能提供反驳证据予以证实。而原告所采取的多种有效的保密手

段恰能反衬出系争信息文件内容并非容易获取。同时,法院认为,基础化合物公知并不能说明对公知化合物组合利用的方式亦为公知,这种凝聚权利人智慧成果的利用方式完全可以成为权利人的商业秘密。关于系争信息实用价值的问题,法院认为,新药研发周期长,投资大,在新药研发的初始阶段,即要求其技术信息能够带来经济利益不符合新药研发的特点和规律。这种初始阶段对于化合物的遴选、生物靶点、活性信息等研发数据的研究讨论是新药研发过程中不可或缺的阶段,有助于选择正确的研发路线,从而加快实验及成品化进程,确立药品研发企业的竞争优势,因而具有潜在的商业价值。关于保密措施的问题,原告作为专业的药品研发企业,对系争信息文件采取了限定知悉人员范围、对文件采取加密措施、标注保密标志、监控文件阅看及下载情况、与员工签订保密协议、进行保密培训等多种有效的保密手段,符合保密性的要求。被告辩称对其行为不具有针对性与法院查明的事实不符,不予采信。综上所述,法院确认本案系争的21个信息文件内容构成《反不正当竞争法》所保护的技术秘密。

二、关于被告有无实施商业秘密侵权行为的问题

法院认为,被告将系争信息文件擅自转存于个人所有的电子设备之中,违反了公司的规章制度,具有不正当性,属于《反不正当竞争法》所规定的"以其他不正当手段获取权利人的商业秘密"的行为,构成商业秘密侵权行为。被告辩称转存行为在其所知的公司规章制度中未予禁止。法院认为,原告公司的《关于本公司和其他方的信息资产的全球政策》对信息的处理作了原则性的规定,即"依据信息对本公司的价值和敏感性,采用恰当和安全的方式及合适的介质来准备、处理、存储和处置该保密信息",该政策制定的参考资料包括《关于电子资源使用的全球政策》《保护礼来公司的 Lilly Net 网站》等内容。在《关于电子资源使用的全球政策》和《商业行为准则》(红皮书)中又对信息处理作了进一步规定,即不得在非礼来公司的电子设备或媒介中下载或储存公司信息。被告亦确认其参加了《关于本公司和其他方的信息资产的全球政策》《保护礼来》《商业行为准则》(红皮书)等规章制度的培训,被告辩解公司的红皮书存在多个版本,但未提供反驳证据,法院不予采信;被告还辩解礼来公司的规章制度不适用于礼来中国公司的员工,但该辩解与被告参加培训时签名确认的其遵守培训中介绍的礼来公司政策和法律要求的声明不符,故亦不予采信。至于被告有无删除商业秘密文件或者有无毁损相关电子设备,则是在被告以不正当手段获取商业秘密

之后的后继行为，不影响商业秘密侵权行为的成立。

三、关于原告诉请赔偿损失及合理费用的问题

对原告主张被告赔偿经济损失2000万元的依据，法院认为原告主张的依据不足。但考虑到律师费、公证费、翻译费等费用，系原告为调查商业秘密侵权行为所支出的必要费用，与被告实施的商业秘密侵权行为直接关联，再结合案件法律关系的复杂程度、调查取证的难度及有关公证书、翻译文书的使用情况等各项因素后，酌情确定合理费用为12万元。

综上，上海市第一中级人民法院作出一审判决，判令被告停止侵害二原告的技术秘密，即删除其所获取的21个信息文件，并不得披露、使用或者允许他人使用直至该技术秘密为公众知悉时止，被告支付二原告合理费用12万元，驳回二原告的其他诉讼请求。

律师点评

知识产权禁令制度的概念源于美国，体现为我国民事诉讼程序中的行为保全制度。在美国，临时禁令又以商业秘密案件是否已经起诉为标志，分为临时禁止令和初步禁令。临时禁止令是在法院通知开庭之前颁布的；初步禁令是在通知开庭之后颁布的。永久禁令则是在原告胜诉之后、当事人双方关系已经明确的前提下由法院对被告颁发的。在我国，行为保全可分为诉前行为保全和诉中行为保全。

本案是我国法院作出的首个商业秘密禁令。《民事诉讼法》(2017年)第100条规定："人民法院对于可能因当事人一方的行为或者其他原因，使判决难以执行或者造成当事人其他损害的案件，根据对方当事人的申请，可以裁定对其财产进行保全、责令其作出一定行为或者禁止其作出一定行为；当事人没有提出申请的，人民法院在必要时也可以裁定采取保全措施。人民法院采取保全措施，可以责令申请人提供担保，申请人不提供担保的，裁定驳回申请。人民法院接受申请后，对情况紧急的，必须在四十八小时内作出裁定；裁定采取保全措施的，应当立即开始执行。"第101条规定："利害关系人因情况紧急，不立即申请保全将会使其合法权益受到难以弥补的损害的，可以在提起诉讼或者申请仲裁前向被保全财产所在地、被申请人住所地或者对案件有管辖权的人民法院申请采取保全措施。……"据此，"是否情况紧急""不采取行为保全措施是否会给申请人造成难以弥补的损害"是法院判断是否实施诉前行为保全应考量的两个要件。在

上海市中级人民法院审理的诺华(中国)生物医学研究有限公司诉FENGHE(贺峰)其他申请保全一案[(2014)沪一中民保字第1号]中,法院在考量了上述两个因素后进一步认为,是否情况紧急又需要进一步考虑申请人是否提出了具有理据的严肃争议、双方当事人的利益是否明显失衡、本申请是否具有紧迫性以及是否违反公共利益等因素。

根据《最高人民法院关于审查知识产权纠纷行为保全案件适用法律若干问题的规定》(法释〔2018〕21号)第6条的规定,申请人的商业秘密即将被非法披露,不立即采取行为保全措施即足以损害申请人利益的,应当认定属于《民事诉讼法》(2017年)第100条、第101条规定的"情况紧急"。

因此,一般而言,针对包含侵犯商业秘密在内的所有民事侵权行为,只要满足法定条件,均可以采取诉讼保全措施,以保护权利人的正当利益。诉讼保全的适用需要满足以下要件:(1)存在实施保全的客观需要,即可能由于当事人一方的行为或者其他原因,使判决难以执行或者造成当事人损害。(2)时间上为法院受理案件后、作出裁判前。(3)当事人申请或者法院依职权采取保全措施。当事人申请应当有初步证据证明存在实施保全的客观需要,而不是主观臆测。(4)法院责令申请人提供担保的,申请人应当提供。保全措施的适用可能给被申请人造成经济损失,为了平等地保护双方当事人的利益,在人民法院责令申请人提供担保的,申请人必须提供担保,否则法院会驳回其申请。

7. 商业秘密的行政法保护

——上海市静安区市场监督管理局、上海商派网络科技有限公司等与上海牟乾广告有限公司行政纠纷案[①]

案例要旨

同一客体可以同时成为商业秘密和计算机软件作品,分别受《反不正当竞

① 上海知识产权法院(2016)沪73行初1号、上海市高级人民法院(2016)沪行终738号。

争法》和《著作权法》的保护。由于法律保护目的不同,同一软件获得商业秘密保护的法定条件与其获得著作权法保护的法定条件不同,前者可能要严格得多。换言之,符合著作权法规定的软件作品,可能无法被认定为商业秘密;而侵犯作品著作权的行为,也不一定同时构成侵犯商业秘密的行为。

在行政诉讼中,认定商业秘密侵权行为存在并由此作出行政处罚的行政机关,应当承担民事诉讼中权利主张人的举证义务,即对其认定的商业秘密符合法定要件承担举证责任。

案情简介

2012 年 2 月 23 日,闸北工商分局收到上海商派网络科技有限公司(以下简称商派公司)、酷美(上海)信息技术有限公司(以下简称酷美公司)的举报信,举报上海牟乾广告有限公司(以下简称牟乾公司)(上海管易软件科技有限公司,以下简称管易公司)恶意高薪聘请举报人员工,获取其软件源代码等使其商业秘密遭受严重侵犯,同时还在网站上进行虚假宣传。因该公司服务器位于闸北区,故要求闸北工商分局予以查处,同时提交了经公证封存的举报人主张保护软件的光盘。同年 3 月 20 日,闸北工商分局委托上海上信计算机司法鉴定所对相关电脑的数据固定并与举报人提供的长宁公证处封存光盘数据比对。3 月 21 日,闸北工商分局工作人员及上信司法鉴定所人员到达管易公司办公场所,对其 8 台电脑(其中 2 台分别为龚某峰、俞某泓使用的笔记本电脑)中的数据进行固定和全盘镜像。对原告管易公司网站及其在新浪网的官方微博的相关页面进行了截屏打印。3 月 22 日,闸北工商分局对案件进行立案。

2012 年 7 月 13 日,上信司法鉴定所出具三份司法鉴定意见书,结论为:管易公司电脑中的文件可以认定的部分与商派公司提供的可视为来自同一来源,并真实存在分销王软件产品开发文档需求说明书等文档;应闸北工商分局要求,市软件行业协会于 2013 年 3 月 25 日提交了关于对软件行业相关专业问题的书面解答,2014 年 8 月 28 日又提交了补充情况说明。主要内容为:软件源代码、软件开发文档和客户信息资料均属于商业秘密;商派公司自主开发的 ShopEx、Ecstore、分销王、OME、淘打等软件产品源代码、数据库文件、需求说明书等能为企业带来经济利益,不会为公众所知悉,属于商业秘密。

2015 年 6 月 25 日,闸北市场监管局作出被诉行政处罚决定,对管易公司作出行政处罚决定(以下简称被诉处罚决定)。认为商派公司的软件开发文档、软件源代码等文件资料,并不为公众所知悉,能为其带来经济利益,具有实用性,并且采取了相关的保密措施,属于商业秘密,管易公司侵犯商派公司相关商业秘密的行为,构成《反不正当竞争法》规定的"第三人明知或者应知前款所列违法行为,获取、使用或者披露他人的商业秘密,视为侵犯商业秘密"所指的行为,依据《反不正当竞争法》的规定,决定对管易公司作出责令停止违法行为,罚款人民币2万元整的处罚。牟乾公司不服该处罚决定,于2016年1月8日向上海知识产权法院提起诉讼。

法院认为

关于被告闸北工商分局认定原告牟乾公司侵犯两第三人商派公司、酷美公司商业秘密的依据是否充分问题。上海知识产权法院经审理认为,就本案而言,首先应当明确涉案源程序及相关文档中哪些技术信息是权利人主张作为商业秘密保护的秘密点,然后判断这些秘密点是否属于"不为公众所知悉"。在此基础上,再就秘密点信息与侵权人获取、使用的信息比对相同或者相似。本案中,两第三人未指明其软件中哪些技术信息是其保护的秘密点范围,被告也未依法区分、审查、确定技术信息秘密点的范围,而是都误将软件程序及文档这些著作权保护的对象全部作为商业秘密的保护对象。被告未确定技术信息的范围,也就无法对技术信息是否达到"不为所属领域的相关人员普遍知悉和容易获得"的程度进行审查和判断,仅以源程序和文档属于保密资料、均未公开为由,就认定其具备"不为公众所知悉"的条件,违背了商业秘密构成要件认定的基本法理。在没有区分软件中作为技术信息保护的范围并判断该信息的获得是否通过一定创造性劳动的情况下,被告委托鉴定机构作软件代码等比对的司法鉴定,该鉴定结论对于商业秘密侵权的判断没有实际意义。针对被告咨询问题的解答和补充说明,市软件行业协会并未对涉案软件程序中的技术信息进行具体的分析,因此其结论难以被采信为认定涉案软件程序及文档构成商业秘密的依据。因被告未按商业秘密构成要件依法认定技术秘密的存在,故被告认定原告获取技术秘密缺乏必要的事实前提。在未与原告软件做比对的情况下,仅凭被告所认定的原告存储的源代码被访问、参考等行为,尚难以认定原告已实际使用了第三人软件的技术信息而侵犯技术秘密。因此,被告对于原告侵犯两第三人商业秘密的事实认定不清,证据不足。判决撤销被告静安市场监管局(原闸北区市场监管局)作出的行政处罚决定中因认定管易公司侵犯商业秘密所作的行政处罚决定。

判决后,静安市场监管局、商派公司、酷美公司均不服,分别向上海市高级人民法院提起上诉。上海市高级人民法院认为,在符合我国《反不正当竞争法》和《著作权法》相关规定的情况下,同一客体可以同时构成商业秘密和计算机软件作品,分别受上述法律的保护。以软件为例,因其客观上能以有形形式进行复制,故只需符合独立创作完成之要件,即符合作品的法定要件,从而自动获得《著作权法》的保护。然而,若该软件权利人欲以商业秘密为途径寻求法律救济,则必须同时具备4个法定要件,缺一不可,否则便无法获得《反不正当竞争法》的保护。因此,由于法律保护目的不同,同一软件获得商业秘密保护的法定条件与其获得著作权法保护的法定条件不同,前者可能要严格得多。换言之,符合《著作权法》规定的软件作品,可能无法被认定为商业秘密;而侵犯作品著作权的行为,也不一定同时构成侵犯商业秘密的行为。在行政诉讼中,认定商业秘密侵权行为存在并由此作出行政处罚的行政机关,应当承担民事诉讼中权利主张人的举证义务,即对其认定的商业秘密符合法定要件承担举证责任。静安市场监管局就年乾公司侵害商派公司和酷美公司涉案软件及文档之商业秘密而作出的相关行政处罚决定,认定事实不清,证据不足,应予撤销。原审法院的判决结果正确,应予维持;三上诉人的上诉请求均不能成立,应予驳回。据此,驳回上诉,维持原判。

律师点评

针对侵犯商业秘密的行为,除了可以追究侵权人的民事责任和刑事责任外,还可以通过举报的方式追究侵权人的行政责任。根据《反不正当竞争法》的相关规定,经营者侵犯商业秘密的,由监督检查部门责令停止违法行为,处10万元以上100万元以下的罚款;情节严重的,处50万元以上500万元以下的罚款。根据《国家工商行政管理局关于禁止侵犯商业秘密行为的若干规定》的相关规定,权利人认为商业秘密受到侵害时,可以向县级以上工商行政管理机关申请查处侵权行为,相关机关应当依照《反不正当竞争法》的规定,责令停止违法行为,并视情节处以1万元以上20万元以下的罚款。商业秘密的行政保护具有广泛性、直接性、强制性、惩罚性等特点，能够较为迅速地制止侵权行为，保护权利人的合法权益。

行政机关在查处涉嫌侵犯商业秘密的案件时，对侵犯商业秘密案件的事实认定，首先，要确定属于商业秘密信息的范围以及该信息是否构成商业秘密；其次，判断行为人的行为是否侵犯了商业秘密及侵害的程度。

本案中，被告行政机关未审查确定涉案商业秘密的范围及是否构成商业秘密，行业协会也未具体分析技术信息内容，其认为源程序等属于商业秘密的结论缺乏针对性和事实基础。被告行政机关将订立保密协议直接等同于“不为公众所知悉”，将商业秘密可能的载体(源程序及文档)直接等同于商业秘密，不符合商业秘密的构成要件及侵权认定标准，因而法院认定原告管易公司侵犯商业秘密的事实不清，证据不足，并依法撤销了部分行政处罚决定。

8. 侵犯商业秘密罪

——汪某某侵犯商业秘密罪案[①]

案例要旨

刑事诉讼法规定，刑事案件认定案件事实，必须以证据为根据，定罪量刑的证据应当确实充分，且已经排除合理怀疑。在侵犯商业秘密刑事案件审理中，要注意审查技术鉴定材料的来源以及是否客观真实地反映了权利人的技术信息，对于营业利润的鉴定意见，要注意审查相关产品的成本、市场价格等基础性财务数据是否客观准确。

案情简介

江苏谷登工程机械装备有限公司(以下简称江苏谷登公司)拥有非开挖水

① 江苏省盐城市中级人民法院(2014)盐知刑初字第00011号、江苏省高级人民法院(2015)苏知刑终字第00012号。

平定向钻机的相关技术。江苏谷登公司与汪某某签订劳动合同,并签有相关保密条款。2011 年 4 月,汪某某在江苏谷登公司派其去武汉参加非开挖水平定向钻机展会期间,未办理正常的离职手续而离开江苏谷登公司,并将其电脑上的技术图纸拷贝至 U 盘带到江苏玉泉机械制造有限公司(以下简称玉泉公司),主要从事 YQ3000 – L 型水平定向钻机(300T)的研发工作。2011 年 5 月至 2012 年 7 月,玉泉公司陆续生产并对外销售 3 台 YQ3000 – L 型水平定向钻机。

2012 年 9 月 19 日,上海市科技咨询服务中心接受盐城市公安局的委托,作出沪科技咨询服务中心(2012)鉴字第 32 号《关于江苏省盐城市公安局委托的技术鉴定报告书》(以下简称上海鉴定),认为:(1)江苏谷登公司设计制造的 GD2800 – L 型水平定向钻机的相关技术中,含有不为公众所知悉的 6 点技术信息;(2)玉泉公司制造的 YQ3000 – L 型水平定向钻机产品与江苏谷登公司设计制造的 GD2800 – L 型水平定向钻机相应产品,所采用的整机设计与技术集成特征基本相同;(3)玉泉公司制造的 YQ3000 – L 型水平定向钻机产品与江苏谷登公司设计制造的 GD2800 – L 型水平定向钻机相应产品,所采用的履带行走装置及其主要技术参数相同。后该中心向审理法院出具一份答复,说明“玉泉公司制造的 YQ3000 – L 型水平定向钻机产品与江苏谷登公司设计制造的 GD2800 – L 型水平定向钻机相应产品,两者所采用的整机设计与技术集成特征‘基本相同’,准确地说是‘相似’,但无法判定是否‘实质性相同’”。

经公安机关委托,盐城市明达司法会计鉴定所(以下简称明达会计所)出具盐明所(2012)会鉴字第 004 号《司法鉴定意见书》,鉴定意见内容为,江苏谷登公司 GD2800 – L 型水平定向钻机每台平均营业利润为 403,664.73 元。玉泉公司销售 YQ3000 – L 型水平定向钻机 3 台(含视同销售的 1 台),给江苏谷登公司造成经济损失 1,210,994.19 元。

经公安机关委托,盐城市物价局价格认证中心(以下简称盐城价格认证中心)出具盐价证刑(2013)112 号《关于 280T 型水平定向钻机履带总成的价格鉴证意见书》,对 280T 水平定向钻机履带总成价格作出鉴证,价格为 51 万元。

经公安机关委托,明达会计所出具盐明所(2013)会鉴字第 006 号《司法鉴定意见书》,鉴定意见为江苏谷登公司生产的 280T 水平定向钻机履带总成部件在视同销售情况下每台营业利润为人民币 211,664.74 元。

盐城市中级人民法院于 2013 年 11 月 20 日作出(2013)盐知刑初字第 0004

号刑事判决书(以下简称前案),以汪某某犯侵犯商业秘密罪,判处其有期徒刑1年3个月,并处罚金人民币1万元。宣判后,汪某某不服,向江苏省高级人民法院提起上诉,江苏省高级人民法院以部分事实不清,证据不足为由,发回盐城市中级人民法院重审。

该案发回重审后,公安机关重新委托工业和信息化部软件与集成电路促进中心知识产权司法鉴定所(以下简称工信部鉴定所)就江苏谷登公司生产的GD2800-L型水平定向钻机履带行走装置及其相关技术信息是否不为公众所知悉,以及上述信息与玉泉公司生产销售的YQ3000-L型水平定向钻机相关技术是否具有同一性进行鉴定。工信部鉴定所的鉴定意见为,江苏谷登公司履带总成这一完整技术信息组合,与所属技术领域的一般常识或者行业惯例具有明显区别,即使进入市场或者公开展示,其中完整的履带总成技术信息也不可能被相关公众通过观察产品而直接获得;该技术信息未在公开出版物或者其他媒体上公开披露;相关公众无法从公开渠道获得该技术信息;且该技术信息需付出一定的创造性劳动才能获得。

鉴定人员将江苏谷登公司提供的履带总成相关图纸与玉泉公司生产的YQ3000-L型水平定向钻机进行现场勘验、比对并制作勘验笔录。最终鉴定意见为:(1)江苏谷登公司生产的GD2800-L型水平定向钻机履带行走装置及其相关技术信息在2011年12月8日之前不为公众所知悉。(2)玉泉公司生产销售的YQ3000-L型水平定向钻机的相关技术信息与江苏谷登公司的上述非公知技术信息具有同一性。

法院认为

盐城市中级人民法院一审认为:(1)根据工信部鉴定所的鉴定意见等相关证据,江苏谷登公司设计、制造的GD2800-L型水平定向钻机履带行走装置及其相关技术信息构成商业秘密,玉泉公司YQ3000-L型水平定向钻机履带行走装置及其相关技术信息与江苏谷登公司的GD2800-L型水平定向钻机中履带总成的技术信息具有同一性。(2)被告人汪某某对使用江苏谷登公司涉案技术信息存在主观故意。(3)明达会计所认定江苏谷登公司生产的280T水平定向钻机履带总成部件在视同销售情况下每台营业利润为人民币211,664.74元。由于300T与280T水平定向钻机为功能相似的同类产品,玉泉公司生产、销售

300T 钻机侵占了原本应由江苏谷登公司享有的市场份额,其生产、销售 300T 钻机三台意味着江苏谷登公司失去了相同数量的交易机会。故本案中江苏谷登公司的损失数额为 211,664.74 的 3 倍,即人民币 634,994.22 元。

综上,盐城市中级人民法院认为,被告人汪某某作为江苏谷登公司的技术人员,其掌握了 GD2800 – L 型水平定向钻机的设计图纸,负有保密义务。其在离开江苏谷登公司后,向玉泉公司披露了 GD2800 – L 型水平定向钻机"履带行走装置及其主要技术参数"等技术信息,设计、制造出同类型的 YQ3000 – L 型水平定向钻机,给江苏谷登公司造成重大损失,构成侵犯商业秘密罪。同时考虑被告人汪某某犯罪情节轻微,可以免予刑事处罚。盐城市中级人民法院一审判决:被告人汪某某犯侵犯商业秘密罪,免予刑事处罚。

汪某某不服一审判决,向江苏省高级人民法院提出上诉,请求二审法院依法撤销原判,改判无罪。江苏省高级人民法院二审认为,根据我国《刑事诉讼法》的规定,刑事案件认定案件事实,必须以证据为根据。审理定罪量刑的证据应当确实充分,且案件认定事实已经排除合理怀疑。本案中,根据现有证据,对于江苏谷登公司涉案履带行走装置技术信息是否不为公众所知悉,以及江苏谷登公司涉案损失数额是否在 50 万元以上的认定均存在一定疑点,尚不能满足刑事案件排除合理怀疑的证明标准。

现有证据尚不足以证明江苏谷登公司涉案损失数额在 50 万元以上。本案中,根据二审证据,盐城价格认证中心作出涉案履带总成价格为人民币 51 万元(含增值税)的价格鉴证意见的客观性、准确性存在较大疑点,不能排除合理怀疑,并进而导致对以上述价格鉴证意见为基础作出的履带总成部件的营业利润数额无法采信。

鉴于原审判决关于江苏谷登公司的损失数额为人民币 634,994.22 元的认定严重存疑,因此根据现有证据尚不能认定江苏谷登公司的涉案损失数额达到刑法规定的商业秘密犯罪 50 万元以上的入罪标准。江苏省高级人民法院二审判决:撤销一审判决,改判汪某某无罪。

律师点评

《刑法》第 219 条规定,侵犯商业秘密,是指以盗窃、贿赂、欺诈、胁迫、电子侵入或者其他不正当手段获取权利人的商业秘密,披露、使用或者允许他人使用以前项手段获取的商业秘密，违反保密义务或者违反权利人有关保守商业秘密的要求，披露、使用或者允许他人使用其所掌握的商业秘密的的行为。

因此，侵犯商业秘密罪的认定需要满足以下基本要件：首先，本罪的主体为一般主体，凡达到刑事责任年龄且具备责任能力的自然人、单位均能构成本罪；其次，本罪的主观方面只能是故意，即行为人有意识地通过多种手段侵犯商业秘密，过失不构成本罪；再次，本罪侵犯的客体为商业秘密权，即商业秘密权利人对商业秘密所拥有的合法权益以及受国家保护的正常有序的市场经济秩序；最后，客观上实施了侵犯商业秘密的行为，并且给权利人造成了重大损失。

其中，关于对"重大损失"的判断是追究行为人侵犯商业秘密罪的关键。根据《最高人民法院、最高人民检察院关于办理侵犯知识产权刑事案件具体应用法律若干问题的解释（三）》第 4 条的规定，给商业秘密的权利人造成损失数额或者因侵犯商业秘密违法所得数额在 30 万元以上的，属于"给商业秘密的权利人造成重大损失"。

《最高人民检察院、公安部关于修改侵犯商业秘密刑事案件立案追诉标准的决定》规定："侵犯商业秘密，涉嫌下列情形之一的，应予立案追诉：（一）给商业秘密权利人造成损失数额在三十万元以上的；（二）因侵犯商业秘密违法所得数额在三十万元以上的；（三）直接导致商业秘密的权利人因重大经营困难而破产、倒闭的；（四）其他给商业秘密权利人造成重大损失的情形。"

本案中，汪某某被指控侵害了江苏谷登公司的商业秘密，且江苏谷登公司的损失数额在 50 万元以上，故指控其构成侵犯商业秘密罪。但二审法院经审理后认定，知识产权刑事案件定罪量刑的证据应当确实充分，根据现有证据，对江苏谷登公司涉案履带行走装置技术信息是否不为公众所知悉，以及江苏谷登公司涉案损失数额是否在 50 万元以上的认定，均存在一定疑点，尚不能满足刑事案件排除合理怀疑的证明标准，故宣告被告人汪某某无罪。

9. 在先刑事裁决的法律效力

——新发药业有限公司侵害商业秘密纠纷案[1]

案例要旨

根据《最高人民法院关于适用〈中华人民共和国民事诉讼法〉的解释》第 93 条的规定，已为人民法院发生法律效力的裁判所确认的事实，当事人无须举证证明，当事人有相反证据足以推翻的除外。因此，在先刑事判决及裁定认定的事实，除非新发公司有相反证据足以推翻，否则鑫富公司无须举证证明。新发公司以其不是在先刑事案件的当事人为由主张在先刑事判决及裁定认定的事实不能当然作为本案的事实，该主张没有法律依据，不予支持。

案情简介

亿帆鑫富药业股份有限公司（以下简称鑫富公司）是一家主要生产 D－泛酸钙的公司，公司发明所有的“微生物酶拆分制备 D－泛解酸内酯及用于生产 D－泛酸钙与 D－泛醇”技术获得了 2003 年度国家技术发明二等奖。公司对相关生产技术信息均采取了保密措施。

新发药业有限公司（以下简称新发公司）为提高生产 D－泛酸钙的生产技术和能力，派公司保安部部长姜某某到临安物色鑫富公司职工，实施非法获取鑫富公司生产技术和信息材料的行为。2006 年年初，姜某某通过临安三鑫宾馆经营者陈某 1、陈某 2 结识了鑫富公司职工谢某某，遂将谢某某介绍给李某某等人。谢某某在得知李某某等人的用意后，在临安三鑫宾馆，分两次将从陈某处复印的鑫富公司制酶工序操作规程、D－泛醇岗位原始记录、泛醇岗位操作规程、分离岗位操作规程，以及其自己所掌握的 3000 吨流化床原始记录，提供给李某

---

① 上海市第一中级人民法院（2010）沪一中民五（知）初字第 183 号、上海市高级人民法院（2012）沪高民三（知）终字第 62 号、最高人民法院（2015）民申字第 2035 号。

某,并将陈某介绍给姜某某及李某某。

2006年年初,在临安三鑫宾馆,陈某将从严某某处拿来的4张制酶工序原始记录交给李某1,并将严某某介绍给姜某1及李某1。后严某某又将欧盟将在其饲料行业推行的FAML-QS认证标准和制酶工段的操作规程提供给李某1,并将姜某2介绍给姜某1及李某1,共计非法获利8000元。姜某2应李某1的要求又将马某某介绍给李某某等人。

2006年年初至2007年9月,姜某某、马某某利用马某某在鑫富公司当生产调度员掌握大量技术信息资料的机会,一起在临安、杭州、上海等地,先后将泛酸钙生产系列的操作规程(整本)、喷雾干燥设备安装图、工艺规程图、水解操作记录原件、生物酶种子液、精馏塔操作原始记录、转化操作原始记录、泛酸钙成品小样、新建水解原料及配料系统图、水解设备分布图、内脂精馏塔工艺流程图、萃余精馏塔条件图,再沸条件图、萃取塔平面图等资料,采取直接交付、邮寄等方式提供给新发公司的李某某、姜某某及张某某(新发公司的生产厂长)、王某某(新发公司的分厂厂长)、彭某某(新发公司职工)等人;此外,马某某还利用新发公司送给其的联想手提电脑,通过电子邮件解答新发公司王某某提出的有关喷雾干燥、脱轻精馏上的技术问题,并应新发公司的邀请到新发公司厂里,为新发公司提供技术上的指导。

2008年12月20日,浙江省临安市人民法院作出(2008)临刑初字第358号刑事判决,判决姜某某犯侵犯商业秘密罪,判处有期徒刑3年6个月并处罚金30,000元,马某某犯侵犯商业秘密罪,判处有期徒刑3年并处罚金25,000元。2009年2月23日,浙江省杭州市中级人民法院作出(2009)浙杭刑终字第75号刑事裁定,对上述刑事判决予以维持。

法院认为

一审法院认为,本案中,根据科学技术部知识产权事务中心鉴定,鑫富公司所主张的微生物酶法拆分生产D－泛酸钙工艺中的技术指标、生产操作的具体方法和要点、异常情况处理方法等技术信息、5000T泛酸钙的工艺流程图中记载技术信息的整体组合构成商业秘密,依法应当受到保护。姜某某以不正当手段非法获取、披露、允许他人使用鑫富公司的商业秘密,马某某违反权利人有关保守商业秘密的要求,披露、允许他人使用其掌握的鑫富公司的商业秘密,新发公司明知姜某某、马某某的行为系违法行为,仍然获取、使用鑫富公司的商业秘密,三者的行为均构成对鑫富公司所享有的商业秘密权利的侵犯,应当承担相应的侵权民事责任。

一审判决后,新发公司不服,向上海市高级人民法院提起上诉,其主要上诉理由为:鉴定报告未经质证。国科知鉴字[2007]90号《技术鉴定报告书》、中磊专审字[2008]第9001号《司法会计鉴定报告》是浙江省临安市人民法院(2008)临刑初字第358号刑事案件的证据,新发公司不是该刑事案件的当事人,没有行使质证的权利,本案一审法院系基于上述两份在本案中未经质证的鉴定报告作出判决。

二审法院认为,《技术鉴定报告书》系浙江省临安市人民法院(2008)临刑初字第358号刑事案件中委托鉴定所形成的证据,且该证据已为生效刑事裁判文书所采纳。根据《最高人民法院关于民事诉讼证据的若干规定》,已为人民法院发生法律效力的裁判所确认的事实,当事人无须举证证明。本案中鑫富公司是将浙江省临安市人民法院(2008)临刑初字第358号刑事案件及其上诉案件的生效裁判文书作为证据主张权利,现新发公司并无相反证据足以推翻上述已经生效的刑事裁判文书。一审法院根据生效的刑事裁判文书认定的事实来认定本案事实,于法有据,二审法院未就《技术鉴定报告书》的证明力作具体分析认定。对于中磊专审字[2008]第9001号《司法会计鉴定报告》,二审法院认为,该鉴定报告在上述刑事案件中形成并被采纳,本案原审中鑫富公司亦作为证据提供且经质证,该鉴定报告可以作为本案证据被原审法院采纳。综上,二审法院对上诉人新发公司关于鉴定报告不应被采纳的上诉意见不予采信。

新发公司不服二审判决,向最高人民法院申请再审。最高人民法院经审理后驳回新发公司的再审申请。

律师点评

本案中,鑫富公司在追究姜某某、马某某侵犯商业秘密罪的刑事责任后,又以该生效的刑事判决书为依据提起民事诉讼,向新发公司、姜某某、马某某主张侵害商业秘密的民事损害赔偿责任。

法院认为,在先刑事判决及裁定认定的事实,除非新发公司有相反证据足以推翻,否则鑫富公司无须举证证明。新发公司以其不是在先刑事案件的当事人为由主张在先刑事判决及裁定认定的事实不能当然作为本案的事实,该主张没有法律依据,不予支持,判决上述三被告赔偿因侵犯鑫富公司商业秘密对其造成的损失。

本案涉及在先刑事判决对之后民事判决是否具有既判力的问题。根据《最高人民法院关于民事诉讼证据的若干规定》第9条的规定,已为人民法院发生法律效力的裁判所确认的事实,当事人无须举证证明,但有相反证据足以推翻的除外。也就是说,当事人有相反的证据足以推翻之前生效裁判的,人民法院就不能免除对之前裁判认定的事实的证明。在本案中,《技术鉴定报告书》《司法会计鉴定报告》的证明效力已被浙江省杭州市中级人民法院作出的(2009)浙杭刑终字第75号刑事裁定认定为有效,而新发公司提供的证据不足以推翻法院之前认定的事实,因而应当承担赔偿责任。

侵害商业秘密案件的民事诉讼程序和刑事程序属于两种不同的诉讼程序,在举证责任、证明标准、证据认定等方面存在差异,因而在先生效的刑事裁判文书对之后的民事判决的既判力具有相对性,当事人在主张商业秘密的权利时要依据相应的诉讼举证规则进行充分举证,从而维护自身的利益。

10. 侵犯商业秘密罪可提起附带民事赔偿诉讼

——裴某某侵犯商业秘密罪案[1]

案例要旨

行为人窃取他人的技术秘密供自己所在的公司使用,从而给技术秘密权利人造成特别严重后果的,在追究行为人侵犯商业秘密罪的刑事责任时,可以根据附带民事诉讼原告人的请求,将行为人所在公司列为附带民事诉讼被告人一并追究侵权的民事赔偿责任。

---

① 陕西省西安市中级人民法院(2005)西刑二初字第93号、陕西省高级人民法院(2006)陕刑二终字第50号。

案情简介

陕西省西安市人民检察院以被告人裴某某犯侵犯商业秘密罪为由,向陕西省西安市中级人民法院提起公诉,西安重型机械研究所(以下简称西安重研所)同时对裴某某、中冶连铸技术工程股份有限公司(以下简称中冶公司)提起附带民事诉讼。

附带民事诉讼原告人西安重研所是隶属于中国机械装备(集团)公司的科技型企业,以冶炼、轧钢、重型锻压和环保设备的设计为主攻方向,板坯连铸设备的设计制造是该所的拳头产品,为该所带来了丰厚利润。为了保护单位的知识产权,西安重研所于1996年制定了《西安重型机械研究所保护知识产权的规定》,同时在与本单位职工签订的劳动合同中,明确了职工的保密义务。被告人裴某某是西安重研所培养的板坯连铸技术方面的高级工程师,与西安重研所签订过含有保密义务条款的劳动合同。

2000年1月,附带民事诉讼原告人西安重研所通过与凌钢公司签订合同,承接了凌钢连铸机主设备(包括结晶器、结晶器震动、零号段、扇形段)的设计工作。2001年6月,凌钢连铸机投产。同年11月,按照合同约定,西安重研所向凌钢公司提供了载有凌钢连铸机主设备图纸的光盘。2001年10月,被告人裴某某在其使用的电脑中发现有凌钢连铸机主设备图纸的光盘,即擅自将该图纸拷贝到自己的电脑中。2002年8月,裴某某向西安重研所申请解除劳动合同,同时应聘到附带民事诉讼被告人中冶公司担任副总工程师,同年12月才正式与西安重研所解除劳动合同。

2002年9月28日,附带民事诉讼被告人中冶公司与川威公司签订《135×750mm二机二流板坯连铸机总合同》及附件,合同总价为人民币7296万元,被告人裴某某担任这个项目的技术负责人。裴某某利用国庆休假返回西安,将凌钢连铸机主设备图纸拷贝到随身携带的笔记本电脑中带回武汉,输入中冶公司的局域网内。中冶公司设计人员利用局域网提供的该图纸,在短时间内就完成了川威公司项目的设计。10月19日,中冶公司又与泰山公司签订《135×800mm二机二流板坯连铸机总合同》及附件,合同总价为人民币7560万元,裴某某仍是这个项目的技术负责人。中冶公司设计人员将给川威公司的设计图纸复印,用于泰山公司项目。中冶公司完成这两个项目的设计工作后,将图纸交付给西冶公司,委托西冶公司按图制造。

2003 年 7 月,附带民事诉讼原告人西安重研所的工作人员在西冶公司发现该公司正在使用有西安重研所标题和标号的图纸制造板坯连铸机,西安重研所遂向公安机关报案,称其商业秘密被侵犯。西安市公安局立案侦查后,查明西冶公司使用的图纸来自附带民事诉讼被告人中冶公司,是原在西安重研所工作的被告人裴某某向中冶公司提供的,遂调取相关图纸送华科鉴定中心进行鉴定,结论是:中冶公司为川威公司、泰山公司设计的板坯连铸机图纸,从装配图和零件图所表现的结构功能看,与西安重研所设计的图纸无本质区别。又经西交大鉴定所鉴定:西安重研所的凌钢连铸机技术具有不为公众所知悉的特征,符合商业秘密中技术秘密的法定条件。裴某某向中冶公司提供西安重研所的凌钢连铸机技术图纸,由中冶公司在为川威公司、泰山公司设计、制造板坯连铸机时使用,该行为给西安重研所造成至少 1782 万元的经济损失。

2001 年 12 月,附带民事诉讼被告人中冶公司由中国冶金建筑集团公司设立。

法院认为

本案争议焦点是:(1)凌钢连铸机主设备设计技术是公知技术,还是商业秘密?(2)中冶公司取得凌钢连铸机主设备图纸是否合法?(3)中冶公司能否成为附带民事诉讼被告人?(4)西安重研所遭受的损失数额如何计算?

西安市中级人民法院认为:(1)附带民事诉讼原告人西安重研所是在马钢设计院的设计方案不能满足凌钢公司要求时,才接受委托,对马钢设计院的原设计进行修改。西安重研所的修改设计经专家论证,是实用可行的。事实证明,按照西安重研所的修改设计制造的板坯连铸机,投产后为凌钢公司创造了巨大的效益。这也说明西安重研所的凌钢连铸机主设备设计比马钢设计院的原设计有独到之处,具有商业价值。西安重研所对凌钢连铸机主设备设计采取了保密措施,使其成为自己的技术秘密。

(2)关于附带民事诉讼被告人中冶公司使用的凌钢连铸机主设备图纸来源,公诉机关根据裴某某的多次供述以及其他经核实的证据,指控裴某某利用工作之便盗窃西安重研所的商业秘密并提供给中冶公司使用,事实清楚,证据确凿,足以认定。中冶公司只能从裴某某处得到凌钢连铸机主设备图纸,别无他途,因此中冶公司的凌钢连铸机主设备图纸不是合法取得的。

(3)《最高人民法院关于执行〈中华人民共和国刑事诉讼法〉若干问题的解释》第 86 条第 5 项规定,附带民事诉讼中依法负有赔偿责任的人包括其他对刑事被告人的犯罪行为依法应当承担民事赔偿责任的单位和个人。被告人裴某某受聘于附带民事诉讼被告人中冶公司,是项目技术负责人。裴某某为完成中冶公司交付的设计任务,将窃取的附带民事诉讼原告人西安重研所的技术秘密上传到中冶公司的局域网,供中冶公司的设计人员在为川威公司、泰山公司设计、制造板坯连铸机时使用。裴某某是为履行公职而直接侵权,其行为属于单位侵权,应当由其所在单位中冶公司承担侵权的民事责任。客观上,中冶公司也是靠裴某某上传的图纸,才能在短时间内为川威公司、泰山公司完成板坯连铸机的设计、制造工作,从而谋取了巨额利润。中冶公司的行为与裴某某的行为共同导致侵犯西安重研所合法民事权益的损害结果发生,均与损害结果之间存在法律上的因果关系。单从民事角度来讲,中冶公司也应对西安重研所遭受的经济损失承担赔偿责任。将中冶公司列为本案附带民事诉讼被告人,不仅合法,而且合理。

(4)就本案而言,附带民事诉讼被告人中冶公司利用附带民事诉讼原告人西安重研所的凌钢连铸机主设备图纸为他人设计、制造板坯连铸机,从而谋取巨额利润,是不正当竞争行为,故应适用上述规定。中冶公司与川威公司、泰山公司签订的两个板坯连铸机设计、安装合同,总金额为 14,856 万元。但是中冶公司在这两个合同中获取了多少利润,从现有财务账目中无法确定。按照中国重型机械工业协会关于板坯连铸机成套设备设计、制造的平均利润为 12% 的专家评估意见计算,中冶公司从这两份合同中所获的利润可以认定为 14,856 万元 × 12% =1782 万元。

西安市人民检察院指控裴某某的罪名成立,判决:(1)被告人裴某某犯侵犯商业秘密罪,判处有期徒刑 3 年,并处罚金 5 万元;(2)被告人裴某某及附带民事诉讼被告人中冶公司停止侵权行为;(3)被告人裴某某及附带民事诉讼被告人中冶公司连带赔偿附带民事诉讼原告人西安重研所经济损失 1782 万元。

一审宣判后,被告人裴某某不服,向陕西省高级人民法院提出上诉,附带民事诉讼原告人西安重研所、附带民事诉讼被告人中冶公司同时就附带民事判决部分提出上诉。二审审理过程中,西安重研所与裴某某、中冶公司就本案的附带民事诉讼部分达成调解协议,并接受了陕西省高级人民法院送达的调解书。

陕西省高级人民法院认为,原判定罪准确,量刑适当,审判程序合法,裴某某的上诉理由不能成立,应当驳回。

律师点评

根据《反不正当竞争法》的规定,商业秘密受到侵害后,权利人可选择的维权途径有:提起民事起诉、向有权的监督检查部门投诉、向公安局刑事报案。商业秘密泄露给商业秘密权利人带来巨大的经济损失的,在追究侵权人刑事责任的同时,还可追究其民事赔偿责任,即向法院提起刑事附带民事诉讼。

我国《刑事诉讼法》及司法解释对刑事附带民事诉讼的事宜作出了明确规定。

首先,提起刑事附带民事诉讼要满足以下条件:起诉人符合法定条件、有明确的被告人、有请求赔偿的具体要求和事实及理由、属于人民法院受理附带民事诉讼的范围。

其次,附带民事诉讼中依法负有赔偿责任的人包括:刑事被告人以及未被追究刑事责任的其他共同侵害人;刑事被告人的监护人;死刑罪犯的遗产继承人;共同犯罪案件中,案件审结前死亡的被告人的遗产继承人;对被害人的物质损失依法应当承担赔偿责任的其他单位和个人;附带民事诉讼被告人自愿代为赔偿的亲友。

最后,刑事附带民事诉讼可以采取保全措施。有权提起附带民事诉讼的人因情况紧急,不立即申请保全将会使其合法权益受到难以弥补的损害的,可以在提起附带民事诉讼前,向被保全财产所在地、被申请人居住地或者对案件有管辖权的人民法院申请采取保全措施;人民法院对可能因被告人的行为或者其他原因,使附带民事判决难以执行的案件,根据附带民事诉讼原告人的申请,可以裁定采取保全措施,查封、扣押或者冻结被告人的财产;附带民事诉讼原告人未提出申请的,必要时,人民法院也可以采取保全措施。

所以,当权利人商业秘密受到侵害时,在采用刑事报案维权的维权方式后,在符合法定条件下仍可提起刑事附带民事诉讼,以便最大限度地挽回经济损失。

11. 加大对恶意侵权的打击力度，切实保护知识产权

——“香兰素”技术秘密高额判赔案①

案例要旨

该案系我国法院生效判决赔偿额最高的侵害商业秘密案件。最高人民法院知识产权法庭通过该案判决，依法保护了重要的产业核心技术，切实加大了对恶意侵权的打击力度，明确了以侵权为业公司的法定代表人的连带责任，依法将涉嫌犯罪线索移送公安机关，推进了民事侵权救济与刑事犯罪惩处的衔接，彰显了人民法院严格依法保护知识产权、严厉打击恶意侵权行为的鲜明司法态度。

案情简介

嘉兴中华化工公司与上海欣晨公司共同研发了乙醛酸法生产香兰素工艺，并将之作为技术秘密予以保护。该工艺实施安全、易于操作、效果良好，相比传统工艺优越性显著，嘉兴中华化工公司基于这一工艺一跃成为全球最大的香兰素制造商，占据了香兰素全球市场约60%的份额。嘉兴中华化工公司、上海欣晨公司认为王龙集团公司、王龙科技公司、喜孚狮王龙公司、傅某某、王某某未经许可使用其香兰素生产工艺，侵害其技术秘密，故诉至浙江省高级人民法院，请求判令停止侵权，赔偿经济损失及合理开支5.02亿元。浙江省高级人民法院认定侵权成立，判令停止侵权、赔偿经济损失300万元及维权合理开支50万元。浙江省高级人民法院在作出一审判决的同时，作出行为保全裁定，责令王龙科技公司、喜孚狮王龙公司立即停止使用涉案技术秘密，但王龙科技公司、喜孚狮王龙公司并未停止使用行为。除王某某外，本案各方当事人均不服一审判决，向最高人民法院提出上诉。二审中，嘉兴中华化工公司、上海欣晨公司上诉请求的赔

① 最高人民法院(2020)最高法知民终1667号。

偿额降至1.77亿元。最高人民法院知识产权法庭根据权利人提供的经济损失的相关数据,综合考虑涉案技术秘密商业价值巨大、侵权规模大、侵权时间长、拒不执行生效行为保全裁定性质恶劣等因素,改判王龙集团公司、喜孚狮王龙公司、傅某某、王龙科技公司及其法定代表人王某某连带赔偿权利人经济损失1.59亿元。同时,法庭决定将本案涉嫌的犯罪线索向公安机关移送。

法院认为

2017年《反不正当竞争法》第17条规定:“经营者违反本法规定,给他人造成损害的,应当依法承担民事责任。经营者的合法权益受到不正当竞争行为损害的,可以向人民法院提起诉讼。因不正当竞争行为受到损害的经营者的赔偿数额,按照其因被侵权所受到的实际损失确定;实际损失难以计算的,按照侵权人因侵权所获得的利益确定。赔偿数额还应当包括经营者为制止侵权行为所支付的合理开支。经营者违反本法第六条、第九条规定,权利人因被侵权所受到的实际损失、侵权人因侵权所获得的利益难以确定的,由人民法院根据侵权行为的情节判决给予权利人三百万元以下的赔偿。”《最高人民法院关于审理不正当竞争民事案件应用法律若干问题的解释》(2007年施行)第17条规定:“确定反不正当竞争法第十条规定的侵犯商业秘密行为的损害赔偿额,可以参照确定侵犯专利权的损害赔偿额的方法进行;确定反不正当竞争法第五条、第九条、第十四条规定的不正当竞争行为的损害赔偿额,可以参照确定侵犯注册商标专用权的损害赔偿额的方法进行。”《专利法》(2008年修正)第65条第1款规定:“侵犯专利权的赔偿数额按照权利人因被侵权所受到的实际损失确定;实际损失难以确定的,可以按照侵权人因侵权所获得的利益确定。权利人的损失或者侵权人获得的利益难以确定的,参照该专利许可使用费的倍数合理确定。赔偿数额还应当包括权利人为制止侵权行为所支付的合理开支。”《最高人民法院关于审理专利纠纷案件适用法律问题的若干规定》(2015年第二次修正)第20条第2款规定:“专利法第六十五条规定的侵权人因侵权所获得的利益可以根据该侵权产品在市场上销售的总数乘以每件侵权产品的合理利润所得之积计算。侵权人因侵权所获得的利益一般按照侵权人的营业利润计算,对于完全以侵权为业的侵权人,可以按照销售利润计算。”上述“侵权行为的情节”,一般可以考虑商业秘密的性质、商业价值、研究开发成本、创新程度、所带来的竞争优势以及侵权人的主观过错、侵权行为的性质、具体行为、后果等因素。对于侵害商业秘密行为，判决停止侵害的民事责任时，停止侵害的时间一般应当持续到该商业秘密已为公众所知悉时为止。对于侵害技术秘密案件的损害赔偿数额，可以综合考虑侵权行为的性质和情节等具体因素，并可以按照营业利润或者销售利润计算。

1. 关于责任形式

王龙集团公司、王龙科技公司、傅某某、王某某以不正当手段获取涉案技术秘密，并披露、使用、允许他人使用该技术秘密的行为，以及喜孚狮王龙公司使用前述技术秘密的行为，均侵害了涉案技术秘密，上述侵权人应当承担停止侵害、赔偿损失的民事责任。原《侵权责任法》第 8 条规定："二人以上共同实施侵权行为，造成他人损害的，应当承担连带责任。"据此，王龙集团公司、王龙科技公司、傅某某、王某某基于共同实施的侵权行为，应当承担连带责任。喜孚狮王龙公司基于其实施的使用行为，承担部分连带责任。嘉兴中华化工公司与上海欣晨公司有关王龙集团公司、王龙科技公司、喜孚狮王龙公司、傅某某及王某某停止侵害涉案技术秘密并赔偿损失的诉请于法有据，法院予以支持。王龙集团公司、王龙科技公司、喜孚狮王龙公司、傅某某有关其不应承担侵权责任的上诉主张缺乏依据，法院不予支持。

2. 关于赔偿数额

(1)嘉兴中华化工公司与上海欣晨公司主张的三种赔偿数额计算方式

①按营业利润计算，得出本案赔偿数额 175,206,613.50 元，再加上其为制止涉案侵权行为一审合理支出的 2,483,196 元及二审合理支出的 1,009,020 元，合计 178,698,829.50 元，而嘉兴中华化工公司与上海欣晨公司上诉仅主张 177,770,227.92元为赔偿数额。

②按销售利润计算，合计为 155,829,455.20 元。

③按价格侵蚀计算，2011～2017 年因王龙集团公司、王龙科技公司及喜孚狮王龙公司的侵权及不正当竞争行为对嘉兴中华化工公司香兰素产品的价格侵蚀导致的损失高达 790,814,699 元。

(2)本案确定损害赔偿责任需要考虑的因素

王龙集团公司等被诉侵权人采用非法手段获取、披露、使用或许可他人使用涉案技术秘密，侵害了嘉兴中华化工公司与上海欣晨公司主张的涉案技术秘密，造成了严重的损害后果，依法应当承担损害赔偿等法律责任。具体而言，在确定本案赔偿数额时,法院应考虑以下因素。

第一,王龙集团公司等被诉侵权人非法获取涉案技术秘密的手段恶劣。

第二,王龙集团公司等被诉侵权人非法获取及使用的涉案技术秘密数量较多。

第三,王龙集团公司、王龙科技公司、喜孚狮王龙公司明知其行为构成对涉案技术秘密的侵害,仍然持续、大量使用侵害涉案技术秘密的设备及工艺流程生产香兰素产品,故其显然具有侵害涉案技术秘密的恶意。

第四,涉案技术秘密具有较高的商业价值。

第五,喜孚狮王龙公司、王龙科技公司均系实际上以侵权为业的公司。

第六,王龙集团公司等被诉侵权人侵害涉案技术秘密的行为对全球市场形成严重冲击。

第七,王龙集团公司等被诉侵权人拒绝提交侵权产品销售数量等证据,存在举证妨碍、不诚信诉讼等情节。

第八,王龙集团公司、王龙科技公司、喜孚狮王龙公司、傅某某据不执行原审法院的生效行为保全裁定。

(3)本案由于当事人的诉讼请求等原因难以适用惩罚性赔偿

从本院查明的事实来看,涉案侵权行为本可适用惩罚性赔偿,但是由于当事人的诉讼请求及新旧法律适用衔接的原因,本案不宜适用惩罚性赔偿。具体理由如下。

第一,嘉兴中华化工公司与上海欣晨公司在原审及本案二审中所主张的损害赔偿数额仅计算至 2017 年年底,并未包括自 2018 年以来仍在持续的被诉侵权行为给其造成的损失。

第二,在嘉兴中华化工公司与上海欣晨公司主张计算损害赔偿数额的侵权行为期间之后,我国相关法律才明确规定符合特定条件的侵害技术秘密的行为可以适用惩罚性赔偿。2019 年《反不正当竞争法》明确规定侵害商业秘密案件可以主张惩罚性赔偿,该法于 2019 年 4 月 23 日起施行;《民法典》明确规定侵害知识产权案件可以主张惩罚性赔偿,该法于 2021 年 1 月 1 日起施行。

基于上述事实和理由,本案不宜适用惩罚性损害赔偿。但需要指出的是,对于 2018 年以来仍在持续的侵害涉案技术秘密行为,嘉兴中华化工公司与上海欣晨公司可以依法另行寻求救济。

(4)关于本案赔偿数额的确定

本案中,嘉兴中华化工公司与上海欣晨公司主张根据涉案技术秘密被侵害给其造成的损失确定赔偿数额,并提供了三种计算方式分别计算赔偿数额。其中,第一种计算方式和第二种计算方式采用的嘉兴中华化工公司原审证据78等证据真实可靠,计算出的赔偿数额均有一定合理性;第三种计算方式中相关数据和计算方法的准确性受制于多种因素,法院仅将其作为参考。在上述事实和数据的基础上,本案具备按照实际损失或者侵权获利计算赔偿数额的基本条件。原审法院以嘉兴中华化工公司与上海欣晨公司提交的证据不足以证明其因侵权行为受到的实际损失为由,以法定赔偿方式计算本案赔偿数额,认定事实和适用法律均有错误。

综合考虑前述本案确定损害赔偿责任需要考虑的8项因素,特别是王龙集团公司等被诉侵权人侵权恶意较深、侵权情节恶劣、在诉讼中存在妨碍举证和不诚信诉讼情节,以及王龙科技公司、喜孚狮王龙公司实际上系以侵权为业的公司等因素,法院依法决定按照香兰素产品的销售利润计算本案侵权损害赔偿数额。由于王龙集团公司、王龙科技公司及喜孚狮王龙公司在本案中拒不提交与侵权行为有关的账簿和资料,法院无法直接依据其实际销售香兰素产品的数据计算其销售利润。考虑到嘉兴中华化工公司香兰素产品的销售价格及销售利润率可以作为确定王龙集团公司、王龙科技公司及喜孚狮王龙公司香兰素产品相关销售价格和销售利润率的参考,为严厉惩处恶意侵害技术秘密的行为,充分保护技术秘密权利人的合法利益,法院决定以嘉兴中华化工公司香兰素产品2011~2017年的销售利润率来计算本案损害赔偿数额,即以2011~2017年王龙集团公司、王龙科技公司及喜孚狮王龙公司生产和销售的香兰素产量乘以嘉兴中华化工公司香兰素产品的销售价格及销售利润率计算赔偿数额。

综合原审及二审情况,嘉兴中华化工公司与上海欣晨公司为本案支出的合理费用共计3,492,216元。将本院确定的损害赔偿数额155,829,455.20元加上上述合理支出3,492,216元合计为159,321,671.2元,尚未超出嘉兴中华化工公司与上海欣晨公司上诉主张的177,770,227.92元赔偿总额,故法院确定本案损害赔偿总额为159,321,671.20元。同时,鉴于喜孚狮王龙公司成立时间较晚,嘉兴中华化工公司与上海欣晨公司仅请求其在7%的范围内承担损害赔偿责任具有一定合理性,法院对此予以支持。

还应说明的是:(1)关于王龙集团公司、王龙科技公司、喜孚狮王龙公司、傅某某拒不履行原审法院生效行为保全裁定问题,原审法院可以另行依法予以处理。(2)本案被诉侵权行为已涉嫌侵犯商业秘密犯罪,本院将依法将相关线索移送公安机关处理。

12. 侵害商业秘密民事案件适用惩罚性赔偿

——“卡波”技术秘密惩罚性赔偿案①

案例要旨

该案系最高人民法院作出的首例惩罚性赔偿案。该案判决充分考虑了被诉侵权的主观恶意、举证妨碍行为以及被诉侵权行为的持续时间、侵权规模等因素,适用了惩罚性赔偿,最终确定了法定的惩罚性赔偿最高5倍的惩罚,明确传递了加强知识产权司法保护力度的强烈信号。

案情简介

广州天赐公司、九江天赐公司主张华某、刘某、安徽纽曼公司、吴某某、胡某某、朱某某、彭某侵害其“卡波”制造工艺技术秘密,向广州知识产权法院提起诉讼,请求判令停止侵权、赔偿损失、赔礼道歉。广州知识产权法院认定被诉侵权行为构成对涉案技术秘密的侵害,考虑侵权故意和侵权情节,适用了2.5倍的惩罚性赔偿。广州天赐公司、九江天赐公司和安徽纽曼公司、华某、刘某均不服一审判决,向最高人民法院提起上诉。最高人民法院知识产权法庭二审认为,被诉侵权行为构成对涉案技术秘密的侵害,但一审判决在确定侵权赔偿数额时未充分考虑涉案技术秘密的贡献程度,确定惩罚性赔偿时未充分考虑侵权行为人的主观恶意程度和举证妨碍行为等,遂在维持一审判决关于停止侵权判项的基础上,以顶格5倍计算适用惩罚性赔偿,改判安徽纽曼公司赔偿广州天赐公司、九

① 最高人民法院(2019)最高法知民终562号。

江天赐公司经济损失3000万元及合理开支40万元,华某、刘某、胡某某、朱某某对前述赔偿数额分别在500万元、3000万元、100万元、100万元范围内承担连带责任。

法院认为

(一)关于损害赔偿的数额

《反不正当竞争法》第17条第3款规定:"因不正当竞争行为受到损害的经营者的赔偿数额,按照其因被侵权所受到的实际损失确定;实际损失难以计算的,按照侵权人因侵权所获得的利益确定。经营者恶意实施侵犯商业秘密行为,情节严重的,可以按照上述方法确定数额的一倍以上五倍以下确定赔偿数额。赔偿数额还应当包括经营者为制止侵权行为所支付的合理开支。"

本案中,两天赐公司的实际损失无法查清,故原审法院根据已查明的安徽纽曼公司的部分销售情况进行计算得出其侵权获利,并无明显不当,法院予以确认。

但是法院同时注意到,侵权损害赔偿数额按照侵权人因侵权所获得的利益确定时,侵权人的侵权获利应当与侵权行为之间具有因果关系,因其他权利和生产要素产生的利润应当合理扣减,即在计算侵权损害赔偿额时,应考虑涉案技术秘密在被诉侵权产品生产中所占的技术比重及其对销售利润的贡献。根据已查明的事实,安徽纽曼公司在生产卡波系列产品时,其工艺、流程和部分设备侵害了两天赐公司的涉案技术秘密,但其卡波配方并未被认定侵害两天赐公司的技术秘密。原审法院在确定侵权获利时,未考虑涉案技术秘密在卡波整体工艺流程中的作用,同时也未充分考虑除涉案技术秘密信息之外的其他生产要素在卡波产品生产过程中的作用,有所不当,在此法院依法予以纠正。综合考虑涉案被侵害技术秘密在卡波产品生产过程中所起的作用,法院酌情确定涉案技术秘密的贡献程度为50%,因此对于安徽纽曼公司的侵权获利,法院根据原审法院确定的数额并考虑涉案技术秘密所起作用,取整数确定为600万元。

(二)关于惩罚性赔偿

《反不正当竞争法》第17条第3款规定了判决惩罚性赔偿的条件以及惩罚性赔偿的倍数范围。可见,若经营者存在恶意侵害他人商业秘密的行为且情节严重的,权利人可以请求侵权人承担赔偿金额相应倍数的惩罚性赔偿。因此,本案应在判断安徽纽曼公司是否存在恶意侵权、情节是否严重的基础上确定是否适用惩罚性赔偿。根据本案业已查明的事实,安徽纽曼公司自成立以来,便以生产卡波产品为经营业务,庭审中其虽辩称生产其他产品,但并未提交证据加以佐证,且其所生产的卡波产品名称虽有差别,但均由同一套设备加工完成。此外,当其前法定代表人刘某因侵害商业秘密行为被追究刑事责任、相关生产工艺、流程及设备涉嫌侵害权利人技术秘密后,安徽纽曼公司仍未停止生产,销售范围涉及20余个国家和地区,同时在本案原审阶段无正当理由拒不提供相关会计账册和原始凭证,构成举证妨碍,足见其侵权主观故意之深重、侵权情节之严重。《反不正当竞争法》设立惩罚性赔偿制度的初衷在于强化法律威慑力,打击恶意严重侵权行为,威慑、阻吓未来或潜在侵权人,有效保护创新活动,对长期恶意从事侵权活动之人应从重处理,因此,法院依据所认定的安徽纽曼公司侵权获利的5倍确定本案的损害赔偿数额。

附　录　《反不正当竞争法》涉及商业秘密内容的历次修改对比

1993年	2017年	2019年
第十条　经营者不得采用下列手段侵犯商业秘密： （一）以盗窃、~~利诱~~、胁迫或者其他不正当手段获取权利人的商业秘密； （二）披露、使用或者允许他人使用以前项手段获取的权利人的商业秘密； （三）违反约定或者违反权利人有关保守商业秘密的要求，披露、使用或者允许他人使用其所掌握的商业秘密。 第三人明知或者应知前款所列违法行为，获取、使用或者披露~~他人的~~商业秘密，视为侵犯商业秘密。 本条所称的商业秘密，是指不为公众所知悉、**能为权利人带来经济利益**、~~具有实用性~~并经权利人采取保密措施的技术信息和经营信息。	第九条　经营者不得实施下列侵犯商业秘密的行为： （一）以盗窃、**贿赂**、**欺诈**、胁迫或者其他不正当手段获取权利人的商业秘密； （二）披露、使用或者允许他人使用以前项手段获取的权利人的商业秘密； （三）违反约定或者违反权利人有关保守商业秘密的要求，披露、使用或者允许他人使用其所掌握的商业秘密。 第三人明知或者应知**商业秘密权利人的员工、前员工或者其他单位、个人实施**前款所列违法行为，**仍**获取、披露、使用或者**允许他人使用**该商业秘密的，视为侵犯商业秘密。 本法所称的商业秘密，是指不为公众所知悉、**具有商业价值**并经权利人采取**相应**保密措施的技术信息和经营信息。	第九条　经营者不得实施下列侵犯商业秘密的行为： （一）以盗窃、贿赂、欺诈、胁迫、**电子侵入**或者其他不正当手段获取权利人的商业秘密； （二）披露、使用或者允许他人使用以前项手段获取的权利人的商业秘密； （三）**违反保密义务**或者违反权利人有关保守商业秘密的要求，披露、使用或者允许他人使用其所掌握的商业秘密； **（四）教唆、引诱、帮助他人违反保密义务或者违反权利人有关保守商业秘密的要求，获取、披露、使用或者允许他人使用权利人的商业秘密。** **经营者以外的其他自然人、法人和非法人组织实施前款所列违法行为的，视为侵犯商业秘密。** 第三人明知或者应知商业秘密权利人的员工、前员工或者其他单位、个人实施本条**第一款**所列违法行为，仍获取、披露、使用或者允许他人使用该商业秘密的，视为侵犯商业秘密。 本法所称的商业秘密，是指不为公众所知悉、具有商业价值并经权利人采取相应保密措施的技术信息、经营信息**等商业信息**。

续表

<table>
<tr><th>1993 年</th><th>2017 年</th><th>2019 年</th></tr>
<tr><td>第十七条　监督检查部门在监督检查不正当竞争行为时，有权行使下列职权：
（一）<s>按照规定程序</s>询问被检查的经营者、利害关系人、证明人，并要求提供证明材料或者与不正当竞争行为有关的其他资料；
（二）查询、复制与不正当竞争行为有关的协议、帐册、单据、文件、记录、业务函电和其他资料；
<s>（三）检查与本法第五条规定的不正当竞争行为有关的财物，必要时可以责令被检查的经营者说明该商品的来源和数量，暂停销售，听候检查，不得转移、隐匿、销毁该财物。</s></td><td rowspan="2">第十三条　监督检查部门调查涉嫌不正当竞争行为，可以采取下列措施：
（一）进入涉嫌不正当竞争行为的经营场所进行检查；
（二）询问被调查的经营者、利害关系人及其他有关单位、个人，要求其说明有关情况或者提供与被调查行为有关的其他资料；
（三）查询、复制与涉嫌不正当竞争行为有关的协议、账簿、单据、文件、记录、业务函电和其他资料；
（四）查封、扣押与涉嫌不正当竞争行为有关的财物；
（五）查询涉嫌不正当竞争行为的经营者的银行账户。
采取前款规定的措施，应当向监督检查部门主要负责人书面报告，并经批准。采取前款第四项、第五项规定的措施，应当向设区的市级以上人民政府监督检查部门主要负责人书面报告，并经批准。
监督检查部门调查涉嫌不正当竞争行为，应当遵守《中华人民共和国行政强制法》和其他有关法律、行政法规的规定，并应当将查处结果及时向社会公开。</td><td rowspan="2"></td></tr>
<tr><td><s>第十八条　监督检查部门工作人员监督检查不正当竞争行为时，应当出示检查证件。</s></td></tr>
</table>

续表

1993 年	2017 年	2019 年
	第十五条　监督检查部门及其工作人员对调查过程中知悉的商业秘密负有保密义务。	
第二十条　经营者违反本法规定，给**被侵害的经营者**造成损害的，应当承担**损害赔偿**责任，**被侵害的经营者的损失难以计算的，赔偿额为侵权人在侵权期间因侵权所获得的利润；并应当承担被侵害的经营者因调查该经营者侵害其合法权益的不正当竞争行为所支付的合理费用。** 被侵害的经营者的合法权益受到不正当竞争行为损害的，可以向人民法院提起诉讼。	第十七条　经营者违反本法规定，给**他人**造成损害的，应当**依法**承担**民事**责任。 经营者的合法权益受到不正当竞争行为损害的，可以向人民法院提起诉讼。 **因不正当竞争行为受到损害的经营者的赔偿数额，按照其因被侵权所受到的实际损失确定；实际损失难以计算的，按照侵权人因侵权所获得的利益确定。赔偿数额还应当包括经营者为制止侵权行为所支付的合理开支。** **经营者违反本法第六条、第九条规定，权利人因被侵权所受到的实际损失、侵权人因侵权所获得的利益难以确定的，由人民法院根据侵权行为的情节判决给予权利人三百万元以下的赔偿。**	第十七条　经营者违反本法规定，给他人造成损害的，应当依法承担民事责任。 经营者的合法权益受到不正当竞争行为损害的，可以向人民法院提起诉讼。 因不正当竞争行为受到损害的经营者的赔偿数额，按照其因被侵权所受到的实际损失确定；实际损失难以计算的，按照侵权人因侵权所获得的利益确定。**经营者恶意实施侵犯商业秘密行为，情节严重的，可以在按照上述方法确定数额的一倍以上五倍以下确定赔偿数额。**赔偿数额还应当包括经营者为制止侵权行为所支付的合理开支。 经营者违反本法第六条、第九条规定，权利人因被侵权所受到的实际损失、侵权人因侵权所获得的利益难以确定的，由人民法院根据侵权行为的情节判决给予权利人**五百万**元以下的赔偿。
第二十五条　违反本法**第十条**规定侵犯商业秘密的，监督检查部门**应当**责令停止违法行为，**可以根据情节**处以一万元以上二十万元以下的罚款。	第二十一条　**经营者**违反本法**第九条**规定侵犯商业秘密的，**由**监督检查部门责令停止违法行为，处**十万元以上五十万元以下**的罚款；**情节严重的，处五十万元以上三百万元以下的罚款。**	第二十一条　经营者**以及其他自然人、法人和非法人组织**违反本法第九条规定侵犯商业秘密的，由监督检查部门责令停止违法行为，没收违法所得，处十万元以上一百万元以下的罚款；情节严重的，处五十万元以上五百万元以下的罚款。
	第二十七条　经营者违反本法规定，应当承担民事责任、行政责任和刑事责任，其财产不足以支付的，优先用于承担民事责任。	

续表

1993 年	2017 年	2019 年
第三十一条　监督检查不正当竞争行为的国家机关工作人员滥用职权、玩忽职守，**构成犯罪的，依法追究刑事责任；不构成犯罪的**，给予行政处分。	第三十条　监督检查部门的工作人员滥用职权、玩忽职守、徇私舞弊或者**泄露调查过程中知悉的商业秘密的**，依法给予处分。	
第三十二条　监督检查不正当竞争行为的国家机关工作人员徇私舞弊，**对明知有违反本法规定构成犯罪的经营者故意包庇不使他受追诉的，依法追究刑事责任。**		
	第三十一条　违反本法规定，构成犯罪的，依法追究刑事责任。	
		第三十二条　在侵犯商业秘密的民事审判程序中，商业秘密权利人提供初步证据，证明其已经对所主张的商业秘密采取保密措施，且合理表明商业秘密被侵犯，涉嫌侵权人应当证明权利人所主张的商业秘密不属于本法规定的商业秘密。 商业秘密权利人提供初步证据合理表明商业秘密被侵犯，且提供以下证据之一的，涉嫌侵权人应当证明其不存在侵犯商业秘密的行为： （一）有证据表明涉嫌侵权人有渠道或者机会获取商业秘密，且其使用的信息与该商业秘密实质上相同； （二）有证据表明商业秘密已经被涉嫌侵权人披露、使用或者有被披露、使用的风险； （三）有其他证据表明商业秘密被涉嫌侵权人侵犯。

李　华

盈科律师事务所创始合伙人、盈科全国业务指导委员会主任。

李华律师作为盈科全国业务指导委员会主任，负责盈科体系内的专业化建设，带领盈科律师，构建出完整的专业化法律服务体系，包括研究院、专业委员会及综合性法律中心，推动盈科律师专业化的法律服务，以适应法律服务市场不断细分的需要。在此基础上，通过集成各专业委员会纵深化的法律服务能力为客户提供综合性的法律服务。

曾荣获全国律师行业优秀党员律师、北京市优秀律师、朝阳区优秀律师、朝阳区首届优秀女律师、朝阳区优秀党员的荣誉称号。

王俊林

北京市盈科律师事务所高级合伙人、盈科北京管理委员会副主任、盈科全国知识产权法律专业委员会副主任、盈科北京知识产权法律事务部（一部）主任。

兼任国际商会（ICC）竞争委员会并购控制报告工作组中方专家、中国贸促会第二届经贸摩擦法律顾问委员会委员、北京市律师协会竞争与反垄断法律专业委员会副主任等社会职务。

王俊林律师长期专注于竞争法（反垄断与反不正当竞争法）、知识产权法及其交叉领域的诉讼实务及研究，擅于处理上述法律领域涉及的商事争议解决及合规风险控制等。业务范围包括对企业竞争行为分析及抗辩、反垄断民商诉讼及调查、并购交易及经营者集中反垄断审查申报、不正当竞争及知识产权维权诉讼、网络安全及数据保护、重大民商事诉讼仲裁、合规管理及培训等。

2018年入选司法部千名涉外律师名录；2020年入选北京市律师协会涉外律师人才库。2018年、2019年、2021年三次荣获强国知识产权论坛“十佳反垄断律师”称号。

曾联合主编《反垄断法案例评析》（副主编，2012/6对外经济贸易大学出版社）；《竞争法：规则与案例（第1辑）》（联合主编，2016/10法律出版社）；《竞争法：规则与案例（第2辑）》（联合主编，2020/12法律出版社），发表专业文章20多篇。